莫忘世上蠢人多

騙你5000年

目錄——Contents

前言

人性向來難以精確描述。極端時，人可能殘忍如禽獸，也可能仁善如聖賢。人類有時小氣吝嗇，有時卻慷慨大方；或端莊有禮或粗野不雅；時而聰明睿智，時而愚昧無知。上述這些極端的人類行為比較容易引起我們注意，但是大多數時候，我們處在行為光譜的中間。

大約從十萬年前，現代智人出現以來，人類經驗裡這片灰色的模糊地帶，便盛行騙術、欺騙以及造假。從許多層面來說，在人類經驗中這片遼闊模糊的中間地帶，千百年來所發生的騙局，比一般歷史上的重大事件更能體現古代人與當代人的人性。假如人類歷史是場肥皂劇，此人性層面則是劇中不可或缺的橋段。

人類歷史之所以會出現這麼多有道德疑慮的事件，其後的人性起因一點也不意外、一點也不難懂。行騙江湖的騙徒皆曉得人類天生容易輕信，即便是——或者該

西元一一六五年，拜占庭帝國皇帝曼努埃爾・康南努斯（Manuel Comnenus）接獲一封信件，作者為一未知基督教王國的國王，名叫長老約翰（Prester John）。相傳此王國的疆域已拓展到印度之外，並觸及巴別塔之地。爾後十字軍遭穆斯林大軍圍困於耶路撒冷城之際，教宗亞歷山大三世（Alexander III）派遣使節前往東方，冀望請長老約翰出兵解圍。此地圖繪於一五六四年，反映世人想像中長老約翰神秘王國的疆域。數個世代以來，不斷有探險家企圖尋找此王國，但最後都不得而終。

說，尤其是自認為見聞多廣的人；所有的騙子也都明白，人就是喜歡相信自己想聽的事情，這兩種天性有其中一項，便能讓無良之徒趁虛而入，欺騙疑心較輕的同類。

反之，在人類共同經驗中，歪曲事實、造假及煽動蠱惑的事情，之所以變得根深蒂固，其後的動機更複雜一些，而且如同智人本身一樣多元。人之所以會利用他人的天真、貪婪與成見，其後最常見的原因就是簡單一個字：貪。然而，也有許多人是出於惡意或個人恩怨，有些人則是純粹頑皮，有些人因為渴望權力或影響力，有些人想要「打臉專家」，有些人更可憐，是希望藉此獲得些許肯定。

無論動機為何，騙局背後的動機，顯然根深蒂固在難以捉摸的人性之中。有人類以及語言所在之處，必定有騙局和謊言、有騙子和冤大頭、有輕信謠言的人與樂於利用此人性弱點的人。

如果輕信與利用輕信是人類無法改正的天性，那麼因為這天性所導致的騙局、詐騙與謬論，便提供我們一項另類的視角，讓我們了解歷史上與今日所發生的各類奇情怪事。此視角的潛在作用很大，因為人類好騙雖自古皆然，但是被騙的後果卻隨著每個世代的恐懼、渴望與世界觀而有所變化。至少，我們可以篤定，本書所描述的歷史絕非勝利者所寫成。

其實，講述騙局有輝煌燦爛的歷史傳統，最早至少可以追溯延續查爾斯・麥凱（Charles Mackay）一八四一年的著作，《異常流行幻象與群眾瘋狂》（Extraordinary Popular Delusions and the Madness of Crowds），本書不過是這傳統的最新延續。挑選五十則聲名狼藉的各類騙局，其內容橫跨五千年人類經驗，涵蓋數十億年的生命演化。本書力求言簡意賅、長話短說，因此書末將提供若干延伸閱讀建議。若讀者欲深入探索，請上網搜尋——並且謹記網路上的資訊並不一定正確。

本書講述的事件，有些眾所周知，有些則鮮為人知；有些是故意歪曲，有些則體現錯誤的大眾成見；有些反映人性有多麼冷酷無情與惡劣兇殘，有些則——若放寬標準來看——增加了人類全體幸福。總體而言，這些故事反映出人類經驗中兩個相反的層面。

一方面，基本人性自古皆然，歷久不衰：從古人首次將自己的想法、感覺與經驗訴諸文字開始，人類顯然沒有絲毫的改變。另一方面，歷史變化無常，滄海桑田：我們的成見與信念——及整體社會所接受的騙局——皆隨時間而改變。

撰寫本書時，我們決定——希望這是睿智的抉擇——不將這五十則故事置入歷史脈絡中討論，也就是說本書並不探討故事的來龍去脈。畢竟，人類經驗雜亂偶然。

然而，我們認為每一則故事皆能獨立談論。此外，既然並非所有騙局都全然是惡劣的——有些騙子其實充滿善意。我們在本書中也埋藏了一則小小的騙局，且看讀者是否能發現。

騙局的演化——其他動物

不到四十億年前

本書目的在於講述騙局與謬論在人類經驗中不可或缺的地位，不過通盤而論，其實造假與欺騙並非智人獨有。整個生物界似乎充斥著這種討厭的習性。我們雖然感嘆人性瑕疵，但一想到有瑕疵的物種不是只有我們，也帶來幾分安慰。

人類與地球上所有生物皆屬於同一棵演化樹，起源自一個至

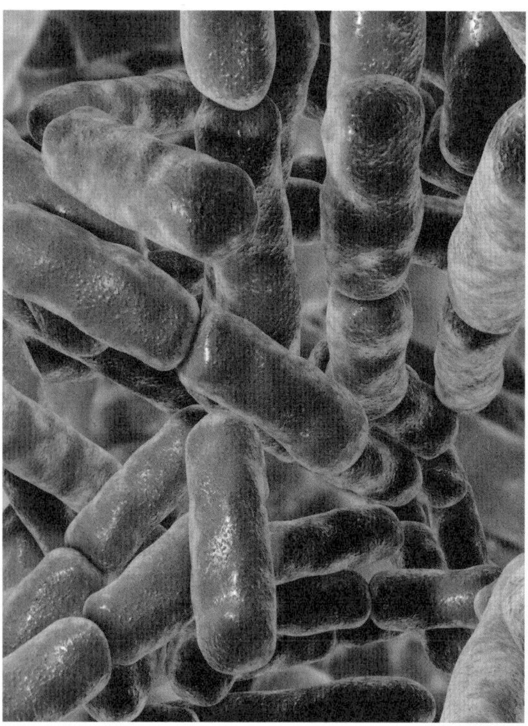

根據估計，人類大腸內含有超過一百兆個細菌。相較之下，人體細胞總數只有四十兆，遠不及大腸內的共生細菌。這些細菌已學會欺騙我們的免疫系統。

少三十五億年前的單一共同祖先。無庸置疑，此祖先跟今日的微型單細胞細菌有許多共同之處。然而，細菌雖然構造簡單，似乎也會欺騙。

近年生物學界其中一項重大發現就是人體微生物叢（microbiota）——生存在人體內與皮膚上的微生物群——對人體全身的運作非常重要。例如，腸道內生存的各類單細胞生物是人體消化過程不可或缺的要素。人體免疫系統積極主動，偵測到病原體入侵時會派遣特殊細胞攻擊之，但是人體內的微生物菌叢卻能不受攻擊，維持正常運作，它們是如何辦到的？原來，這些和我們共同演化的細菌進行所謂的「分子擬態」（molecular mimicry），假裝是人體細胞，其中以脆弱類桿菌（Bacteriodes Fragilis）特別擅長模仿人類與其他動物消化道細胞外層的蛋白與糖類。

這種欺騙對細菌與宿主皆有益處，但是這種虛假的宣傳也有非互利的案例。對人類來說，欣賞螢火蟲的閃光是夏日傍

妖掃螢屬的雌性螢火蟲可以說是致命女郎，能模仿 Photinus 屬的閃光求偶訊號，吸引雄性 Photinus 屬螢火蟲後捕食。

晚的樂趣，但是在螢火蟲的世界裡可說是危機四伏。通常，螢火蟲閃爍發光是為了求偶，同物種的雄蟲與雌蟲會對特定規律的閃光有所反應。然而，雌性的妖掃螢屬（Photuris）螢火蟲卻會欺騙。

妖掃螢屬的雌蟲會模仿另一屬 Photinus 的閃光規律，以吸引 Photinus 屬的雄蟲前來並捕食之。透過捕食 Photinus，妖掃螢屬不僅能飽餐一頓，還能攝取一種類固醇（lucibufagin），以防止自身遭到蠅虎捕食。有時候，罪犯可

約有百分之一的鳥類（約一百個物種）會進行巢寄生的行為，將自己的卵產在宿主的巢中。如果沒有及時挑掉，大杜鵑卵的孵化速度會比宿主的卵更快。雛杜鵑的成長速度也比宿主雛鳥快。有些宿主也學會透過雛鳥口腔內部的斑點來辨認「寄養」雛鳥，並減少寄養雛鳥的食物分配量，讓自己的親生雛鳥吃多一點。此辨認方法稱為「張口斑紋辨識」。為了因應，進行巢寄生的針尾維達鳥雛鳥（圖左）已演化出與宿主橫斑梅花雀（圖右）極度相似的斑點。

以得到報償。

動物界裡最著名的欺騙案例，是鳥類的「巢寄生」（brood parasitism）行為。此行為在五個鳥科裡獨立存在，但最具代表性的案例就是大杜鵑。大杜鵑雌鳥會在其他鳥的巢裡產下與寄主相似的卵。令人驚奇的是，大杜鵑有七個變種，分別能產下不同顏色的卵，負責寄生七個不同類別的鳥類，其中包含林鶯與鶺鴒，

有時，雄性大杜鵑會將潛在受害者引誘出巢，以便自己的配偶趁虛而入產卵。如果沒有及時挑掉，大杜鵑卵孵化速度會比宿主的卵更快，杜鵑幼雛的成長速度也比宿主的雛鳥快。孵出後，杜鵑雛鳥會與宿主的雛鳥競爭，盡可能霸佔毫不知情的養父母所餵給的食物。同時，杜鵑的生父母可以輕鬆悠遊，不需要親自養育自己的幼鳥。

如果細菌和鳥類都會欺騙，那麼靈長類動物也會行騙便不足為奇。其實，在狐猴與懶猴等所謂「低等靈長類」中，尚未發現欺騙行為，但在與人類相近的「高等」靈長類中，欺騙行為屢見不鮮。例如，黑猩猩會對同類掩飾自己的真實意圖，尤其是地位較低的雄性黑猩猩，在優勢雄性同類面前要向雌性黑猩猩求偶時便會出現掩飾的行為。

近期更是發現黑猩猩對人類也會隱藏自己的真實意圖。瑞典菲呂維克動物園

（Furuvik Zoo）有隻名叫桑提諾（Santino）的黑猩猩，他喜歡把石頭藏在木堆與乾草堆後，再突然拿出來丟向沒有戒備的訪客。

此外，數年前有份研究發現，靈長類物種欺騙同類的頻率與大腦新皮質的大小呈現正相關。人類的大腦新皮質遠比黑猩猩大。請小心！

世界末日——末世論

西元前二八〇〇年

男子站在街頭舉著標語牌，上面寫著：「悔改吧，因為末日就快來臨了！」這樣的情景常見於插圖，在真實世界中可能沒那麼普遍。然而，末世預言其實深植在人類文化經驗許久，最早的證據至少可以追溯到遠古時期。當時，人類開始紀錄自己如何看待人類在世界的地位，寫下對於自身命運與人類集體命運的恐

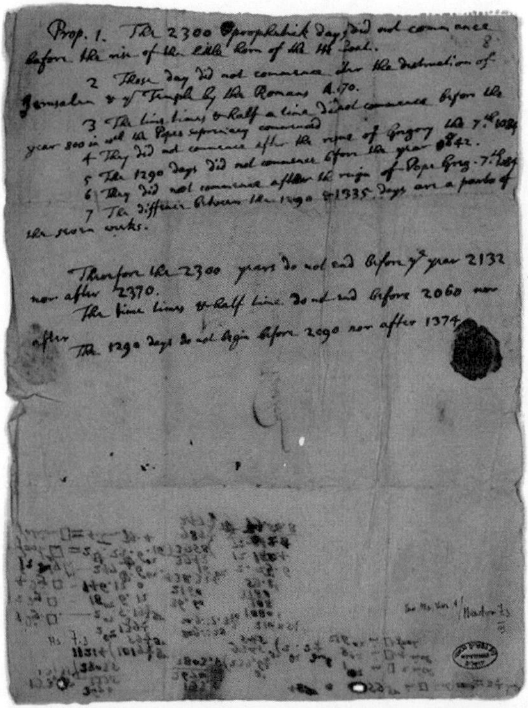

Prop. 1. The 2300 prophetick days did not commence before the rise of the little horn of the He Goat.

2 Those day did not commence after the destruction of Jerusalem & ye Temple by the Romans A. 70.

3 The time times & half a time did not commence before the year 800 in wch the Popes supremacy commenced

4 They did not commence after the reign of Gregory the 7th 1084

5 The 1290 days did not commence before the year 842.

6 They did not commence after the reign of Pope Greg. 7th 1084

7 The diffence between the 1290 & 1335 days are a parts of the seven weeks.

Therefore the 2300 years do not end before ye year 2132 nor after 2370.

The time times & half time do not end before 2060 nor after [illegible]

The 1290 days do not begin before 2090 nor after 1374

[illegible]

以撒・牛頓在信中預測世界末日將在二〇六〇年來臨。

懼。有一片西元前二千八百年的亞述泥板上刻著悲觀的敘述：「晚期的今日，我們的世界正在腐朽，種種跡象顯示世界末日近了。」

這樣的概念也深深影響早期的基督徒，他們深信耶穌一再重申的預言：世界即將毀滅，將被神的國度取而代之。起初，基督徒似乎認為災難將近，但到了一世紀末，懷疑的聲音出現了：「至於那要臨到的日子和時間，沒有人知道；天上的天使不知道，兒子也不知道，只有父親知道。」（馬太福音二十四章三十六節，現代中文譯本）

後期的神學家似乎認為對末日的信心動搖是一項挑戰。西元三六五年，神

西元前2800年的亞述泥板上刻著《吉爾伽美什史詩》(Epic of Gilgamesh)，詩云：「晚期的今日，我們的世界正在腐朽，種種跡象顯示世界末日近了。賄賂與貪腐猖獗，兒女不再順從父母，每個人都想要寫書。世界末日顯然近了。」

學家，普瓦捷的聖依拉略（Hilary of Poitier）重申世界末日近了，他的後繼之人更是站出來直接點出世界末日的確切日期：西元一〇〇〇年一月一號，也就是基督教的千禧年。儘管世界安然度過這神奇的日期後此預言便破滅，但對世界末日確切日期的預測仍然層出不窮。

就連勇於批判傳統的馬丁・路德也不例外。《聖經》中的《啟示錄》充滿對末世的預言，是末世論者的最愛，「被提」（Rapture）等概念即來自該書。馬丁・路德認為啟示錄「既不具使徒性，也不具預言性」。然而，馬丁・路德自己就曾預言世界末日將在西元一五三八年十月九日來臨。預言破滅後，他又將日期推遲至西元一六〇〇年，但那時他早已安然逝世，免於失望。

輕信是人之常情，因此遠古的亞述人與中世紀的神學家對末世預言深信不疑，也不足為奇。但誰知道呢？也許未來會證明他們是對的，但目前仍需觀望。

在家庭電台（Family Radio）上，哈羅德・康平預言耶穌將在二〇一一年五月二十一日重新降臨，接著會有大火、硫磺、瘟疫肆虐五個月，最終整個宇宙將在二〇一一年十月二十一日終結。康平過世於二〇一三年十二月十五日，享年九十二歲，世界依舊健在。

更尷尬的是，理性時代的表率、現代科學的先驅，以撒・牛頓爵士竟然也相信末世。牛頓發明天體力學與微積分，撰寫權威的《自然哲學的數學原理》一書，但同時也堅信《聖經》的一字一句，認為《聖經》的預言「不可等閒視之，應引以為重責大任。」

牛頓認為《聖經》的預言是「預測未來的歷史」，但以晦澀的象徵性語言寫成，需要專家解釋，因此牛頓也樂於解釋《聖經》的預言。經過數年的努力，他計算出世界末日將在神聖羅馬帝國成立後約一千二百六十年到來，也就是西元二〇六〇年。牛頓在一七〇四年寫道：「末日有可能會延遲，但我看不出理由會提早。」所以，根據這位史上最偉大科學家的估算，我們大多數人至少可以安心到二〇六〇年。

有趣的是，牛頓之所以提出預測，「不是為了斷言末世的日期，而是為了杜絕大家頻繁地憑空亂猜然後預言破滅，貶低神聖預言的可信度。」

然而，牛頓明智的目標並沒有達成。例如，現代廣播電台佈道家，哈羅德・康平（Harold Camping）曾於一九九二年預測「被提」（耶穌復臨前，信徒無論是生是死將升天與主同在，其他人將死於地震和瘟疫。又是一則啟示錄預言。）將會在一九九四年九月六日發生。結果，當日什麼事情也沒發生，但他仍然堅信不移，改口說「被提」會在二〇一一年五月二十一日發生，世界末日則在五個月後的十月二十一日到來。

由於後來發生的事情，或者應該說由於後來沒有發生任何事情，康平最終被迫「謙遜地承認到我們預測的時程錯誤」，但是，此時他與家庭電台的夥伴已經募得數百萬美元的鉅額捐款。預言破滅後，康平拒絕返還捐款，據稱他還曾經說過：「我們還沒走到盡頭，為何要返還捐款？」很可惜，為了拯救兩億人的靈魂，康平撒錢展開積極宣傳，最終成本超支，導致他的組織必須賣掉電台並裁減員工。

儘管這個經驗令人氣餒，但末世預言仍會持續出現，尤其是今日網際網路一旦崩壞，後果甚至會比千軍萬馬的天啟騎士還要嚴重，而且網路崩壞的發生機率頗高。但是，經歷過一而再，再而三的預言破滅後，為何人類仍然相信末世預言呢？

神學家，羅倫佐・狄托瑪索（Lorenzo DiTommaso）指出，當物質世界發生問題（幾乎必定如此），並且人們感受到不可控制的局勢壓力時，就會充斥末世預言，因為人類想要調和兩種衝突的觀點：其一，現代人類經驗有問題，有不對勁的地方；其二，儘管如此，希望仍然存在。一方面，人們相信世界正極速走向「天啟式的矯正」，但同時也相信救贖存在，兩者相互平衡。認知失調是人類常見的現象，如果狄托瑪索的看法正確，相信末世預言便是人類認知失調最好的例子。

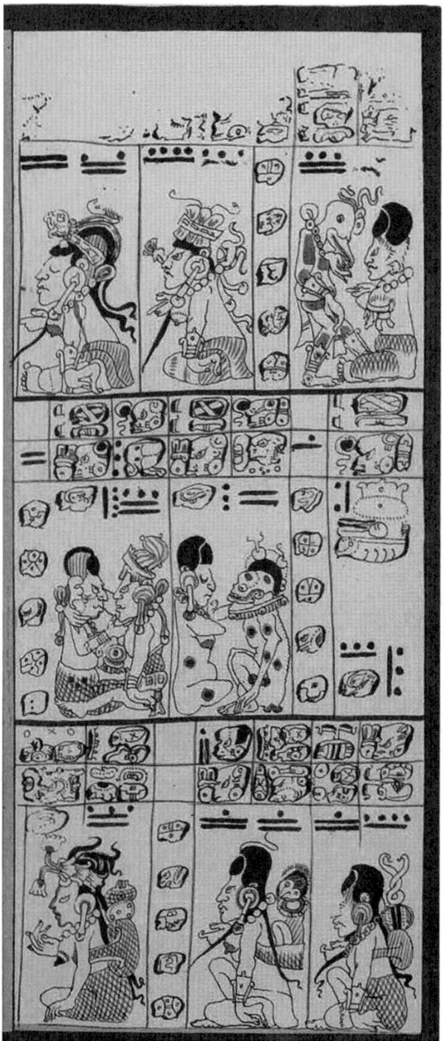

陰謀論網站說，共五千一百二十六年的馬雅曆法週期將於二〇一二年十二月二十三日結束，因此當天就是世界末日。上圖取自《德勒斯登手繪本》（Dresden Codex），其所記載的天文與占星表格即為計算上述曆法週期的工具。根據估計，馬雅手繪本曾有五千本之多，但在十六世紀時遭西班牙教會焚毀。今日只傳下三本，其中一本就是《德勒斯登手繪本》。

偽方舟考古——彩虹尾端的方舟

西元前二一七五年

人類經驗有限，因此相同的主題會在歷史的洪流中反覆出現。西洋文化傳統中最常見的譬喻之一，就是《聖經》記載的諾亞大洪水。該故事赤裸裸地說明人類得罪神的下場。然而，雖然想到大洪水，大家普遍會聯想到《聖經創世紀》和猶太基督教的神，但其實此故事的起源遠早於聖經時代，最早可追溯至巴比倫時代——甚至更早，但目前並無文字記載。

《吉爾伽美什史詩》寫成時間早於《舊約聖經》約一千五百年。根據史詩記載，眾神受不了人類離經叛道的行為，因此決定以洪水滅絕人類。然而，一位名叫烏特納匹什提姆（Utnapishtim）的男子在夢中接獲警告，並受命依指定尺寸建造一屋船，容納「所有生物的種子」。

此故事與《聖經》記載的諾亞大洪水有種詭異的相似，不過無可否認，這位英雄的名字不如《聖經》的諾亞好發音。這兩則洪水傳說極其相似，顯示兩者同源，又或是後者抄襲前者。無論如何，洪水的故事歷久不衰，反覆引發人性的兩個相反層面。

一方面，人類渴望相信有崇高的力量能啟示真理，但另一方面，或許是基於信仰也出於懷疑，人類又渴望能找到證據支持此信念。因此，經常出現報導有人又在亞拉拉特山（Ararat）發現能證明諾亞方舟存在的確鑿證據。根據《聖經》記載，諾亞方舟最終停在亞拉拉特山。今日，亞拉拉特山位在土耳其遠東地區，但以前屬於亞美尼亞王國。

尋找方舟實體證據的行為稱為「方

亞拉拉特山高五千一百三十七公尺，座落於土耳其東境，毗鄰伊朗、亞美尼亞、亞塞拜然邊境。《舊約聖經》：此山為諾亞方舟的最終停泊處。早在西元前二七十五年，巴比倫歷史學家伯諾索斯就曾寫道，亞美尼亞有一艘方舟，且「有些人從船身上刮下柏油，並用以避邪。」

舟考古」（Arkeology），其歷史源遠流長。早在西元前兩百七十五年，巴比倫歷史學家伯諾索斯（Berossus）記載道：「『方舟』的部分殘骸仍留在亞美尼亞，有些人從船身上刮下柏油」。往後，無數勇者前往該地找尋方舟殘骸，但在五千一百三十七公尺的高山上，經過風吹雨打數千年，木造船身幾乎不可能保存。然而，電視時代來臨後，聳動內容需求增加，調查方舟的頻率也似乎急遽上升。

一九四九年，聖經學院教授亞倫・史密斯（Aaron J. Smith）有鑑於民眾對《聖經》的信仰普遍低落，組織大規模遠征隊前往亞拉拉特山，信誓旦旦要

《吉爾伽美什史詩》記載眾神以大洪水摧毀世界，但命令一位名叫烏特納匹什提姆的男子建造船舶拯救自己、家人及各種飛禽走獸。六日後洪水退去，船舶觸地。《創世紀》則記載神決定以洪水淹沒世界，但命令諾亞建造方舟拯救自己、家人及所有生物各一對。四十天後洪水消退，方舟觸地。

證明《聖經》的真實性。很可惜，依各種當地傳說尋找後，史密斯並沒有找到方舟。然而，後人仍然前仆後繼。六十年來，至少有一百個遠征行動前往亞拉拉特山尋找方舟的證據，其中許多都是因為從空拍圖和衛星影像看見山坡上有「船型」物體。然而，調查結果往往掃興（許多傳聞後來發現其實是當地庫德族人為了賺錢而編織的騙局），因此有些學者改為搜尋伊朗境內裏海南岸的蘇雷曼山（Mount Suleiman），但同樣是無功而返。

然而，後來電視上出現一則引發熱議的故事。一九九三年，CBS電視網播送一部據稱是紀錄片的影片，標題為《難以置信的諾亞方舟大發現》（The Incredible Discovery of Noah's Ark）。片中主角喬治・賈莫（George Jammal）是一名沒通告的演員，他告訴國家電視台的觀眾自己曾三度造訪亞拉拉特山，並最終在上段山坡一冰窟找到諾亞方舟。根據賈莫的敘述，冰封的木造船身分成數個動物圍欄，他還掰下一塊木頭作為證據。另外一項證據原本是照片，但很可惜，就在發現方舟後，賈莫的攝影師墜入冰隙，其遺體及相機無法取回。這則故事很薄弱，而且節目製作人當初應該仔細聽聽賈莫提及自己在亞美尼亞當地合作夥伴的名字：「Mr. Asholian」和「Allis Buls Hittian」。

儘管如此，賈莫成了黃金時段節目的主角，激情地展示他的木塊，宣稱這是一塊「珍寶」——來自神的禮物。他精彩的演出受到一群「專家」支持，一位比一位說得天花亂墜。節目主持人達倫・麥可蓋倫（Darren McGavin）聽得滿懷敬意，將這兩小時的大雜燴總結為：「這些說法佐證《聖經》記載大洪水故事中的所有細節」。福音派人士掌聲歡呼；抱持懷疑態度的人則表示不屑。

節目播出不到一年，賈莫公開宣布整個亞拉拉特山的故事都

肯塔基州威廉斯市有一座方舟接觸主題樂園，園內有座根據《聖經》所描述之尺寸打造的一比一方舟複製品。從諾亞方舟、大腳怪、青春之泉到黃金城，人類前仆後繼地尋找，卻都無功而返。我們究竟在尋找什麼？

是捏造的，他從來沒有造訪過該地區，所謂的古老木塊不過是取自住家附近的松樹，再用自家廚房內能夠找到的所有調味料進行烘烤及水煮。據稱，該木塊聞起來有照燒醬的味道，但電視製作人並無對木塊進行年代檢測，也沒有對任何其他事情進行事實查核。

賈莫說，他這樣做的目的是為了揭露「宗教右派」的「洗腦宣傳」。賈莫爆出真相後，CBS 高層趕緊將「紀錄片」改編為「娛樂片」，但是本次事件的教訓刻骨銘心：不僅不可盡信書，即使眼見也不能為憑。

諾亞方舟至今仍是一場幻想，但《吉爾伽美什史詩》與《創世紀》所記載的大洪水或許有事實根據。西元前五六〇〇年，地中海的海水倒灌進亞拉拉特山不遠處地勢較低且原本封閉的黑海盆地。可想而知，盆地的古早農民眼見原本的淡水湖水勢高漲，淹沒熟悉的地貌，奪走無數生命，心裡必定震撼萬分。

直至今日，這份震撼的影響尚未衰退。

內定勝負的決鬥——羅馬劍鬥士與現代職業摔角手

西元前二六〇年

下次造訪羅馬競技場，請想像這座壯觀的場館過去曾擠滿慷慨激昂、吵鬧喧囂、嗜血的羅馬公民。競技場中央，劍鬥士操短劍、漁網、匕首相互殘殺，將武器刺進對方的身體，或是基督徒遭野生猛獸獵殺捕食。此時，再想像太空巨蛋體育場晚間租借給世界摔角娛樂（World Wrestling Entertainment，簡稱WWE）舉辦摔角大賽的情景。這兩種娛樂消遣活動其實有許多共同之處。

世界摔角娛樂擂台場上雖然充滿威嚇、怒瞪與虛張聲勢，但就像名字的暗示，世界摔角娛樂純粹只是一場

世界摔角娛樂（簡稱 WWE）的格鬥並非真實競技，而是純粹娛樂性質，如同上圖約翰・希南（John Cena）的表演。這些格鬥比賽有劇情，有劇本，有編排，而且有些動作如果操作不當會使表演者受傷。

娛樂。拳擊賽中拳擊手確實企圖傷害對方，但摔角場上的摔角手並不如此。其實，摔角手把對手摔到地上、踩踏對手頭部時，他們會試著不要傷害對方——有時候還真的不容易，因為他們必須要表現出極端暴力的形象。

而摔角手也竭盡全力營造出暴力的印象。近期有一段影片顯示，世界摔角娛樂冠軍 Triple H 把對手羅曼・瑞恩斯的頭抓起來反覆猛撞播報員的桌子時，評論員暨前摔角手拜倫・薩克斯頓似乎在偷偷遞送裝有假血的膠囊給瑞恩斯，同時全場觀眾激情沸騰。順帶一提，濺出真血違反了世界摔角娛樂的政策，因為該公司堅持將節目分級維持在輔導級。雖然羅曼・瑞恩斯的臉被拖著反覆猛撞桌面時沒有噴血，這真的令人匪夷所思，但由於各

這幅四世紀鑲嵌畫分為兩部分。在下半部，名叫卡倫迪歐（Kalendio）的漁網鬥士（retiarius）把加重漁網扔向名叫阿士天納克斯（Astyanax）的追擊鬥士（secutor）。在上半部，卡倫迪歐受傷倒在地上，舉起自己的匕首以示投降。他上面刻有 Ø（null，「無效、零」之意）和自己的名字，表示他遭殺死。

種神秘原因，節目就是沒有噴濺真血，因此分級也維持在輔導級。

因此，像摔角一樣，電視職業版本也是全程皆「假」，儘管從業人員很討厭「假」這個字，他們比較喜歡說自己的運動是「內定」的（在某種程度上，或許可以被準確稱為「運動」）。儘管如此，摔角運動相當仰賴選手的特技、表演與即興演出能力，因此職業摔角不全然是假的，反而是一項非常困難的運動。在擂台上大力摔來摔去的過程中，同時要避免傷害對方，也要避免自己受傷，這其實需要高超的專業技巧，以及選手全神貫注。但這是值得的付出，根據一位職業摔角教練的評論：「摔角賽中向來沒有輸家」。

自然而然，觀眾也都清楚明白自己正在觀看一場排練好的表演。隱沒在群眾裡，許多人顯然會受到暴力的假象鼓舞。當然，假如真的有人死在擂台上或遭受重傷，觀眾的激情便會馬上平息，陷入震驚的寧靜之中。但真會如此嗎？畢竟歷史告訴我們，羅馬競技場裡的觀眾一看到場上濺血，就會欲求不滿地呼喊要求濺更多血。

近期研究顯示，羅馬競技場的搏鬥其實比想像中複雜。傳統認為，西元前三十年進入「羅馬和平」時期（Pax Romana）後，劍鬥士搏鬥正式定為一種儀式性的戰鬥。兩個世紀以來，羅馬軍隊幾乎是不斷南征北討，進入承平時期後，劍鬥士搏鬥成為維持戰鬥技巧的方法。有人認為，為了持續磨練戰鬥技巧，競技場的格鬥必須和戰場上的真實戰鬥一樣兇殘。但是這個觀點忽略競技場格鬥的娛樂價值：觀眾知道自己人身安全無虞放心的情況下，坐在席上觀看場中央的搏鬥演出。

的確，羅馬其他地方以及大競技場內，有些表演如同史書記載的兇殘，尤其是有戰俘、罪犯、基督徒與野生猛獸……等等上場的大型活動，但我們應銘記在心，名人崇拜顯然是人性不可或缺的元素。在古羅馬，有些劍鬥士成為民眾心中的名人，以近身肉搏技巧聞名，讓無數年輕女子為之傾倒。

例如，羅馬劍鬥士名氣最大的其中

羅馬競技場於西元後八〇年竣工，最多能容納八萬名觀眾。在此舉辦的活動包含劍鬥士搏鬥、猛獸狩獵、華麗的陸上及水上戰鬥、魔術表演和殘忍的處決。

一位名叫弗拉馬（Flamma），他操短劍，持輕盾，著上半身鎧甲，參加過三十四場格鬥，屢屢使對手聞風喪膽，場場吸引大批觀眾。然而，由於好萊塢的關係，今日最家喻戶曉的劍鬥士是斯巴達克斯，他引領奴隸起義，擊破六個羅馬軍團，最終遭鎮壓殺害。在古羅馬，劍鬥士常常是明星。今日的情況與羅馬帝國有種詭異的相似之處：羅馬帝國的孩童甚至會玩劍鬥士的黏土人偶。

顯然，一線劍鬥士絕非消耗品。這些武術家的訓練過程耗資不斐，而且有名氣的劍鬥士對他們的贊助者，貴族或官員而言價值極高。雖然多數劍鬥士名義上是奴隸，但是頂尖的劍鬥士酬勞非常高，由此可見他們的身價。據說，提比略（Tiberius）皇帝由於自己的劍鬥士太昂貴，因此必須限制舉辦競技場次數以免破產；一百五十年後，馬可・奧理略皇帝被迫實施劍鬥士薪水上限制度。該制度或許真的有實施必要，因為在當時，劍鬥士甚至有了經紀人，拉丁文稱做 lanista。皇帝與有錢人會舉辦競技，經紀人則負責為劍鬥士安排場次。名氣極大的劍鬥士如果有好的經紀人，便有可能一年只需出場幾次，就能賺到足夠的錢去買一座鄉村莊園。

在這種情況下，頂尖的劍鬥士幾乎不會拼死搏鬥，甚至也不會冒著受重傷的風險。他們反而時常展示自己累積的戰鬥技巧，以精湛演出激起觀眾的熱情。據邁阿密大學古典系教授，史蒂芬・塔克（Steven Tuck）所述，許多劍鬥士搏鬥分成三階段進行：

第一階段，劍鬥士全副武裝相互攻擊。第二階段，當一方受傷（根據傳聞，有些是假裝受傷，甚至還用假血），受傷的劍鬥士會重新振作，與對手保持距離。第三階段，雙方皆拋下盾牌和武器，並展開徒手搏鬥，這樣的形式風格或許和現代世界摔角娛樂相差不遠。

雖然古羅馬多數搏鬥皆有輸贏，但如果上場的是超級明星劍鬥士，最理想的結果是雙方陷入僵局，保有各自的榮譽，擇日再戰。或許這不完全算是「向來沒有輸家」，但也差不多了。

出賣帝國——尤利安努斯購買羅馬帝國

西元一九三年

買方購買任何東西之前，應確認東西為賣方所有，這是購買不動產最好的建議。第二好的建議，則是賣方應確認買方有能力支付款項。這兩條金科玉律在羅馬帝國同樣適用。其實，羅馬帝國曾進行過全世界最大的不動產拍賣。羅馬禁衛軍創立於西元前二七五年，不久後便成為專屬皇帝的侍衛

繼任皇帝後，尤利安努斯（Julianus）立即將羅馬貨幣貶值百分之六，以減少禁衛軍的薪水支出。此政策引發禁衛軍及羅馬人民不滿，只要皇帝出現在公共場合，就會有人企圖拿石頭扔他。

部隊。起初，部隊駐紮於羅馬城外，意即當有需要時，部隊能迅速出動保護皇帝，但不能直接控制皇帝。但是在西元二十三年，禁衛軍基地遷移至城牆邊，使皇宮全天候受禁衛軍監控。此安排雖然讓皇帝受到更完善的保護，但也表示禁衛軍能對皇帝產生實質威脅。因此，在西元四十一年刺殺卡利古拉（Caligula）皇帝的行動中，禁衛軍發揮積極作用，其後，禁衛軍勢力隨著各皇帝的利用與掌控而興衰起落。

然而，禁衛軍雖然掌控每位皇帝的命運，但是從來沒有整合

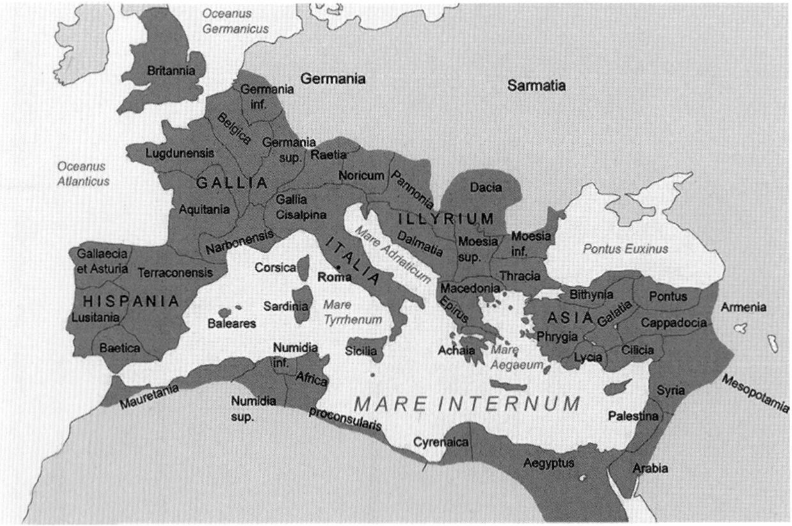

羅馬帝國「從英格蘭陰雨綿綿的哈德良長城，延伸至敘利亞豔陽高照的幼發拉底河；從蜿蜒流經歐洲平原、低地區域、及黑海的萊茵 - 多瑙河，延伸至北非肥沃的平原與埃及綠蔭蔥蘢的尼羅河谷。帝國疆域環繞地中海四周，因此羅馬人稱地中海為『mare nostrum』，也就是『我們的海』。」—Christopher Kelly, The Roman Empire: A Very Short Introduction (Oxford University Press, 2007)

進羅馬帝國的行政體制中。因此，禁衛軍便成為孤立運作的政治勢力，到了被稱為「五帝之年」的西元一九三年格外明顯。起先，性情愈來愈反覆無常的康茂德皇帝（Commodus）遭禁衛軍謀害而亡，由佩蒂納克斯將軍（Pertinax）接任皇位。一上台後，佩蒂納克斯皇帝就發現在康茂德治理下，皇家寶庫早就空空如也，因此他現在沒有足夠現金支付禁衛軍的薪水。這使得佩蒂納克斯非常尷尬，雖然他想要加強對禁衛軍的掌控，卻因付不出薪水而引爆衝突。在位僅僅三個月之後，一群抗議無薪的禁衛軍衝破皇宮大門，佩蒂納克斯因此被殺害。

接著，故事便脫離常軌。破產又孤立的禁衛軍並沒有推舉自己人——或者至少立位共謀者為新皇帝，反而是將整個羅馬帝國拍賣。今日看來，此事件為羅馬帝國衰亡的開端，雖然當時羅馬帝國的疆域遼闊，不只涵蓋整個地中海，更是擴及近東與北歐。根據估計，西元一九三年羅馬帝國總面積為十四億英畝。

起初，禁衛軍害怕會遭到元老院及羅馬人民的報復。然而，雖然怨聲四起，卻沒有人有實際作為。因此禁衛軍宣布將拍賣羅馬帝國，出價最高者得標。多數潛在買家沒有理會，有些人甚至趕緊安排離城。後來，有位名叫迪底烏斯•尤利安努斯（DidiusJulianus）的知名軍人與行政官員，在一場午宴上飲酒作樂後，受到妻子與

「一群寄生蟲」的慫恿，前往禁衛軍軍營出價競標。另外一位競標者為佩蒂納克斯的岳父、羅馬城市長官，提圖斯・蘇爾皮西亞努斯（Titus Sulpicianus），他受元老院派遣前去與禁衛軍和解。

接著，競標開始！

蘇爾皮西亞努斯在禁衛軍軍營內出價，尤利安努斯則在軍營牆外大喊出價。得知蘇爾皮西亞努斯提出要給付每位士兵兩萬塞斯特（sesterces，羅馬貨幣單位）以換取羅馬帝國時，尤利安努斯加碼為兩萬五千賽斯特。禁衛軍明白，因為他們先前殺害了佩蒂納克斯，現在也不能夠完全信任他的親戚。因此，禁衛軍欣然接受尤利安努斯的鉅額標價，相當於今日十億美元，也就是羅馬帝國疆域每英畝一點四美元。

但問題在於，即使皇宮受到禁衛軍控制，羅馬帝國並不屬於禁衛軍所有，也不歸禁衛軍領導。即使禁衛軍說服了元老院承認尤利安努斯為新任皇帝，依然有人懷有不同的意見。其中一位是佩蒂納克斯的好友，塞提米烏斯・塞維魯斯（Septimius Severus），他立即指揮位在歐洲中部、自己所掌控的軍隊進軍羅馬。

同時，新任皇帝尤利安努斯欠缺現金支付給禁衛軍自己當初承諾的標價，使得禁衛軍愈發不滿。因此，尤利安努斯決定將羅馬貨幣貶值，此舉激怒了原本就憤恨不平的羅馬人民。馬克西穆斯競技場（Cirucs Maximus）上，群眾擁護敘利亞總督，佩斯切尼烏斯・奈哲爾（Pescennius Niger）登基。奈哲爾便自立為皇，指揮自己的軍團向羅馬皇城進攻。火上加油的是，駐紮在不列顛與伊比利的羅馬軍隊擅自擁護部隊領導人、原為塞維魯斯盟友的克勞狄烏斯・阿爾比努斯（Clodius Albinus）為皇帝。內戰接連爆發。最後，奈哲爾與眾叛親離的阿爾比努斯雙雙在和塞維魯斯部隊交戰中陣亡，結束內戰。

隨著內戰情勢展開，越來越絕望的尤利安努斯窮盡一切手段消除塞維魯斯的威脅。他宣布塞維魯斯為全民公敵、雇用刺客行刺塞維魯斯、命令禁衛軍討伐塞維魯斯、甚至還提出讓塞維魯斯攝政，共治羅馬帝國。但這一切努力都無濟於事。在塞維魯斯擊敗一隊禁衛軍，並承諾赦免其餘禁衛軍成員（但仍將參與謀害佩蒂納克斯的人員處死）之後，塞維

尤利安努斯遭處決，新皇帝塞維魯斯登基，蘇爾皮西亞努斯都安然渡過。然而，由於他曾支持競逐皇位的克勞狄烏斯・阿爾比努斯，因此於西元一九七年遭審判後處決。

魯斯進入羅馬城，並且在自己率領的士兵處決尤利安努斯前，就獲得嚇破膽的元老院承認為新任合法皇帝。

西元一九三年六月初，距離尤利安努斯買下皇位僅過九週。據稱，尤利安努斯的遺言為：「朕犯何罪？朕誅殺何人？」他雖有軍事背景，但在這場悲劇中，他是諸位要角中最無暴力傾向的人。的確，根據歷史記載，尤利安努斯沈迷酒色，無心權力與治理之術。當然，歷史是由生活簡樸的勝利者，塞維魯斯所寫的。

於是，史上最盛大的不動產交易最終以悲劇收場：不只尤利安努斯遭處決，禁衛軍也被塞維魯斯解散。對買賣雙方來說，以每英畝一點四美元的價錢交易整個羅馬帝國，或許在當時看起來是筆划算的買賣，畢竟禁衛軍有理由不信任開價較低的蘇爾皮西亞努斯，因為他的女婿就是被禁衛軍殺害。在酒足飯飽的幸福感下，尤利安努斯當初並不曉得皇家寶庫早已空空如也，也不知道之後塞維魯斯有能力以及意志採取如此迅速的行動。畢竟，任何事情的真正代價往往不是第一眼就能看清的。

神秘動物學——尼斯湖水怪

西元五六三年

尼斯湖水怪是刻意捏造的騙局嗎？還是一場誤會？觀光噱頭？錯誤信念？現在，它四者皆是。然而，尼斯湖水怪恰恰體現，人類很喜歡相信怪談，因此追溯其歷史便能窺見一個經典的傳說如何形成。

尼斯湖位在蘇格蘭，為一座狹長水深的淡水湖，底下的大格蘭斷層（Great Glen）以東北——西南向將蘇格蘭一分為二。湖底盆地泥炭豐富，因此水質混濁，沒人知道水面下藏有什麼東西。

首則關於尼斯湖水怪的記載源自六世紀的愛爾蘭僧侶聖高隆，他是將基督教傳入蘇格蘭的先驅。根據七世紀的傳記作家，艾奧納的阿當南（Adomnán of Iona）記載，聖高隆在渡湖時看見當地人在埋葬一名男子，該名男子「不久前遭水中怪獸抓住並嚴重咬傷」。不久後，聖高隆一行人裡有人進到湖中，結果遭水怪攻擊，於是聖高隆

十二世紀手抄本《蘇格蘭遊記》（Itinerarium Scotiae）中有一幅褪色嚴重的頁邊裝飾畫，公認為描繪聖高隆與尼斯湖水怪的遭遇。研究人員根據中世紀類似的畫作中所用的顏料，重建此幅畫的顏色。

冷靜地命令水怪離開。阿當南記載道：「聖人一開口，水怪便落荒而逃」。當地的皮克特人（Picts）見此倍感佩服，並感謝神施行神蹟。他們是否就此信主，我們不得而知，但是聖高隆在蘇格蘭全境的傳教行動很成功。

與強大的聖高隆遭遇後，受驚的尼斯湖水怪沉寂了千年之久。其實，今日流行之尼斯湖水怪傳說，其主要源頭為一九三三年的一系列目擊傳聞。根據《Inverness Courier》雙週刊於一九三三年五月二日的報導，德拉姆納德羅希特村的約翰・麥凱夫婦目擊一隻形如鯨魚的生物在水中悠游；七月二十二日，喬治・史派西宣稱他與妻子曾看見「形狀極為奇特的動物」穿越環湖道路，該生物表皮粗糙，頸部修長，但行動方式不明，因為史派西夫婦表示它沒有四肢。次月，有位名叫亞瑟・格蘭特（Arthur Grant）的獸醫學生從摩托車上摔下來，在有可能腦震盪的情況下，自稱看見一隻頭小頸長的生物進入湖中。

神秘怪獸的第一張照片攝於一九三三年十一月十二日。此後，不斷有人宣稱自己目擊水怪，至今已達約一千人，且有眾多模糊的照片廣為流傳。許多照片後來都遭踢爆為造假。最近期的是一張攝於二〇一一年的照片，拍到湖中有一座模糊的駝峰（儘管如此，該照片曾被譽為「品質最好」的尼斯湖水怪照片）。結果，拍攝照片的觀光遊覽船船長後來承認自己是為了招攬生意而造假。

初次目擊不久後，蘇格蘭便對尼斯湖水怪展開系統化調查，但調查結果為蘇格蘭特有的裁決：「未能證明」。第二次世界大戰開打後，調查暫時中斷。之後一九六二至一九七二年，此十年間「尼斯湖現象調查局」（Loch Ness Phenomena Investigation Bureau）採用聲納科技進行探測，並實施各項調查，但最後也無功而返。

接著，美國律師羅伯特・萊恩斯（Robert H. Rines）帶領團隊展開調查，並取得一張模糊的聲納影像及數張相關照片，送至加州帕薩迪那噴氣推進實驗室（Jet Propulsion Laboratory）進行電腦強化。強化之後，萊恩斯與著名南極探險家羅伯特・法肯・史考特之子、英國著名鳥類學家暨保育學家，彼得・史考特爵士（Sir Peter

Scott）共同進行分析。兩人皆對此類動物沒什麼經驗，他們判斷該影像拍到的是某巨大水生爬蟲類動物的後肢，也就是鰭肢。

兩人將發現結果寫成報告，並發表至威望頗高的科學期刊《自然》上，於一九七五年十二月十一日刊登。文中講述他們判斷影像中的構造為某動物的鰭肢（倫敦自然歷史博物館的專家則認為那是水中氣泡），並為該動物創立新的屬和種，其學名為 Nessiteras rhombopteryx ，意思大概是「奇妙的尼斯的菱狀鰭」。根據我們兩位作者的經驗，向來嚴肅的生物分類學界很少如此充滿歡笑。在一場如同十八世紀學術會議的討論當中，萊恩斯與史考特嚴

一九七〇年，比利・懷德執導電影《福爾摩斯私生活》，片中偵探福爾摩斯在尼斯湖遇到水怪。水怪的模型道具長三十英尺，由一座頸部和兩座駝峰組成。懷德不喜歡那兩座駝峰，因此要求撤下。雖然劇組人員警告，撤下駝峰會影響道具浮力，但懷德堅持撤下駝峰。結果道具就沉沒了。

肅地辯論此新物種究竟屬於哪一族群的爬蟲類，最終很負責任地拒絕達成定論。順道一提，尼斯湖水怪迷普遍認為最有可能屬於蛇頸龍目。該目生物多為長頸海生爬蟲類動物，已在大約六千六百萬年前滅絕。

在證據如此薄弱的情況下，便直接為尼斯湖水怪創立學名（生物分類學界的傳統原則是一定要有樣本才能設立學名），背後的理由是無論尼斯湖水怪為何，它必定是瀕臨絕種的物種，而要保護瀕臨絕種的物種，就必須為其設立正式學名。

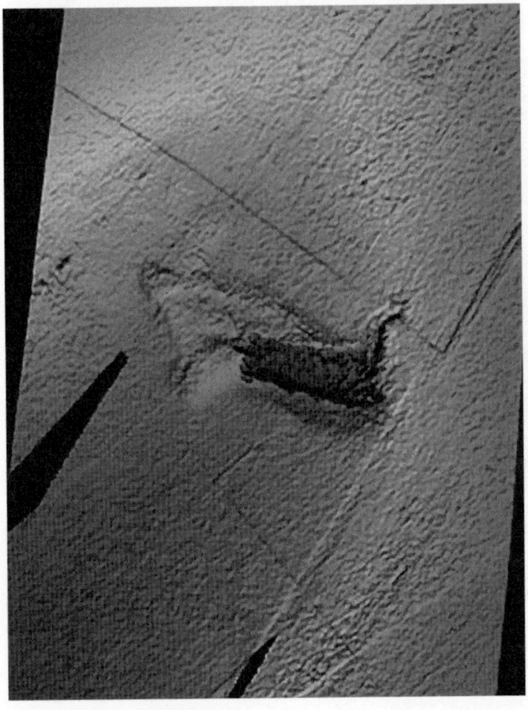

電影道具沉沒五十年後，研究人員使用聲納成像海洋探測器搜查尼斯湖尋找水怪跡象時，在五百九十英尺深的湖床上找到了該道具。

好吧，但對我們來說，本故事最精彩的部分是，有位填字遊戲迷指出，Nessiteras rhombopteryx 其實是個異位構詞遊戲，經過重新排列組合後，可得：「monster hoax by Sir Peter S」（彼得・史考特的怪獸騙局）。

當然，尼斯湖水怪的故事絕對不會就此終止。近期，有尼斯湖水怪迷使用無人潛水艇拍攝尼斯湖湖床，企圖找

全世界至少有六十五座湖擁有水怪傳聞，其中包括加拿大亞伯塔省冷湖（Cold Lake）的「Kinosoo」、阿根廷納韋爾瓦皮湖（Lake Nahuel Huapi）的「Nehuelito」、日本池田湖（Lake Ikeda）的「伊西」、美國紐約塞內卡湖（Seneca Lake）的「the Serpent」、烏克蘭索敏湖（Lake Somyn）的「Som」、辛巴威卡里巴湖（Lake Kaliba）的「Nyami Nyami」、蘇格蘭莫勒湖（Loch Morar）的「Morag」。

尋水怪的巢穴——雖然英國國家廣播公司（BBC）團隊早在二〇〇三年就進行了全面的聲納探測，並斷定尼斯湖湖床上除了幾處沉船外別無它物。令人驚奇的是，二〇一六年的確有無人探測器發現水中深處有一隻怪物，但後來證實該怪物為一個三十英尺長的長頸水怪模型，有著粗短的角和凸出的雙眼，是導演比利・懷德（Billy Wilder）於一九七〇年拍攝電影《福爾摩斯私生活》時，拖到湖上卻不小心沉沒的道具。

就連這位偉大的偵探都沒有辦法找到尼斯湖水怪（反而還丟失水怪模型），我們還有什麼希望呢？這是一個好問題，但我們仍然確定，尼斯湖水怪的故事尚未終結。只要我們人類相信尼斯湖水中有隻怪獸，尼斯湖水中就存在怪獸——就算那只是一個電影道具。

聖髑——珍貴的包皮

西元八百年

人們向來有種病態的好奇心，但很少比中世紀時更加明顯，當時的人瘋狂蒐集基督教殉道者的聖髑。基督教信仰自始便仰賴神蹟，隨著教會的勢力擴及西方世界後，人們愈發熱衷尋找恐怖的實體神蹟、遺跡以及施行神蹟之人的聖髑。世人有需求，那麼便會有人供給，基督教創業家（以及其他人，詳見第九章〈裹屍布學〉）皆明白這個基本道理。

早在十六世紀，著名的新教神學家約翰・喀爾文便抱怨道，如果把歐洲所有教堂及修道院裡宣稱是真十字架碎片的收藏全部集結起來，將會裝滿一艘大貨船。不善反諷的喀爾文接著補充道：「但聖經福音書卻記載，十字架一個人就可以抬得動。」

當然，喀爾文缺乏幽默眾所皆知，而他提出此觀察是出於政治動機而非諷刺。同理，天主教每個教堂也都充斥著聖徒的聖髑，藉此加強掌控對此輕信又熱愛的信徒。

在政治情勢的推波助瀾下，全世界最難以置信的聖髑出現了：嬰兒耶穌的包皮。據說，肯定不愉快的嬰兒耶穌進行傳統割禮儀式後，割下的包皮便裝進一個盛滿油的雪花石膏盒中保存。

關於基督包皮的文字記載，首見於西元二世紀的《耶穌基督嬰兒時期第一福音》(First Gospel of the Infancy of Jesus Christ)，而西元九世紀末，基督包皮更是以以實體形式出現。當時，卡洛林王朝(Carolingian)領導人，查理曼大帝(Charlemagne)受教宗加冕為「羅馬人的皇帝」，並成為日後神聖羅馬帝國的先帝。根據傳聞，有天使將聖包皮授予查理曼。後來，聖包皮適得其

此為Kreuzpartikel，也就是真十字架的碎片。「沒有一間修道院窮到沒有收藏一塊。有些地方收藏的碎片很大，巴黎的聖禮拜堂，以及普瓦捷和羅馬都有。據稱，羅馬的教堂還用真十字架的碎片做成大型基督受難像。總而言之，如果把所有地方收藏的真十字架碎片集結起來，大概可以裝滿一整艘大貨船，但聖經福音書卻記載，十字架是一個人可以抬得動的。」——約翰・喀爾文，《遺跡論》(Traité des reliques)

所地安放在羅馬的拉特朗聖若望大殿（Bsilica of St. John Lateran）。

接著，聖包皮的故事便開始多樣發展，多數是為了解釋為什麼聖包皮會在至少八間（或者根據某些故事版本是十八間），四散各地的宗教機構出現。法國大革命期間，許多神秘增生出來的聖包皮消失了，但最後一件卻存留下來。相傳這一件是原始羅馬版本，一五二七年軍紀敗壞的波旁軍隊劫掠羅馬城後曾消失許久，之後又在一九八四年遭竊，失主是一名義大利堂區神父，據稱他將聖包皮放在鞋盒裡並收進床下。

一九八四年的竊案必然引發許多爭議，縱使當時傳言已普遍流傳，但天主教會其實認為最後一件聖包皮消失並非全然壞事。天主教會為此鬆了一口氣，或許是因為許多天主教神學家都堅持耶穌乃是以完整肉身升天，因此必定帶著自己的包皮。事實上，聖包皮也衍生出一些極端複雜的天主教宇宙學理論：例如，十七世紀末神學家，利奧．阿拉奇烏斯（Leo Allatius）便以大篇幅文章解釋道，救世主肉身上這塊或許可有可無的皮，已演變成當時新發現的土星環。

對現代人來說，這種對天文現象的解釋或許聽起來比尊崇聖徒聖髑更奇怪。然而，聖髑是數百萬中古歐洲人屬靈生活的基礎，填補了幾世紀前基督教取代異教的神和偶像後所留下的空缺。十九世紀著名的人類學家詹姆斯．弗雷澤（James Frazer）曾

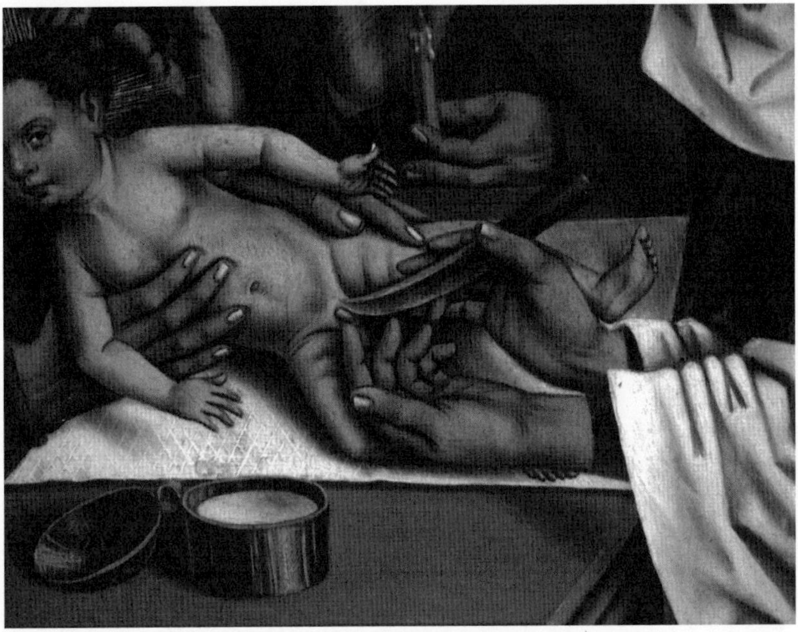

基督割禮，取自十二使徒聖壇，作者為訥德林根的腓特烈・赫林（Friedrich Herlin of Nördlingen），一四六六年。

解釋這些聖髑的重要，並稱之為「傳染性的魔法」（contagious magic）：聖髑把過去想像出來的神聖感傳達給今日的世界，體現凡人無法體驗的屬靈性質，並在神聖的天堂與罪惡的俗世之間搭起有形的實體連結。

聖經只能提供抽象的滿足感與精神上崇敬，但聖髑卻能提供感官上的接觸：在中世紀，人們在聖日上展示聖髑時，甚至會用嘴巴咬，或用雙手撫摸之。透過這種親密接觸或遠距敬仰，聖髑成為超自然信仰的有形體現，凝聚信徒的向心力。同理，透過收藏這些聖髑，教士也能加強對信徒的掌控。

喀爾文、馬丁・路德與其他十六世紀宗教改革人士害怕聖髑的神學意涵，也害怕聖髑的政治影響，他們認為實體物品遵循「始於塵土，歸於塵土」的自然進程。信仰新教的北歐在宗教改革人士不斷激勵下，發生瘋狂的雕像搗毀及聖髑毀棄運動。另一方面，在信仰天主教的南方，對聖髑的尊崇仍不受影響，持續了幾個世紀。然而，到了十七世紀末，就連在南方，聖髑崇拜也開始式微。由於當時科學發展興盛，面對物理現象，人不再以超自然的方式來解釋，而是提出理性的理論，並透過實際觀察自然世界加以驗證。

然而，我們至今仍活在追尋「聖物」的世界。現在，我們或許不會把聖物拿來崇拜或相信聖物有超自然力量，但我們仍會願意付出大筆鈔票購買。歸根究底，我們今日所珍藏的許多物品，本身並沒有什麼價值，這恰恰體現人類的渴望從中世紀以來並沒有顯著變化。在許多層面上，一顆明星球員簽名的棒球，無論真偽，就是現代社會新的聖徒手指。

性別扭曲——女教宗瓊安

西元八五五年

今日著名的女性企業執行長愈來愈多，家庭主夫也日益普遍，但要說女性在社會上已和男性獲得平等，還言之過早。但是在今日的已開發國家中，女性的處境已經比中世紀改善許多。在中世紀歐洲，女性的命運多舛，處處受到限制，當時女性的處境，透過觀察今日最落後的國家可略知一二。

中世紀女性在社會上要取得傑

哈特謝普蘇特可說是最重要的一位女性埃及法老王。上圖為她的花崗岩雕像，以跪姿呈現，並配戴儀式用的假鬍。

出地位可說是難如登天。在當時，懷有雄心壯志的英格蘭女性，可能會將傳奇的凱爾特女王布狄卡（Boudica）為榜樣，敬仰她在西元六十年勇敢對抗羅馬入侵。有些中世紀女性可能會受古代女性的啟發。例如，哈特謝普蘇特（Hatshepsut）於西元前一四八七年成為埃及第十八王朝的第五任法老，並在底比斯西邊的代爾埃爾巴哈里建造了宏偉的寺廟，被公認為古埃及成就最輝煌的法老。但更值得注意的是，在許多雕像或畫像中，哈特謝普蘇特都留有法老鬍。

早期的天主教尊崇女性身為母親和殉道者的角色，但也僅此而已。然而，還是有例外：賓根的赫德嘉，大約出生在西元一〇九八年日耳曼地區的萊茵蘭，憑藉自身德性，他創辦了自己的修道院，並成為具有影響力的意象神學家與聖樂作曲家。而今日社會主要紀念她作為自然歷史的先驅，以及當時醫療方法的紀錄者。

還有，女教宗瓊安（Pope Joan）。這個神秘人物並沒有在父權的天主教官方紀錄中出現，但中世紀及文藝復興時期有很多文獻都曾提到她。關於女教宗瓊安的記載，首見於編年史家尚・德馬伊（Jean de Mailly）於西元一二五〇年所寫的作品。尚所講的故事結局非常悲慘：

綜觀歷代教宗之林，不見女性教宗，因為她女扮男裝，透過德性與天賦，成為教

此為十五世紀人工著色的木刻，描繪女教宗瓊安分娩的情景，取自喬凡尼・薄伽丘所著之《名婦列傳》（De Mulieribus Claris）

廷官員，後升為樞機主教，最終當上教宗。有一天，她上馬的時候突然分娩生下一名孩子。於是，她被拖行近三公里，並遭受石刑至死，死後就地埋葬。

後來，瓊安的故事被其他人引用，其中最著名的是教宗史學家奧帕瓦的馬丁（Martin of Opava）。馬丁為此故事添加了許多細節，紀錄神秘教宗的姓名：「John Anglicus」，並記載她在雅典受教育、曾追隨愛人、女扮男裝、以及死亡的地方（在拉特朗聖格肋孟聖殿與羅馬競技場間的一條小巷弄）。馬丁還將她的年代從原本的十二世紀初往前挪了數百年到西元九世紀中葉。

這是則影響力很大的故

就職典禮上，一名神父檢查教宗當選人的睪丸。

事，從一開始就啟發許多傳奇。特別是，當這則故事寫成時——假如故事是真的，教宗職位制度還非常混亂。在那段期間教宗和對立教宗忙著互相謀殺，並在一三〇九年，整個教廷從羅馬遷移至亞維儂，並在那裡建立新首都。

儘管如此，現在只有區區幾個證據能隱約暗示女教宗瓊安的存在。

第一個證據是，梵蒂岡博物館裡有座紅大理石寶座，形如馬桶。是一一九九年間至一五一三年間（當新成立的新教人士開始嘲笑他們時），教宗就職典禮專用。這個寶座很奇特，座位中央有一個洞。根據某些記載，在當時的就職典禮，新任教宗會坐在寶座上，一位出席的教士會將手伸進去洞裡，檢查教宗是否有睪丸。

據稱，教士確認新教宗有睪丸後，會大喊：「Testiculos habet et bene pendentes」（他有睪丸，完好掛著）。接著，在場所有人便會歡欣鼓舞地回應道：「Habe ova noster papa」（教宗是男性！）。教宗理應單身，那為何要進行這樣的儀式呢？或許是因為，從前曾出現過非男性的教宗。

另一件奇怪的事情：十四世紀時，西恩納主教座堂製作了一百七十幅描繪歷任教宗的半身像，三百年後，有位梵蒂岡圖書館員通報教廷，說其中一幅半身像是位女性，並標記為「Johannes VIII, Femina de Anglia」也就是女教宗瓊安。於是，教宗便下令摧毀該半身像，但是西恩納教堂的人很節儉，只抹去她的名字，替換成聖匝加利亞教宗（Pope Zachary）的名字。

最後一項是，往後的中世紀教宗似乎嚴格避免前往傳聞中瓊安分娩之地。今日，該處有一座教堂，官方名稱為「Chapel of the Virgin」（聖母教堂），但俗名為「Chapel of La Papessa」（女教宗教堂）。根據著名內分泌學專家瑪莉亞・紐（Maria New）所述，她不久前在該教堂遇到一名懷有身孕的婦女在祈禱，便詢問孕婦為何要在此禱告。孕婦回答：「我在向女教宗瓊安禱告，希望能生下健康的寶寶」。無論傳說的真實性，女教宗瓊安常存人心，並且在現代文學裡和虔誠信徒的日常生活中反覆出現。

同樣有趣的是，紐博士認為，如果瓊安真的存在，從科學而言，她確實有可能生理上是女性，並曾生下孩子，但外貌卻像是男人。甚至有可能她也認為自己是男性，因此在準備遊行時突然分娩才會感到驚訝與意外。

這個情形有可能發生，因為瓊安有可能是名假雌雄同體的女性，具有女性染色體與內生殖器，卻呈現男性的外貌。此症候群雖極為罕見，但在內分泌學界廣為人知，並被稱為「先天性腎上腺增生症」（congenital adrenal hyperlasia）。如果瓊安真有此症，則她或許曾和男性有過性關係，因此才會懷孕分娩。紐博士有一名長相極為陽剛的病患就曾以人工受孕的方式生下孩子。

裹屍布學──都靈裹屍布

西元一三九〇年

並非每個人都有宗教信仰，但所有已知人類社會都有宗教信仰存在。許多人渴望相信一個比我們自身還要龐大的力量，而宗教正好滿足此需求。然而，宗教需要全面的世界觀，然而這個世界是個充滿許多細節，複雜多端的地方。有些宗教以聖物提供細節：聖物是一種實體象徵，代表著背後更龐大的信仰體系，以及那些在個人生命中完美體現信仰、活出信仰的聖人，無論虛構或者真實。聖物就如同鑲嵌藝術中的小碎片，拼湊成巨大的宗教圖像。對有些人來說，聖物的意義更為重大：遺跡是將鑲嵌畫黏貼在一起的黏膠。

或許，世界上最著名的聖物是「都靈裹屍布」（Shroud of Turin）。它是一條粗麻布，長約十四英尺，寬約四英尺，表面印有一個真人大小、幽靈般朦朧泛黃的人形痕跡，看起來是一名高大、裸身、蓄鬍、長髮的男性，且布上褐紅色的血跡似乎顯示

埃德薩聖像（The Image of Edessa）。六世紀敘利亞學者，埃瓦格里烏斯（Evagrius Scolasticus）宣稱，奧斯若恩王國（Kingdom of Osroene，位在今日土耳其東南部）國王阿布加爾（Abgar）擁有一塊印有耶穌基督聖容的布。西元五四四年，奧斯若恩王國首都埃德薩城遭波斯軍隊圍城時，該聖像引來奇蹟般的救援。

其手腕和前胸遭到刺傷以及額頭遭到割傷。許多人相信，這塊布就是耶穌基督的裹屍布，也就是說布上的人形痕跡就是耶穌基督本人的痕跡。

據說裹屍布是由法蘭西十字軍成員若弗魯瓦・德・夏尼（Geoffroia de Charny）在西元一三四六年從土耳其帶回歐洲。後來，若弗魯瓦他在英法百年戰爭的普瓦捷戰役中陣亡。根據最早關於裹屍布的記載，裹屍布在一三九〇年前存放在若弗魯瓦家位於利雷（Lirey）的家族禮拜堂內，雖然該紀錄是當地主教寫給教宗的一封信，信裡宣稱該裹屍布是假造的。

因此，自一開始，真偽的陰影便籠罩著裹屍布。儘管如此，裹屍布在一四五三年被贈與薩伏依公國（Duchy of Savoy）的公爵，並於一五七八年放入薩伏依首都都靈（Turin）的教堂存放至今，每年都有數千名信徒前來朝聖。儘管裹屍布的記錄價值與精神意義重大，但梵蒂岡從未對其真實性發表過任何官方評論。

其實，中世紀期間，有四十多匹各種大小的布都曾宣稱是耶穌基督的裹屍布，現存放在都靈的裹屍布不過是其中之一。其他的裹屍布，有許多在法國大革命期間遺失（法國人顯然很喜歡收集這類物品）。但是，除了都靈之外，現在羅馬、熱內亞、西班牙奧維埃多與法國卡杜安的教會機構，目前也都宣稱自己至少收藏基督耶穌裹屍布的碎片。這些布全都號稱當初曾用來覆蓋過基督的臉，也就是說，最多只有一塊布，有可能是真的裹屍布碎片。

一九八八年，經梵蒂岡核准，都靈裹屍布的樣本被送到三間獨立實驗室進行放射性碳年代測定。實驗結果的年代，皆落在西元一二六〇至一三九〇年間，也就是說那塊布幾乎可以肯定是十三世紀中和十四世紀末之間製造的。科學家在一九八九年宣布檢測結果時，平鋪直述地表示他們的研究結果「確定證明都靈裹屍布的麻料年代為中世紀」。檢測結果的具體年份和若弗魯瓦當初取得的年代非常相近，背後意義不言而喻。

目前的實體證據證明，那塊布是在耶穌釘上十字架後一千三百年才織成，最有可能的產地是土耳其。然而，布上的圖像卻很有趣引人好奇，圖像的風格獨一無二，而且竟然有點像攝影用的

根據十四世紀法蘭西與日耳曼傳說，維羅妮卡(Veronica)是《路加福音》二十三章二十七節中，跟隨耶穌走過「受苦難的道路」(Via Dolorsa)婦女之一。他用圍巾替耶穌拭去汗水，耶穌的聖容便印在圍巾布上。今日，據稱是該圍巾的物品存放在聖彼得大教堂(St. Peter's Basilica)。對該物品最後一次受到仔細檢測為一九〇七年，由耶穌會史學家約瑟·維爾帕(Joseph Wilpert)進行。根據維爾帕的記載，他只看見「一塊方形的淡色布料，因年代久遠而有褪色的情形，上面有兩塊相連的輕淡銹褐色汙漬」。

負片，有可能是將麻布壓在塗滿顏料的淺浮雕製成，但實際的製作過程我們不得而知。唯一能確定的是，布上圖像的製作年代必定比布料本身更晚。

無法避免地，有人對於定年檢測結果提出批評：定年檢測本身是騙局，因為實驗所使用的樣本曾遭調包。實驗樣本可能受細菌污染，或因曾暴露於煙，所以沾上年代較晚的碳。或是，實驗樣本取自中世紀修補的部分。然而，這些批評全都無法經過檢驗。

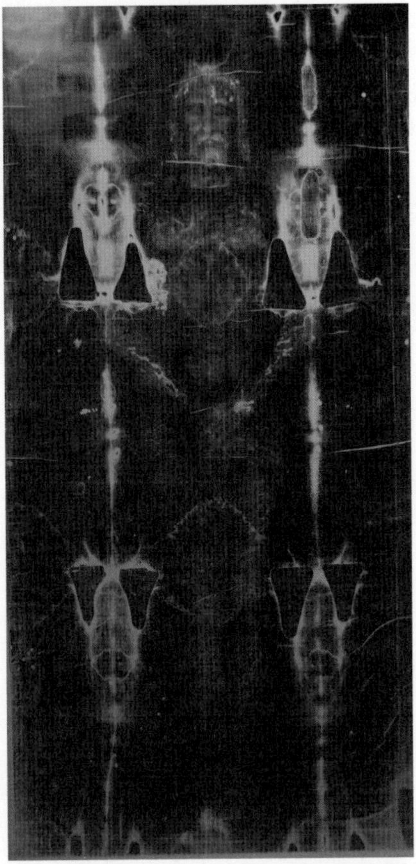

天主教都靈總教區（Turin Archdiocese）科學顧問盧伊吉・高奈拉（Luigi Gonella）承認道，他並無「科學理由」認為都靈裹屍布的放射性碳測年檢測有誤，但他補充道：「然而，就算是重力定律到了明天也有可能會被推翻」。

更重要的是，裹屍布的疑點重重。裹屍布的特性與《新約聖經》中所描寫的不同；布上的圖像缺乏包覆屍體時會出現的扭曲，而且人的形貌呈現的是中世紀對耶穌的想像，而不是原始羅馬時代的樣貌；身體前後的圖像不一致；血跡沒有血，等諸多疑點。

因此，我們可以斷定，都靈裹屍布是場騙局，雖然其年代久遠。有可能是在收集聖物蔚為風潮時（詳見第七章《聖髑》），有人專門為十字軍市場所製作的。然而，裹屍布的真假或許並不是重點。有時，比起追尋事實，保存信念更加重要。裹屍布就算不是耶穌基督時代所製作，仍是一個可敬的象徵，代表著一套對信徒而言極為重要的信念體系。此體系恰恰又體現了信仰的重要。而信仰當然是盲目的。

文藝復興惡棍——米開朗基羅的邱比特

西元一四八八年

在文藝復興時期，古董的價值普遍比當代藝術品高。如同今日，文藝復興時期的年輕藝術家也面臨入行門檻的挑戰，要立足並不容易。米開朗基羅・迪・洛多維科・博納羅蒂・西蒙尼（Michelangelo di Lodovico Buonarroti Simoni）就是其中一位有抱負的藝術家。今日，他的名，米開朗基羅比姓氏更廣為人知。

米開朗基羅的家世背景不算一般庶民，但他父親所繼承的小型佛羅倫斯銀行在他出生前就倒

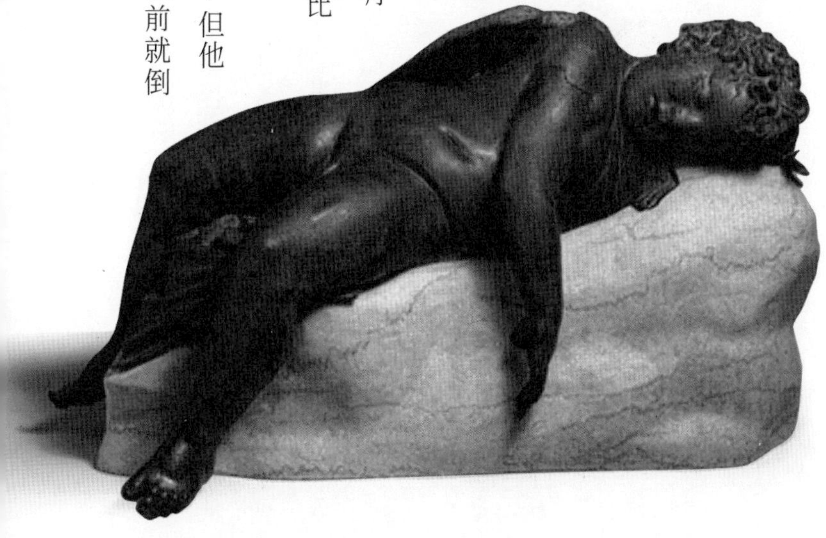

這座西元前二或三世紀的希臘愛神雕像有可能是米開朗基羅《沉睡的邱比特》靈感來源。

閉。十三歲那年，米開朗基羅開始在多明尼克・吉爾蘭戴歐(Domenico Ghirlandaio)的畫室當學徒時，他的父母也不太有錢。然而，米開朗基羅長大後迅速致富。雖然他的才華很早就獲得肯定，但他資產增長的速度極快，光靠早年帳面上的酬金也無法解釋如何辦到的。米開朗基羅年紀輕輕就致富，因此，一點也不意外地引來質疑的聲音。有人懷疑他的財富可能源自私下販賣自製的假古董。

受到質疑的古董中，最大膽也最具爭議的就是現存梵蒂岡的《勞孔群像》(Laocoön and His Sons)。今日，《勞孔群像》受公認為古典藝術傑作之最。根據官方說法（可信度頗高），此傑作（保存狀況非常良好）乃是工人在挖掘羅馬七座山丘之一，埃斯奎利諾山（Esquiline Hills）上的「七廳堂」（Seven Halls）地下水宮時發現。

文物出土後，當時的專家根據死於西元七十九年維蘇威火山爆發的史學家老普林尼(Pliny the Elder)的描述，判斷該雕像為古典時期諸多以「勞孔（特洛伊的阿波羅神祭司）與他的兩個兒子受海蛇攻擊」為主題的藝術創作中，最著名的作品。老普林尼當初在提圖斯（Titus）皇帝的皇宮中所見的作品為哈傑桑德洛斯（Hagesandros）、雅典諾德洛斯（Athenodoros）及波利德洛斯（Polydoros）三位雕刻家於西元前一世紀在羅德島所作。

一五〇六年，在梵蒂岡一座葡萄園出土時，《勞孔群像》的主角少了右臂——根據推測，該文物有一千五百年歷史，缺失右臂不足為奇。後來，儒略教宗（Pope Julius）買下該座雕像，並請人修復右臂。修復的右臂是向外伸直的，但是米開朗基羅卻提出反對，認為右臂應為彎曲。但是，光從雕像的斷臂之處，其實很難判斷出手臂原本是彎曲的。

當缺失的右臂在五世紀半後的一九五七年時，一處建築工地中神奇地出土，證明米開朗基羅

《勞孔群像》究竟是古典雕塑的傑作，還是由米開朗基羅所雕出全世界最厲害的偽造品？

是對的。但，當時他怎麼會知道？

證據不足以判斷米開朗基羅實際偽造了梵蒂岡的《勞孔群像》而致富，但以米開朗基羅不可思議的能耐，他肯定有能力假造梵蒂岡的《勞孔群像》。但他是否真有假造，這就得交給觀賞雕像以及研究雕像的人去判斷了。畢竟米開朗基羅在世時，就以擅長仿造古畫聞名（根據傳聞，他曾把仿造作品歸還畫主，自己把真跡留下），而且我們很確定，米開朗基羅早年貧困時，至少曾偽造過一座假的古典雕像。

根據喬爾喬・瓦薩里（Giorgio Vasari）一五五〇年的經典著作《藝苑名人傳》的記載：一四九六年時，二十二歲的米開朗基羅以古典風格雕塑了一座沉睡的邱比特像，看到作品的人全都稱讚這雕像精緻絕巧。洛倫佐・迪・皮爾法蘭西斯科（Lorenzo di Pierfrancesco）早年看見雕像時便說：「如果你把它埋起來，並讓它看起來有些年代，然後送到羅馬去，肯定能當成古董賣，售價肯定比這裡高上許多。」

米開朗基羅聽從建言，將雕像加工，製造出年代久遠的陳舊感覺。透過交易商轉手，雕像最終被一位名叫聖喬治的里奧里歐（Cardinal Riario of San Giorgio）的樞機主教買下。當該名樞機主教接獲消息知道這是假造的古董後，便要求退費，但是他又很佩服米開朗基羅的才華，因此允許米開朗基羅保留自己的抽成。在那個年代，假造技術高超的偽造古董時常受到公眾的讚揚，所以《邱比特像》也為米開朗基羅的名聲奠定基礎。

根據瓦薩里的記載，邱比特雕像後來落入瓦倫提諾公爵（Duke Valentino）之手。接著，公爵將雕像獻給曼圖阿侯爵夫人（Marchioness of Mantua），雕像便進入貢扎加家族（Gonzaga）的收藏之列。貢扎加家族的藝術收藏舉世驚人，有各種世上屬一屬二的藝術作品，共有兩萬多件，但很可惜地並沒有一份完整清單。

米開朗基羅的藝術成就非凡，勇於創新，不畏突破。

後來，貢扎加家族的財力式微，一六二六年至一六三〇年間多數收藏賣給熱愛收藏藝術的英格蘭國王查爾斯一世。運送至倫敦後，《邱比特像》與許多其他藝術傑作便收藏於懷特霍爾宮（Palace of Whitehall），也就是數世紀以來英格蘭國王的主要住所。

關於米開朗基羅《邱比特像》的最後文字記載，是塞繆爾・皮普斯（Samuel Pepys）一六六五年十二月六日所寫下的日記：

> 齋戒日我早起，經水路訪艾耳伯馬爾公爵（Duke of Albemarle）。公爵昨晚自牛津前來，其人生氣勃勃，待我和藹可親，向我諮詢大小諸事。他向我展示一座有趣的沉睡愛神像，為米開朗基羅所做，由懷特霍爾宮贈與，以表彰他公爵對海軍的領導。後來，我又循水路回家，並前往教堂，在那待了片刻。

此後，就再也沒有關於米開朗基羅《邱比特像》的紀錄。艾耳伯馬爾公爵的家位在弗利特河（Fleet River）旁，如果《邱比特像》收藏於此處，肯定在一年後的倫敦大火中被燒毀；倘若是收藏在懷特霍爾宮內，同樣會慘遭祝融。一六九八年，懷特霍爾宮失火焚毀。根據日記作者約翰・伊夫林（John Evelyn）的描述，宮殿燒得「只剩牆壁」。貢扎加家族的收藏品與漢斯・霍爾拜因（Hans Holbein）的壁畫《亨利八世像》也燒得一乾二淨。

但別氣餒，《邱比特像》焚毀不代表米開朗基羅的偽造古董就此絕傳於世。不久前，《紐約日報》(New York Daily)引述哥倫比亞大學藝術史學家琳・卡特森(Lynn Catterson)的話：「希臘羅馬藝術品的陳列中，或許還藏有一些我們並不曉得是米開朗基羅假裝成古董的偽造品。」

族裔身分的騙局——撒瑪納札

西元一七〇三年

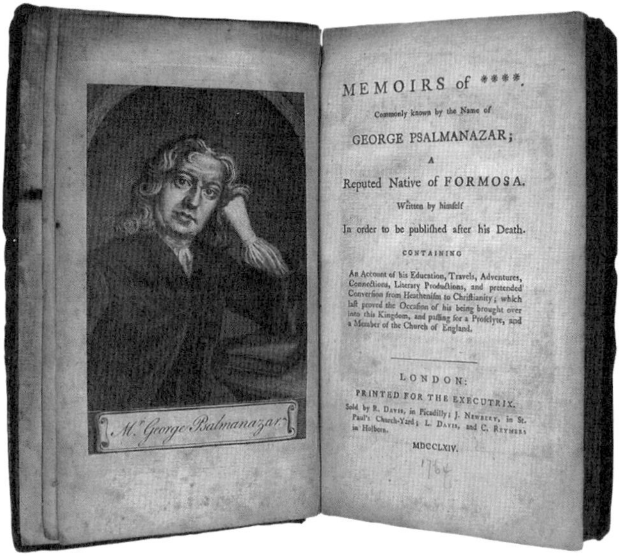

喬治·撒瑪納札自稱來自福爾摩沙，遭耶穌會傳教士綁架，又遭喀爾文教派監禁，最後好不容易逃跑，並投入英格蘭聖公會的懷抱。在死後出版的《回憶錄》中，撒瑪納札承認這則悲慘的故事是他編造的。這場騙局一開始會成功，是因為他專門講給聖公會教徒聽，而聖公會教徒普遍對喀爾文教派抱持懷疑態度，並對天主教懷恨在心。

雖然不久後英國人殖民了世界各地，但在十八世紀初期，倫敦人對於世界各角落的理解仍然很模糊。黑皮膚的非洲人在首都倫敦已不再新奇，但非洲大陸仍然是個神秘之境，人們對非洲的理解多半來自零星且異想天開的旅行遊記。此外，歐洲人對於非洲有許多猜測，例如，當時人們認為非洲人皮膚黑，是因為他們生活在熱帶，經烈陽照射所致，畢竟歐洲人到了熱帶後，皮膚也會變黑。

如同非洲，歐洲人對遠東也幾乎一無所知。因此，在一七〇三年，一位碧眼白皮膚、精通數國語言、自稱喬治・撒瑪納札（George Psalmanazar）的男子，受到倫敦社會的歡迎與關注，因為他自稱是福爾摩沙（Formosa，今日的臺灣）原住民。

一名聖公會（英國國教）傳教士在阿姆斯特丹遇到他，並將他帶回倫敦。不久後，充滿異國情調的撒瑪納札便成為時尚社交場合必備的「裝飾」。在一場又一場社交晚宴上，大家敬畏地觀賞撒瑪納札吃下一盤盤生肉（很顯然的，福爾摩沙人似乎從來不把肉煮熟），並說出所有人從來都沒聽過的異國語言。

撒瑪納札之所以能迅速被倫敦上流社會接受，無疑地是因為他所講的故事，但同時也和英國的情勢有關。根據他的說法，他出生在福爾摩沙，是一名異教徒，但後來遭耶穌會傳教士綁架至歐洲，並被迫改信天主教，但是他對此抗拒。經過一連串的冒險後逃到荷蘭，然後又堅定地拒絕荷蘭當地喀爾文教派的傳教，這讓既討厭天主教又討厭喀爾文教派的英國聖公會人士聽得十分窩心。當時的倫敦上流社會規模不大，娛

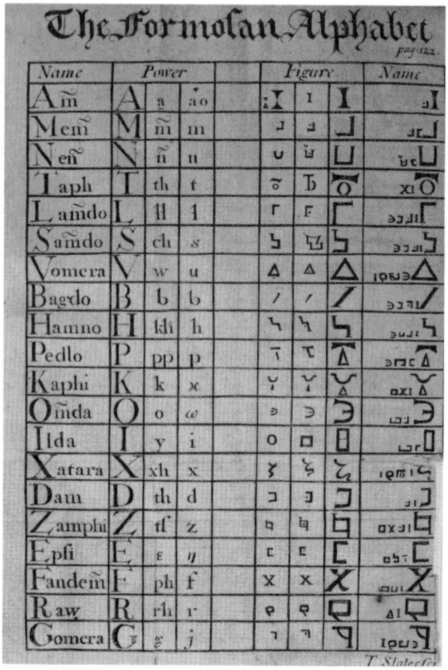

「福爾摩沙字母」有二十二個字母，由右至左書寫，其實是由希伯來字母、希臘字母及胡亂畫出的符號所混合而成。

樂消遣有限，而且才剛開始注意到外面的世界，並對外面更大的世界充滿好奇。在生活範圍有限的社會裡，神秘又迷人的撒瑪納札自然迅速取得名氣，變成超級大明星。

受到上流社會歡迎後，撒瑪納札大膽了起來，一七〇四年出版《日本天皇領地福爾摩沙島的歷史與地理》一書。該書只花了兩個月寫成，出版後成為暢銷書。撒瑪納札顯然對當時的民族誌瞭若指掌，在書中詳細描述福爾摩沙人的生活方式與風俗民情。根據他的記載，福爾摩沙人外出皆裸體，只用金製或銀製的小擋板遮住私處，並以蛇為主食，但若妻子不忠，丈夫有可能會把妻子吃掉。他們原本崇拜太陽、月亮及十顆行星，但後來一神信仰傳入，現在每年初將一萬八千名年輕男孩獻祭給新神，並將祭品的心臟放在金屬烤架上燒烤。

對現代人而言，這些紀錄聽起來很荒唐，但對當時求知若渴，亟欲了解外面未知世界、並且對於印加、阿茲特克獻祭儀式有所了解的人來說，這一點也不誇張奇怪。撒瑪納札最大的成就是捏造出福爾摩沙語和福爾摩沙字母，並以逼真的方式描述之，且他還能用無人認得的口音發音。他的記載逼真到連牛津大學都請他去為想到福爾摩沙傳教的傳教士授課，教導他們福爾摩沙語。日耳曼語言學家到了十八世紀中，仍然參考他的「福爾摩沙字母表」。

然而，當時也是充滿懷疑的年代，倫敦許多人對傳聞中的福爾摩沙人有所懷疑。在一場皇家學會（Royal Society）會議上，撒瑪納札受到嚴格的質詢，但是他無比機智地回答天文學家愛德蒙·哈雷（Edmond Halley）與其他同事

根據撒瑪納札的說法，福爾摩沙人原本崇拜偶像，但後來改信一神教，並為神建造巨型寺廟，且每年初一要「犧牲一萬八千名不足九歲的男童，並取其心臟以獻祭」。

所提出的尖銳問題。（若欲了解哈雷，請見第三十三章《偽行星科學》。）

例如，哈雷問他在福爾摩沙，日光照下煙囪的時間（因可根據天文觀察驗證），撒瑪納札則回答，福爾摩沙的煙囪因有角度的傾斜建造，所以無法判斷日光照下的時間。另一人質疑他的皮膚怎麼那麼白？他解釋道，他來自上層社會，而福爾摩沙上層社會居住在「陰涼的樹蔭之中，或是地底居處裡」，因此保留了白皙的膚色。有位列席的法國教士說福爾摩沙屬於清廷，並不屬於日本。撒瑪納札則說他把福爾摩沙和「大員」（Tayowan）搞混了，大員是另一座島嶼。

皇家學會的會議或許以平手收場，但隨著時間過去，關於福爾摩沙的實際資訊滲入英格蘭，撒瑪納札自稱是福爾摩沙人的說法愈來愈站不住腳。原本贊助他的傳教士跑到葡萄牙成為隨軍神職人員，而撒瑪納札自己也慢慢淡出社交圈，最終淪落到倫敦蓬勃發展的八卦小冊產業中心寒士街（Grub Street）撰寫廉價出版物。

後來，撒瑪納札寫了一本回憶錄，在他死後出版。回憶錄中，他並沒有揭露自己的真實身分，但承認了關於福爾摩沙及自己身世的故事都是捏造不實的。他的身世至今仍然不清楚，但最有可能是出生在法國南部農村的天主教徒，憑著語言才華逃離出生地，最後被聖公會贊助人發現。

撒瑪納札能輕而易舉，驚艷遇到他的人，面對尖銳棘手的問題能應答如流，而且能維持福爾摩沙人的虛假身分，他的欺騙能力實在很了不起。然而，他一生中最驚人的事情，或許是他後來和文壇巨人，塞繆爾・詹森（Samuel Johnson）結為好友。兩位初次見面時，詹森仍在寒士街貧苦寫作，而撒瑪納札的輝煌歲月已成過往。詹森的朋友海斯特・史瑞爾（Hester Thrale）曾問他認識最棒的人是誰，詹森毫不猶豫地回答：「撒瑪納札」。他們兩位時常在霍本區與倫敦市的酒館裡聊天，一聊就是好幾個小時。真希望能偷聽他們聊些什麼。

浪漫自殺——湯瑪士・查特頓

西元一七七〇年

一七五二年，湯瑪士・查特頓（Thomas Chatterton）生於布里斯托爾附近一名男教師家中。當時的英格蘭處於工業革命即將爆發前夕，男性預期壽命不到三十五歲。除了極少數的菁英階級外，多數人的生活都很艱難。湯瑪士的父親在兒子出生前便已過世，留下母親以裁縫維生，辛苦維持家計，扶養兩名孩子及岳母。因此，湯瑪士・查特頓就讀一間類似今日的商職學校，這也是他唯一受過的正式教育。

湯瑪士從小就喜愛美術與詩詞，他的舅舅

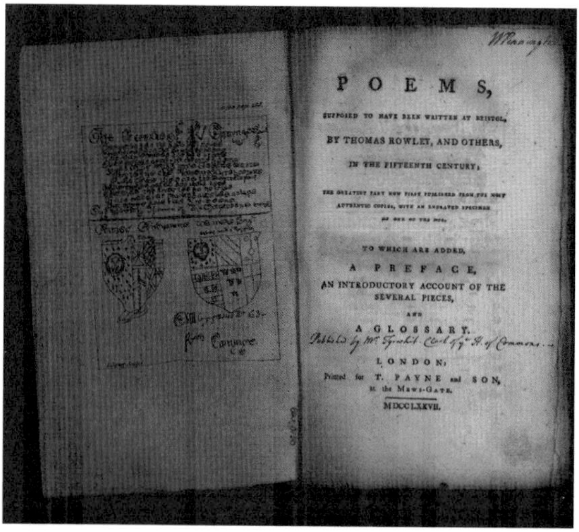

湯瑪士・查特頓《羅利詩集》第一版。

是教堂司事，所以他也沈浸在教堂的歷史中。對於像他這樣的男孩來說，他的出身實屬不幸。更淒慘的是，十四歲那年，湯瑪士在一名布里斯托爾律師底下當學徒時，律師將他在寶貴閒暇時間所寫的詩作撕毀，並禁止他再寫詩。

在這種情況下，早熟但不善社交的查特頓只能私底下創作詩。其實，在去學校念書以前，他早就開始偷偷寫詩了，現存最早他的一首詩，是在他十一歲時所寫。他不到十六歲就首次出版作品，詩詞刊登在《Felix Farley's Bristol Journal》大報上。這部早熟的作品為一則虛構的十五世紀敘事詩，講述布里斯托爾境內塞文河上的老橋啟用典禮，寫於一七六八年新橋啟用典禮。

然而，查特頓最主要的策略，是從舅舅的教堂搜刮羊皮紙，並在上面寫詩，之後再以湯瑪士・羅利（Thomas Rowley）的名義，將作品提交給潛在贊助者與出版商。湯瑪士・羅利，是一名十五世紀布里斯托爾僧侶，喜歡以古體抒情詩描繪家鄉城市豐富又神秘的歷史。

在查特頓的世界裡，有文學抱負又顯然缺乏資源的人，唯一的出路就是找到人脈。查特頓早期遇到的一位恩人、贊助者名叫威廉・巴瑞特（William Barrett），他是英國外科醫生與古物收藏家，在一七六八年取得若干羅利手稿，並於一七八九年的著作《布里斯托爾市的歷史與古物》(History and Antiquities of the City of Bristol)中出版，卻不知道手稿背後的真相。其他人就沒那麼慷慨了，其中一位是審美家霍瑞斯·渥波爾（Horace Walpole），他一開始對查特頓送來的手稿展現興趣，但後來卻判斷這些手稿是偽造的。這或許是同類相知，因為渥波爾自己就曾經將人生第一部小說《奧特蘭托堡》(The Castle of Otranto)假造為中世紀的作品。

一七七〇年，查特頓逃離學徒生活並偷偷前往倫敦。在倫敦，他以自己的名義發表了各式各樣的作品，包含詼諧改編體、諷刺體、詩詞、政治評論，但

在湯瑪士·查特頓時的社會，追求物質享受，但同時又多愁善感。他貧窮的際遇和自殺的悲劇，成為浪漫詩派詩人殉道的象徵。上圖為亨利·沃利斯於一八五六年所畫，恰恰體現浪漫詩派對於查特頓之死的詮釋。

吝嗇的編輯卻沒給他太多報酬，導致他只能住在霍本區的小閣樓裡節儉度日。因此，他又重拾羅利的身分。唉，但仍然是徒勞無功。他找上付款緩慢的《漢米爾頓城鄉雜誌》（Hamilton's Town and Country Magazine），這家雜誌曾以羅利的名義出版查特頓在世時唯一出版的詩作《艾琳娜與茱佳》（Elinor and Juga），但現在就連他們都拒絕出版後來廣受好評的《慈愛善謠》。

此時的查特頓愈來愈走向絕望。他原本希望成為著名的詩人並使家人脫離貧困，但現在他卻在倫敦的閣樓裡挨餓度日，且沒有絲毫改善的希望。他曾想過要轉換跑道成為醫生，甚至還寫信給巴瑞特請他協助取得商船上外科醫生助理的職位。然而，一七七〇年八月，他在一座墓園散步時，不小心跌入一座開放的墓坑。同行的人將他拉起來後，他說：「至今，我已和墳墓征戰多時」。三天後，他在閣樓裡服砷自盡，過世時距離十八歲生日還有三個月。

在短暫的一生中，查特頓只發表過一首詩作，當時他過世的消息鮮為人知。然而，他過世不久後，出現了一股羅利復興浪潮。一七七七年，研究喬叟（Chaucer）的學者湯瑪士・泰爾維特（Thomas Tyrwhitt）出版一部羅利選集，並認為這些詩作確實屬於中世紀時期。雖然他在隔年第二版中就沒有那麼確信。但這並不是重點。查特頓詩作的真實性，在當時的確是受到很大的爭論，但無論評論者相不相信這些詩作是真的，這些詩作都廣為流傳。

威廉・華茲華斯生於查特頓過世後一年，他與幾乎同時期的柯立芝共同創立英格蘭浪漫詩派。他們兩人皆深受查特頓詩作的影響。無論擬古的羅利詩作是否符合所描寫的時代，其文句優美無庸置疑，充分體現對神秘過去的懷舊之情。約翰・濟慈在詩作《恩底米翁》(Endymion) 中表達自己對查特頓的認同，雪萊在《阿多納伊斯：約翰・濟慈逝世輓歌》(Adonais: An Elegy on the Death of John Keats) 中充滿敬意地提到查特頓。華茲華斯曾說：「查特頓是個奇妙男孩。」

這就是浪漫主義詩人神話的濫觴：一位窮困潦倒的藝術家在簡陋的閣樓中自盡，殘酷地終結自己短暫的一生，藉此為自己的生命與作品增添淒美的意涵。當大家討論到查特頓逝世時，也會討論到經濟不平等及獨創性受挫的悲劇，甚至還有人認為，詩人的死其實沒有想像中淒美浪漫，因為他服砷只是為了治療性病，卻不小心服用過量致死。

但是，隨著時間遞嬗遷移，流傳最久也是大眾最相信的版本仍是浪漫主義詩派的詮釋。因此，十九世紀最著名的查特頓畫像出自亨利・沃利斯 (Henry Wallis) 之手。

畫中的詩人臉色蒼白，橫躺在一扇閣樓窗戶透進的光前方，優雅地死去。為這幅輓畫擺姿勢的模特兒，身分或許非常適合，他是小說家兼詩人喬治・梅瑞狄斯（George Meredith）。往後，梅瑞狄斯寫下千古流傳的不朽詩句：「人生滿心追求明確，卻往往得到混沌的答案」（Ah, what a dusty answer gets the soul/ When hot for certainties in this our life!）。

約翰・濟慈同樣也是英年早逝的詩人，得年二十五歲，死於肺結核，而非自殺。濟慈曾創作《恩底米翁》一詩獻給查特頓。該詩首句寫道：「美的事物是永恆的喜悅」（A thing of beauty is a joy forever.）

假葡萄酒——湯瑪士·傑佛遜的拉菲酒莊葡萄酒

西元一七八四年

葡萄美酒不僅為文明生活增添品味，更是社會地位及待人處世能力的象徵。然而，伊甸園裡仍潛伏著一條盤蛇。由於每支葡萄酒的價位有高低不同，因此葡萄酒詐欺始終無所不在。西元前十八世紀的漢摩拉比法典，就立下數條關於葡萄酒商的法規，其中一條規定，酒類售價不實者，得處以溺刑；西元前一世紀，老普林尼（Pliny the Elder）

哈迪·羅登史塔克（左）與香港總商會主席田北俊（右）各持一瓶「湯瑪士·傑佛遜」葡萄酒。一九九八年，田北俊與五十九名中日政商名流受羅登史塔克邀請參加為期一週的伊甘莊園節慶（Château d'Yquem Festival）。多數貴賓都是才剛接觸紅酒、對紅酒了解不深的富人。

等眾多人士皆抱怨古羅馬酒館裡充斥假葡萄酒，尤其是他最鍾愛的一支酒——來自坎帕尼亞（Campania）山丘莊園所產的琥珀法樂諾葡萄酒（amber Falernian wine）。

近代的葡萄酒騙局更是不勝枚舉，其中有個葡萄酒詐欺事件非常著名。湯瑪士・傑佛遜是名葡萄酒行家，一七八五至一七八九年他在巴黎擔任美國駐法大使期間，發現葡萄酒商不可信任，因而大力提倡直接向生產酒莊購買。因此，傑佛遜牽涉到近代最惡名昭彰的葡萄酒醜聞，或許也就不足為奇了。有幾瓶葡萄酒，據稱有數百年的歷史，傳聞和傑佛遜皆有所關聯。

這批酒由喜歡炫耀賣弄的德國葡萄酒收藏家哈迪・羅登斯塔克（Hardy Rodenstock）所持有，一九八〇年代開始在拍賣會及特選品酒會上出現。這批酒的傑出之處不僅僅是年份，人工吹製的酒瓶上刻印的年份有些是一七八四、有些是一七八七，但特別的不僅年代久遠，而是瓶身上印有「Th. J.」這對字首。據稱，巴黎有棟房屋進行拆除時，有人在屋內一個與世隔絕被圍牆環繞的酒窖裡發現這批葡萄酒，而瓶身上的字首強烈暗示這批酒原本要供應給傑佛遜，但傑佛遜卻還來不及入手，便啟程返回才剛建立不久的美國。

第一瓶酒在一九八五年的倫敦拍賣會上售出，年份為一七八七年，產地為傑佛遜最鍾愛的拉菲酒莊（Château Lafite），拍出高達十五萬六千美元的天價，為當時單支紅酒售價最高紀錄的四倍之多，買家是出版業巨擘，邁爾康・富比士（Malcom Forbes）。可惜的是，富比士將這支葡萄酒公開展示時，瓶口的軟木塞因燈光照射而受熱萎縮，結果落入瓶中。葡萄酒，尤其是陳年葡萄酒，一露在空氣中便會快速氧化，所以現在沒有人知曉瓶中那脆弱的淡琥珀色液體的保存狀況。（白葡萄酒的顏色愈陳愈深，但這支拉菲酒莊的葡萄酒是紅酒，其顏色則是愈陳愈淺）

往後數年的品酒會上，同一批的其他支酒獲得的評價不一，但羅登斯塔克

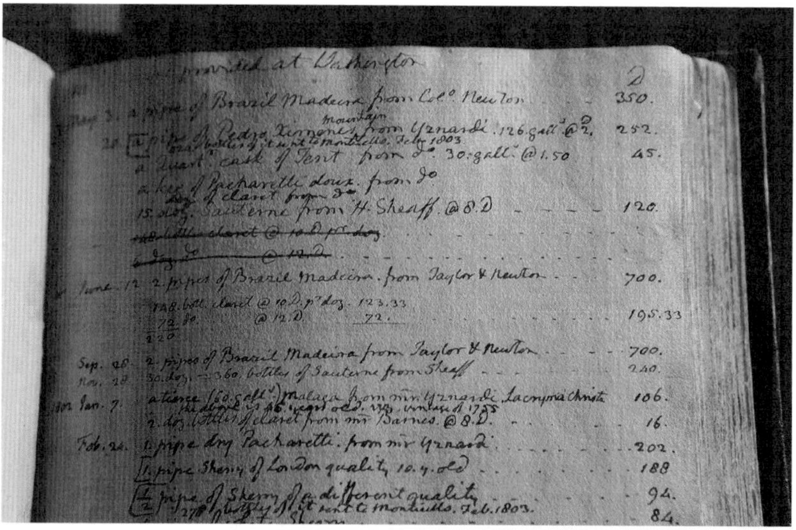

湯瑪士・傑佛遜對自己的葡萄酒購買歷史皆有詳細記錄。羅登斯塔克宣稱他找到傑佛遜購買的葡萄酒，但是在近期由紐約公共圖書館數位化的傑佛遜筆記本中及蒙蒂塞洛的湯瑪士・傑佛遜基金會檔案中皆找不到購買一七八七年拉菲酒莊葡萄酒的證據。

還是私下賣出若干瓶酒，售價並未公開，但想必非常高昂。其中一瓶也是一七八七年的拉菲酒莊葡萄酒，後來被送到實驗室進行檢測，結果顯示雖然沈澱物符合兩百年的特徵，但液體部分並不符合。

最後收拾殘局的是家財萬貫的美國收藏家比爾・科赫，他從各種貨源買入四瓶據稱是傑佛遜的葡萄酒，並計劃公開展出。科赫的代理人，布萊德・歌德斯坦（Brad Goldstein）聯絡傑佛遜維吉尼亞住所，蒙蒂塞洛（Monticello）的專家，請他們翻找傑佛遜留下的檔案，查看能否找出關於這批紅酒的紀錄。然而，即將成為總統的傑佛遜雖然對任何事情都紀錄仔細，但無論專家怎麼找都找不到訂購那批葡萄酒的紀錄，甚至連一支一七八七年的酒都沒有。其實，這件事早在一九八五年，第一瓶葡萄酒售出以前就有人發現了。

科赫驚覺事有蹊蹺，於是聘請私家偵探協助調查，偵探則把葡萄酒送去進行高科技檢測。今日所裝瓶的葡萄酒，全部都含有一種名叫「銫—一三七」的放射性同位素，今日大氣中之所以含有此同位素，純粹是由於核武試爆及一九八六年車諾比事變等核災導致。世界首次原子試爆發生於一九四五年，也就是說一九四五年以前，「銫—一三七」並不存在，因此十八世紀的葡萄酒中絕對不可能偵測到「銫—一三七」。

科赫所購入的葡萄酒接受伽瑪射線偵測儀檢測，結果為「不確定」，鈽含量未達顯著水準，也就是說裡面的酒液確實年代久遠，但未必有兩百年歷史。

對此結果，科赫想必相當失望。但他仍然堅持不懈，請專家持續進行調查，對出自羅登斯塔克收藏的許多瓶葡萄酒進行檢驗，其中包含富比士留下的酒瓶還有其他拉菲酒莊與伊甘莊園所產的葡萄酒。使用強大的顯微鏡進行檢測後，他們判斷「Th. J.」的刻印乃是用現代牙醫電鑽所刻，而非十八世紀的手工銼刀或切割輪。由此可知，瓶身上的年份及字首是偽造的。後續調查更是取得三名德國技師的書面證詞，承認當初對瓶身進行刻印的人就是他們。這些酒瓶和酒液無論有多古老，皆和傑佛遜沒有任何關聯。

大多數葡萄酒品嚐者財力有限，他們或許不太同情花大錢追求昂貴葡萄酒的富有賭客，畢竟葡萄酒還是一種容易腐敗需要飲用的商品。科赫近期也承認到這項事實，據稱他將自己酒窖的半數收藏拿去拍賣。可惜的是，多數買家買來應該還是為了陳列賣弄，而非真正享用品嚐。

但最可怕的是，一般喝葡萄酒的人和花大錢的豪賭客同樣容易受騙，因為大眾市場中詐欺的情況更為猖獗。二〇一二年，勃艮第最大的葡萄酒生產商與銷售商之一的拉布雷國王酒莊（Labouré-Roi）遭指控詐欺，且案情牽涉到高達一百五十萬瓶銷往全球的葡萄酒。詐欺的手法無所不包，他們標籤不實（最簡單也最常見的葡萄酒詐欺手法），甚至還在昂貴的高級葡萄酒中滲入次等的葡萄酒。最後，拉布雷國王酒莊的所有人被逮捕，公司被另一家葡萄酒生產商買下。

二〇〇八年，「布魯內洛波利」（Brunellopoli）葡萄酒醜聞爆發，傳聞昂貴的布魯內洛・蒙塔奇諾（Brunello di Montalcino）遭滲入別處運來的廉價佐餐葡萄酒。二〇一六年，根據報導，義大利城鎮塞爾瓦扎

與多數放射性同位素不同，「銫-137」是人造的，為原子彈爆炸的產物。一九四五年七月十六日三位一體核試驗（Trinity Test）後，極微量的銫-137 便釋入大氣。比爾・科赫僱請法國物理學家菲利浦・休伯特（Philippe Hubert）對傳聞中的傑佛遜葡萄酒進行「銫-137」檢測。如果瓶中含有，「銫-137」，則代表葡萄酒並非十八世紀所產。檢測結果為「無法確定」。

諾登特羅（Selvazzano Dentro）有人將廉價的普羅賽柯氣泡葡萄酒（Prosecco sparkling wine）假冒為一座著名香檳莊園的產品。葡萄酒詐欺事件不勝枚舉，且由於市場缺乏監管，這類詐欺事件在未來仍會頻傳。

只要葡萄酒有價格高低差異，且消費者無法辨認葡萄酒的真偽，詐欺的誘惑就會一直存在。假如你認為避免受騙的唯一方法就是只喝最便宜的葡萄酒，那你有可能是對的。但是，真的會有人願意這樣做嗎？

假莎士比亞——那位將成為吟遊詩人的男孩

西元一七九五年

雖然近期有很多改編莎士比亞的作品，但你可能會認為莎士比亞幾乎是迅速地成為不可褻瀆的經典人物。畢竟，哪個凡人會自命不凡到想和埃文河的吟遊詩人（Bard of Avon）較量才智呢？會這樣想很合理，但事實並非如此。

莎士比亞最神秘的地方在於，雖然他精善文字，但留下的手稿卻很稀少。在莎士比亞時代，手寫是唯一的書面表達方法。然而他的劇作全都是死後透過第二來源出版，而且幾乎沒有證據可以顯示他和任何人有通信往來。他留下的親筆簽名也很稀少，只出現在一些法律文件上。自荷馬以降，很少有人餽贈後世如此豐富的文學禮物，卻留下如此稀少的個人日常生活紀錄。想當然耳，有此缺口，就必定會有人來填補。

威廉・亨利・艾蘭（William Henry Ireland）生於一七七五年，他的童年並不開心，在學校常因不專心聽課而被體罰，在家裡也不受父母關愛。他的母親並沒有結婚，且和他關係疏遠，是父親家裡的女傭。父親塞繆爾是位有錢的作家，專門撰寫附插圖的旅遊書籍，而且著作廣為流傳。由於家庭關係特殊，塞繆爾疏於教養孩子或許也不足為奇。然而，塞繆爾作為父親的確給了孩子一些東西：一座充滿奇珍異寶的屋子，以及對莎士比亞的熱愛。「能擁有莎士比亞的真跡」塞繆爾告訴兒子：「乃是無價至寶。」

年輕的威廉・亨利亟欲得到父親的肯定，於是他翻遍家裡豐富的藏書。在一本塞繆爾的書中，他找到一片莎士比亞簽名的複製品。此

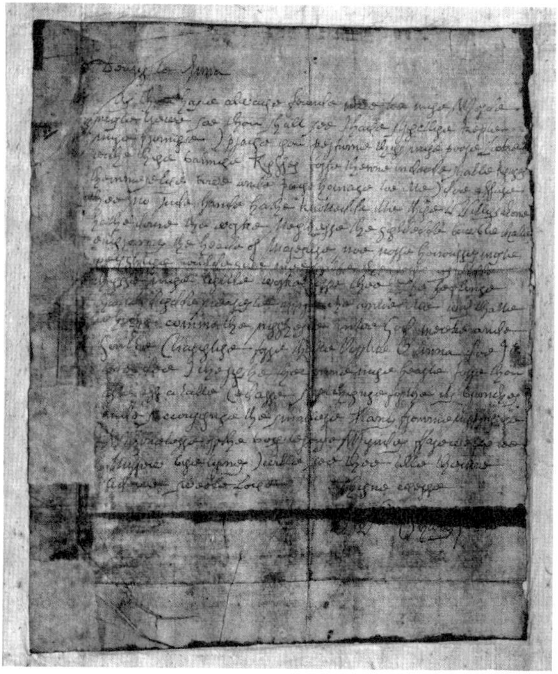

威廉・亨利・艾蘭最大膽的騙局之一：莎士比亞致妻子安・海瑟威的情書。

外，生於湯瑪士・查特頓死後五年的他，也很喜歡查特頓的偽造詩作（詳見第十二章《浪漫自殺》），以及詹姆斯・麥佛森（James Macpherson）自一七六〇年出版，據稱是古蘇格蘭詩人「奧西安」的詩作。偽造文學在當時備受敬重，而威廉・亨利似乎也為了獲得父親的肯定而從事偽造文學的事業。

年輕的艾蘭在一名律師底下做學徒，律師的辦公室裡擺滿古老的羊皮紙，而威廉也在偶然認識的朋友那裡學會如何使用特殊墨水撰寫文件，再將文件加熱，使文件看起來具有年代感。綜合多項優勢，威廉・亨利在一七九四年，他十八歲時開始偽造古代文件，其中包含一份帶有莎士比亞簽名的契約。威廉・亨利將這些奇特的物品獻給父親，宣稱這些東西是他在朋友閣樓裡的一個箱子中找到的。如同他所期望，塞繆爾得到這些

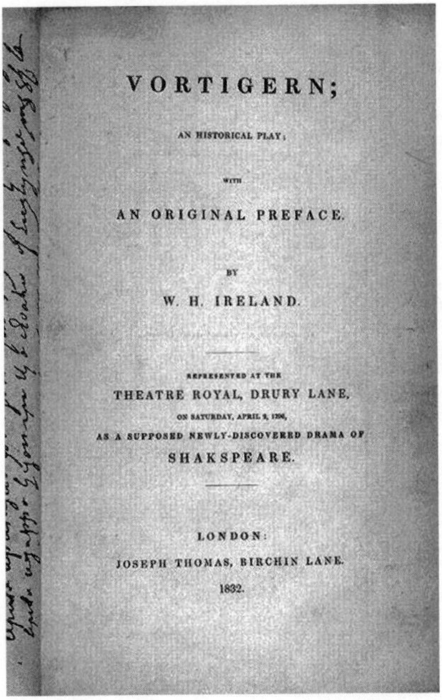
VORTIGERN;
AN HISTORICAL PLAY;
WITH
AN ORIGINAL PREFACE.
BY
W. H. IRELAND.
REPRESENTED AT THE
THEATRE ROYAL, DRURY LANE,
ON SATURDAY, APRIL 2, 1796,
AS A SUPPOSED NEWLY-DISCOVERED DRAMA OF
SHAKSPEARE.
LONDON:
JOSEPH THOMAS, BIRCHIN LANE.
1832.

《沃蒂根》之所以為人所信，是因為威廉·亨利·艾蘭之前已經假造各項與莎士比亞有關或為莎士比亞所有的契約、書信與文件，且全都通過學者的驗證。

「無價之寶」後開心極了。

然而，威廉・亨利並沒有就此罷手。他偽造更多莎士比亞的文件，其中包含莎士比亞寫給妻子安・海瑟威（Anne Hathaway）的情書、莎士比亞親手註釋的書籍、一份新教宣誓效忠書、《哈姆雷特》部分手稿，及《李爾王》全劇手稿。塞繆爾簡直無法抑制自己的開心，他邀請數名專家來驗證文件，結果專家判定這些文件是真跡。有位專家竟然還找到一顆能證明這些文件與莎士比亞有關的印章，讓威廉・亨利倍感意外。後來，塞繆爾將這些文件集結出版，題名為《威廉・莎士比亞各類文件與法律文件的真跡與印章》（Miscellaneous Papers and Legal Instruments Under the Hand and Seal of William Shakespeare）

於是，威廉・亨利大膽了起來，偽造一部過去未曾出版過的莎士比亞劇作手稿，名為《沃蒂根：一部歷史劇》（Vortigern, An Historical Play），講述中世紀背叛與父親不滿的故事。經過一番競爭後，首演權由著名劇作家，理察・布林斯利・謝立丹（Richard Brinsley Sheridan）拿下。與此同時，隨著《各類文件》一書流傳大眾，開始出現懷疑之聲，特別是愛爾蘭的莎士比亞專家，艾德蒙・馬龍（Edmond Malone）。

在越來越多質疑手稿真偽的聲浪中，馬龍於一七九六年三月三十一日，也就是

《沃蒂根》首演前兩日（首演日期為四月二日；據稱，原本的提議是在四月一日首演，但遭塞繆爾・艾蘭否決）展開長期調查，最終證明這部手稿是偽造的。雖然艾蘭的住所門庭若市，民眾爭相湧入一睹手稿真跡，並用手觸摸手稿（塞繆爾還必須因此限制開放時間），但是就連謝立丹也心生懷疑，雖然他不是很喜歡莎士比亞，但他手上的手稿卻沒有想像中的那麼「詩意」。然而，最終他還是選擇相信手稿為真，因為手稿的羊皮紙非常古老。

《沃蒂根》首演的場地是剛擴建完成的德魯里巷皇家劇院（Theatre Royal in Drury Lane）。首演當天，劇院高朋

莎士比亞（左）根本沒寫過《沃蒂根》。然而，近期由一群國際學者使用電腦文本分析，發現克里斯多福·馬羅（Christopher Marlow，右）曾與莎士比亞共同創作《亨利六世》三部曲，並且可能是《亨利六世：第二部》的主要作者。

滿座，劇幕揭開時，觀眾席充滿緊張氣氛。據稱，剛開始的時候觀眾還保有禮貌，能在劇中一項接一項認出（偽）莎士比亞的風格，但後來飾演沃蒂根的演員，約翰・菲力普・肯布勒 (John Philip Kemble) 因心生懷疑而亂演後，觀眾便開始不耐煩。全劇落幕後，有一派觀眾認為該劇是真的莎士比亞劇作，另一派則認為自己受騙，兩派僵持不下，大打出手，直到肯布勒宣布《沃蒂根》續演全數取消，觀眾才平息下來。取代《沃蒂根》的劇目非常合適，是謝立丹自己的劇作《醜聞學院》(The School for Scandal)。

首演隔天，《沃蒂根》受到嚴厲的批評，但威廉・亨利卻如釋重負。幾個月後，他將心裡的包袱全部甩掉，出版一部懺悔錄，徹底為父親開脫，說明父親對此完全不知情，這一切全都是他因為自己年少輕狂而犯下的蠢事。同時也暗示那些詆毀他的人，之所以如此異常惡毒，是因為他們發現自己竟然上了小孩的當。

反而是塞繆爾・艾蘭不願面對殘酷的現實。儘管他的著作銷量暴跌，一直到四年後，他過世之前仍然堅持否認偽造的事情。威廉・亨利想要獲得父親的肯定，最終卻在彼此之間劃下永久的裂痕。

然而，故事並未完全落幕。如果十八世紀的人擁有今日的文學批評標準與科技分析技術，《沃蒂根》則完全沒有假冒莎翁劇作的機會。《沃蒂根》雖然沒有列入莎士比亞劇作行列之中，但也沒有被文學界遺忘。今日，《沃蒂根》被視為一件奇特的作品。二〇〇八年十一月十九日，在這部作品完成兩世紀以後，在劍橋大學彭布羅克學院（Pembroke College）第二次演出。

秘密人類學——大腳怪傳奇

西元一八一一年

美國人熱愛傳說故事，而且願意不計一切代價維護傳說。最歷久不衰的傳說也許當屬大腳怪，又稱大腳或北美野人（Sasquatch）。大腳怪是半猿半人的神秘生物，相關的傳聞於一八一一年首次出現在加拿大洛磯山脈，目擊者是當地的皮草獵人。根據「大腳

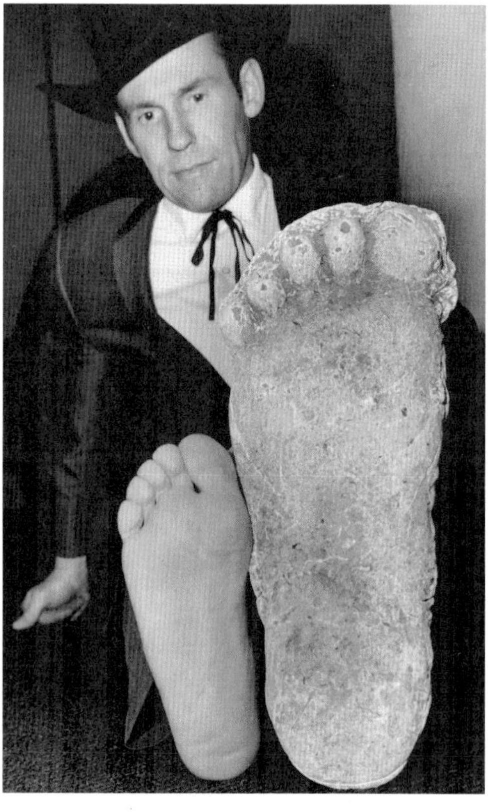

電影製作人羅傑·派特森（Roger Patterson）把自己的腳放在大腳怪的石膏像旁。根據他的說法，他於一九六七年在加州尤里卡附近的森林內追蹤大腳怪，並製成石膏像。在「科學星期五」（Science Friday）節目訪談中，主持人問珍・古德她相不相信大腳怪存在。「我認為他們存在」她說，但隨即又補充道：「我是浪漫派的，所以我一直希望他們存在。」

怪田野研究人員協會」（Bigfoot Field Researchers Organizatiion，簡稱 BFRO）的紀錄，一八一一年至今，美國境內除了夏威夷以外，所有州都有大腳怪「可信的」目擊紀錄，全美共有近五千起，還有數百起在加拿大。也就是說，這種不合理的類人動物每年就有數十起目擊，這意味著至少在大眾心中，這種奇特的擬人野獸比想像中更加普遍常見。

然而，加拿大亞伯塔省，自從首次目擊後，將近兩百年，當地森林滿是背包客、獵人、環保人士、伐木工、熱愛大自然的人、植物學家、逃犯以及山地居民，卻沒有任何人被大腳怪的屍體絆倒過。通常，目擊大腳怪的典型傳聞，都是有人看到大腳怪在森林小徑蹣跚而過，或是在樹林間快速穿梭，等目擊者掏出相機，早已不見蹤影，最多只能夠拍到模糊的照片。有時會有人宣聽見呼嚕聲、嚎

科羅拉多州，科羅拉多泉山區一處路標。

叫聲或尖叫聲從附近錯綜的植被傳來，而且偶爾會有人宣稱自己看見大腳怪群聚。但是不知什麼緣故，科學家可以接受的有形實體證據，似乎從來沒有出現過。

其實，許多科學家也曾企圖找尋證據。華盛頓州立大學人類學家葛羅維・康茲（Grover Krantz，他的骷髏現存於史密森尼學會作為他曾經存在的證據）就是其中一位。他窮盡一生致力尋找大腳怪的遺骸。直到最後，他認為自己找不到大腳怪屍骨的原因是森林地面偏酸性，骨骼無法保存。他推論道，他也不曾在森林裡找到熊的遺骸，但他知道熊確實存在於森林中，且數量應該遠多於大腳怪。

長久以來，除了目擊者含糊的故事以外，大腳怪存在的唯一實體證據就是一些模糊不清的照片、奇怪的腳印，或無法辨認的毛髮。

但是在二〇〇八年，一切似乎有所改變。

二〇〇八年八月，兩名喬治亞州居民，一位是副警長，馬修・懷頓（Matthew Whitton）、另一位是二手車商，瑞克・戴爾（Rick Dyer）。兩人同時也共同擁有一間旅行社，專門帶遊客進行尋找大腳怪的探險活動，宣稱他們在喬治亞州北部森林中找到大腳怪的遺骸。他們在大腳怪的傳聞「震央」，加州召開記者會，懷頓告訴平面媒體與電視媒體記者，他與戴爾在森林深處的河畔發現大腳怪的遺骸，接著戴爾走回去把卡車開過來，這段期間懷頓留守遺骸數個小時。記者人人都聽得入神。

緊接著，真正的好戲登場！兩人拖出巨大遺骸穿越森林前往卡車的途中，突然出現三隻活生生且怒氣沖沖的大腳怪，它們沿著兩人留下的足跡一路追蹤到卡車。這肯定是非常嚇人的經驗，因為根據懷頓與戴爾的描述，他們找到的大腳怪（雄性）身高二百五十六公分，體重二百二十七公斤，雙手長達三十公分，雙腳甚至更大。追擊而來的大腳怪必定魁梧得嚇人，比懷頓、戴爾，及沈重的遺骸更加高大。

但是，最後懷頓與戴爾兩人仍然設法將遺骸抬上卡車，載去冷凍。

他們的故事登上各大報紙頭條，受到全國電視台廣泛報導，雖然在記者會上懷頓、戴爾與他們合夥人，湯姆·比斯卡迪（Tom Biscardi）提供的唯一物證是一些模

第三五二幀。帕特森 - 金林電影（Patterson-Gimlin Film）中，據說是雌性大腳怪「回首」的照片。這幅照片經常被人重製、轉載，原由羅傑·派特森（Roger Patterson）與羅伯特·金林（Robert Gimlin）於一九六七年拍攝，其真偽飽受爭議。數年後，帕特森與金林宣稱，他們當時應該射殺這隻怪物並保存屍體以杜悠悠之口。

糊不清的照片，以及含糊其辭地談到DNA。在場有名觀察員對發現者的報告深感失望，特別是他們並沒有展示出大腳怪的屍體。然而，比斯卡迪說，在場的媒體記者都照單全收，沒有詢問困難的問題，沒有要求看大腳怪屍體。似乎所有人都希望這件事情是真的。

然而，這場騙局終究無法持續太久。最初的熱潮過後，大家逐漸恢復理智。DNA檢測結果顯示樣本為人類與負鼠的混合。後來這具遺骸最終經由大腳怪田野研究人員協會的「大腳怪專家」解凍後，發現根本是一套帶有人工毛髮的橡膠猿人服裝。很快地，人們都發現整個事件是一場捏造的騙局。

但是為什麼呢？除了得到短暫即逝的名聲以外還能得到什麼？這三個人事後被大眾嘲笑又被大腳怪研究社群責罵。他們搞這場騙局，其實最立即的目標是要促進大腳怪旅遊業，吸引更多遊客。尤其是比斯卡迪，他希望記者會的炒作，能讓他成為世界首名大腳怪獵人，進而成為想親眼目睹大腳怪的遊客心目中首選的導遊。

這也引出真正的問題。短視近利，忽視長遠利益是人之常情，因此他們的欺騙作為也不足為奇。但是那些遊客呢？遊客跑到北美洲的森林深處，親眼看到這個半人半猿幻想怪物的機會，可說是微乎其微。況且，在我們智人約三萬年前至兩萬年前抵達北美大陸之前（詳見第三十八章〈受誤導的考古〉），北美大陸從來沒有出現過任何人科動物的蹤跡。為什麼會還會有人想要參加這種旅遊團呢？

或許，人類對大腳怪的好奇，出自一種模糊玄妙的返祖懷舊情懷，智人並不是地球上唯一出現過的人種。證據顯示，四萬年前的舊世界至少有四個不同人種同時存在，而且幾乎可以很確定地說，其他三個人種消失是我們智人造成的。除了北美大腳怪以外，喜馬拉雅山也出現類似的傳說——雪人（Yeti）。也許是出自一種殺害親人、獨活至今的神秘的罪惡感，驅使現在的我們希望大腳怪及雪人依然存在。

虛構的地區——波亞伊斯

西元一八二二年

人類就是健忘。如果有一天人類終於找到自我毀滅之道，必定是不斷地重蹈覆轍。

在十八世紀初，法國在北美洲擁有的土地比英格蘭還要多。當時，有位名叫約翰・羅（John Law）的蘇格蘭金融家創辦一間「西方公司」（Compagnie d'Occident），並利用王家壟斷權來開發幅員遼闊的密西西比領地。羅將這片未知地域包裝為礦產豐富的無限希望之地，藉此哄抬自己與其他公司在法國證券交易所的股價，最終導致「密西西比泡沫事件」（Mississippi Bubble）。當時鼓勵

一八二七年的版畫，描繪虛構的波亞伊斯地區境內的黑河口岸。

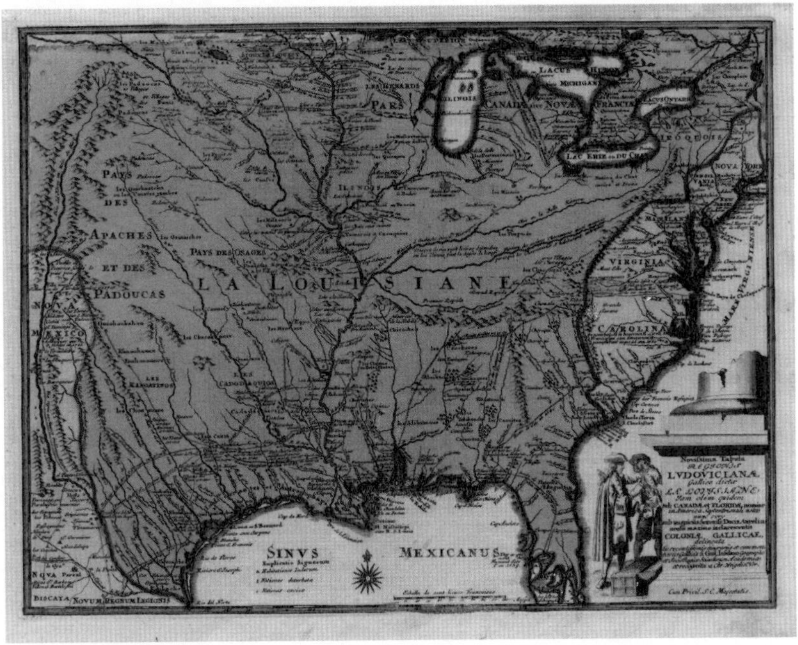

一七九一年的地圖，向日耳曼地區宣傳約翰・羅的密西西比公司（Mississippi Company）。

法國公民移民到該地；甚至巴黎監獄的囚犯如果願意迎娶妓女並搭船前往路易西安那（以刑具銬在一起），就能夠獲得釋放。

結果，這些不幸的冤大頭，移民到一片蚊蟲肆虐的沼澤之地，遇上不友善的當地居民，許多人不幸喪命。然而，在法國的羅正取得法國貨幣的掌控權，並最終掌控法國所有對外貿易。一七二〇年，泡沫破裂，原本就脆弱的法國經濟徹底崩潰，間接

在蘇格蘭印製的波亞伊斯銀行「貨幣」。格雷格爾・麥格雷格爾將這些毫無價值的紙鈔賣給招募來的開墾者，以換取他們手上真正有價值的英國貨幣。

導致六十多年後的法國大革命。羅自己逃離法國，成為職業賭徒勉強渡過餘生。

一個世紀後，蘇格蘭出現一位名叫格雷格爾・麥格雷格爾（Gregor MacGregor）的人，他是羅布・羅伊家族成員，麥格雷格爾曾在南美洲從事軍事行動，協助當地人推翻西班牙統治的軍事功績而聞名。

麥格雷格爾的蘇格蘭血統純正，且軍事資歷輝煌。更甚者，他自稱是波亞伊斯（Poyais）的酋長。據稱，波亞伊斯國是宏都拉斯蚊子海岸上黑河畔的一片土地。這片土地在蘇格蘭人心中有特殊地位，因為旁邊就是當初「達連計劃」（Darien Scheme）的選址。達連計劃於一六九八年提出，達連公司擬定計畫欲在巴拿馬地峽的兩邊建立蘇格蘭殖民地，似乎是預期巴拿馬運河將挖鑿建成。結果，該計劃遭討厭的英格蘭人終結，而英格蘭人正在建立世界史上最大的帝國。

麥格雷格爾這個人充滿魅力，他登場的時代儲蓄利息低，道德風險因此猖獗，許多人願意不擇手段，冒更大的風險以賺取更高的利潤。因此，麥格雷格爾的話術很吸引蘇格蘭人，他說那裡的土地肥沃，玉米一年能三獲，遍地是水果與野獸，就連河床上淘到的都不是金砂，而是金塊。這塊極樂世界唯一欠缺的就是開發資金與開墾人員（儘管當地有零星的原住民，麥格雷格爾保證他們十分友善）。

堅持不懈的麥格雷格爾簡直是績優銷售員。當時的蘇格蘭金融市場相對成熟（約翰・羅是蘇格蘭人不是沒有原因的），加上當時經濟正在擴張，因此麥格雷格爾最終能募集到二十萬英鎊的債券（相當於今日四十億美元）作為波亞伊斯的開發基金，也就不足為奇，但是他竟然還徵募到整整七船的蘇格蘭人，前往一片既不受官方承認，後來也發現實際上根本不存在的土地開墾，這點實在令人費解。

一八二二年九月，首批第一艘與第二艘船，自倫敦啟程前往宏都拉斯，船上共載有二百五十名乘客。兩個月後船舶抵達目的地，結果開墾者發現當地一片荒蕪。隔年十月，《衛報》（Guardian）如此報導：「移民原本以為會來到一座蓬勃發展、居民近兩千人的城鎮，但抵達聖約瑟夫後，他們發現眼前只有小屋兩三座，令人心痛至極。」多數開墾者認為他們搞錯地方了，但他們仍然硬著頭皮開墾，在貧瘠的沙土上蓋屋子、種莊稼。

可想而知，不久後開墾者就付出代價，飽受疾病肆虐，面臨物資匱乏的貧困，希望迅速破滅。有名當地酋長前來撤銷授地契約，取回三年前贈與麥格雷格爾的一片小土地。開墾者陷入深沉的絕望，衛報報導：「有位名叫海利的製鞋工人，原本以為任命為波亞伊斯公主的製鞋師，卻病倒在吊床上，最後舉槍自戕。」

他們的處境淒慘，光是想像都令人捶心裂肝，但更悲慘的是，一年內的時間大多數開墾者都追隨海利的腳步離開人世。後來，一艘路過的伐木船將倖存者載到今日的貝里斯。這則悲劇的消息傳回蘇格蘭後，英國海軍派遣船艦將剩下五艘船攔下。

這幅十九世紀插畫的主角就是「波亞伊斯酋長」，格雷格爾．麥格雷格爾。他因販賣假土地持分證券而在法國遭到羈押，正等待出庭。經過一番訴訟後，他獲宣判無罪。

麥格雷格爾的騙局被公認為世界上有史以來最有野心也最成功的騙局，而麥格雷格爾本人就是策劃這場騙局的首腦。他利用蘇格蘭人互相信任的心態，利用自己的軍功威望，穿著帶有外國勳章的整齊軍服，散發著無懈可擊權威的光環，在靠著腳踏實地投資不會有好收益的時代中，向投資者保證名利雙收，以及創造一個洗刷歷史屈辱的機會。一般情況下，照理來說虛幻的波亞伊斯不可能會有人買單，但充滿魅力卻毫無同情心的麥格雷格爾精準善用情勢達成目的。

這場騙局執行的過程完美無瑕，但仍然存有讓人困惑的問題。事後，麥格雷格爾大可帶走巨額蘇格蘭債券獲利，一走了之。然而，他不但沒有這麼做，反而還跑去法國再次故技重施，失敗後才潛逃至加拉加斯（Caracas，當地居民為紀念麥格雷格爾對委內瑞拉獨立的貢獻而為他立了一座雕像）。為什麼他要這樣做呢？為何他把債權賣掉後，仍然持續組織必定以悲劇收場的開墾團？畢竟，他一定心知肚明這些開墾團一定落得災難收場。

最合理的解釋是，麥格雷格爾自己其實也開始對波亞伊斯有一份情感，並開始相信自己的宣傳。當然，他的誠懇不過也是虛情假意，但如果你也能夠假裝真誠，那你也能做到。

另類現實——假照片

西元一八四〇年

我們還記得以前那個純真年代，大家會認真地說出「相機從不說謊」。然而，現代社會已經煩不勝煩，這句老話已成絕響，就算偶爾聽到，也是帶有諷刺。但還是不難想像在過往單純的年代，照片忠於自然是理所當然的事，因為在十九世紀照相技術發明之前，所有外部世界的視覺再現，都必須透過藝術家的眼、心、手繪畫而成，大家也都明白，對同一張臉龐或同一幅景色，每位藝術家畫出來的成品都不相同。最後的完成品必定受到人類感知能力與畫技的影響。可想而知，比起光打在視網膜上，將顏料塗在畫布上的過程牽涉到更多主觀的元素。

相較之下，新發明的照相技術提供為前人提供一種新視角，攝影似乎比從前任何視覺媒介都更客觀。畢竟相機本身不會改變鏡頭前的景象，而且最終沖洗出來的相片，純粹是化學反應的結果，完全符合科學定律，不受人類技巧的影響。很有道理，但這個說法還是有個漏洞：相機後，仍是由人類攝影師操控。詹姆士・包德溫（James Baldwin）曾寫道：「大家都說相機從不說謊，但其實我們總是使用相機說謊……相機所拍攝的景象，是人類攝影師決定的。相機的語言就是人類夢想的語言。」

其實，包德溫的言論還算客氣，因為早在修圖軟體 Photoshop 發明前，照片就常

一九二〇年，攝影專家哈洛德・史耐靈（Harold Snelling）受託檢驗法蘭西斯・格里菲斯（Frances Griffith）與艾爾西・萊特（Elsie Wright）兩名年輕表姐妹所拍攝的花仙子照片是否為造假。結果，史耐靈宣布這些照片「是真的，並未造假，為單一曝光、野外拍攝、所有的仙女皆有移動跡象、且沒有使用紙板或紙張模特兒、暗色背景、手工繪製等任何工作室道具或加工的跡象」。後來，兩名女子承認自己當初用的就是這些技術。

常呈現出相機沒看見的東西。事實上，早在一八四〇年，攝影技術還在初期實驗階段，就出現史上第一張假照片了。路易・達蓋爾（Louis Daguerre）與希波呂特・貝亞德（Hippolyte Bayard）兩人是攝影技術上的競爭對手，後來達蓋爾的朋友殘忍地欺騙了貝亞德，使貝亞德失去被法國科學院（French Academy of Sciences）官方認定為攝影技術創始人的機會。貝亞德因此假造自殺，還拍攝一張自己溺斃的遺體照片。

貝亞德這個可怕的小玩笑，竟成為後世攝影騙局的濫觴。尤其是有些人宣稱相機能捕捉到肉眼所看不到的東西。在當時，社會對靈異世界有濃厚的興趣（詳見第十九章〈與亡者通靈〉），有些攝影師靠著拍攝靈異照片發大財。美國最著名的靈異照片攝影師，名叫威廉・穆勒（William Mumler）。據說，他的首張照片是一幅自拍像，像中隱約看得見他死去表弟飄渺的影像，有可能是意外，也可能不是。

當時的美國剛經歷南北戰爭，許多人仍在悼念陣亡的將士，因此穆勒嗅到巨大商機，並靠著拍攝亡靈站在活人身旁的照片而迅速成名。他最著名的客戶是瑪麗・陶德・林肯（Mary Todd Lincoln），林肯總統的遺孀。林肯總統遇刺不久後，穆勒便幫林肯夫人拍攝照片，照片中林肯總統的亡靈留著濃密的鬍子，站在林肯夫人身後，把手放在夫人的肩膀上。

穆勒拍攝靈異照片用的技術是雙重曝光，結果後來被眼尖的人士發現有些超自然照片的主角竟然是活人。一八六九年，穆勒遭一位名叫費尼爾司・泰勒・巴納姆（P. T. Barnum）的經紀人控告，出庭接受作秀性質濃厚的審判。巴納姆在庭上證明要偽造一張靈異照片有多麼容易。雖然最後穆勒被判無罪，但他的攝影生涯也就此終結。

然而，靈異攝影仍然持續發展。一九二〇年，撰寫福爾摩斯系列小說，將偵探夏洛克・福爾摩斯刻畫為極度理性人物的小說家亞瑟・柯南・道爾在銷量頗高的《斯特

威廉・穆勒最著名的照片：瑪麗・陶德・林肯與背後亞伯拉罕・林肯的亡靈合影。南北戰爭後，穆勒靠著為經歷喪親之痛的客戶拍攝靈異照片而賺進大筆財富。費尼爾司・泰勒・巴納姆曾買下這些照片，作為詐欺案例陳列在自己開設的美國博物館（American Museum）中。

蘭德雜誌》（Strand Magazine）寫道，最近有兩名年輕女子在英格蘭的花園裡拍攝自拍像，照片中出現了帶有小翅膀的「精靈」。

一九二二年，柯南・道爾出版《花仙子到來》（The Coming of the Fairies）一書，書中大量引用這些照片。之後，這些照片仍然經常受到媒體關注，直到一九八三年，拍攝照片的女孩已成為老婦人，才承認當初那些「精靈」照片造假。

相較之下，鄉村花園的仙女精靈照片可說是相當無害，有許多照片經常遭到竄改用以改寫歷史。格列哥里・佩托維奇・戈德斯坦（Grigory Petrovich Goldstein）曾拍攝一幅俄羅斯革命經典照片。照片中，佛拉迪米爾・列寧正在對將要前往波蘭前線的紅軍發表演講。在最初公開的原版照片裡，列翁・托洛斯基（Leon Trotsky）與列夫・加米涅夫（Lev Kamenev）兩位列寧在黨中央委員會的同事與潛在政敵就站在列寧的講台邊。七年後托洛斯基失勢，結果托洛斯基與加米涅夫的身影都被從照片中抹去。直到蘇聯瓦解之前，官方版本照片都只有列寧獨自一人發表演講。

在此類政治宣傳照片中遭到移除的不一定是人。第二次世界大戰最著名的一張照片是喬・羅森塔爾（Joe Rosenthal）拍攝一群美國海軍陸戰隊員，一九四五年二月二十三日在硫磺島升起美國國旗。兩個月後，一位名叫葉甫根尼・哈爾代伊（Yevgeny

Khaldei）的紅軍攝影師帶著倉促織成的蘇聯國旗自莫斯科啟程，前往柏林，與正在洗劫柏林的紅軍會合。他的目的是希望像羅森塔爾一樣，拍攝一張影響力強大的蘇聯愛國照片。

哈爾代伊找來三名士兵，請他們爬到德意志帝國議會大樓的屋頂上並揮舞蘇聯國旗。他按下快門，隨即飛回莫斯科。他拍攝的照片成為第二次世界大戰的經典照片，但在照片公布前，他對負片進行了一項關鍵修飾：照片中一名士兵手腕上原本戴著兩只從倒霉平民身上掠奪而來的腕錶，攝影師小心翼翼地將其中一只腕錶抹除。此外，為了增添氣氛，攝影師還在天際線處加上黑色煙霧。

照片中的人事物可以透過各種方法添加、消除、更動。在Photoshop修圖的時代裡，數百萬計的照片中，沒有經過「改善」的照片恐怕只佔少數。二〇一五年，世界新聞攝影比賽（World Press Photo Contest）決選名單上有百分之二十二的作品因專家判定遭「超出目前業界可接受範圍的」修改或竄改而被剔除。

竄改照片的直接動機就就和人類欲望一樣無窮多元，但潛藏於後的深層動機似乎相當固定：我們都明白自己心中理想的世界長什麼樣，而修改照片是我們唯一能呈現出心中理想世界的方法。

上圖：史達林希望能拍攝一張蘇聯國旗在「法西斯野獸的心臟」，德意志帝國議會大樓上揮舞的照片，以慶祝一九四五年五月一日的國際勞動節。然而，直到五月二日紅軍士兵清除大樓內敵軍後，攝影師葉甫根尼・哈爾代伊才得以進到大樓。他拿出以三張桌布織成的大面國旗，請剛好路過的三名紅軍士兵隨他爬上大樓廢墟的頂層，然後拍攝這張歷史性的照片。

左下圖：原版照片中，舉起國旗的士兵手腕上帶有兩只腕錶。

右下圖：哈爾代伊為了不出意外，除了為這張照片添加煙霧增加氣氛以外，還將士兵其中一只腕錶抹去，因為配戴兩只就代表該名士兵曾洗劫過平民。

航空壯舉——艾德加・愛倫・坡與熱氣球大騙局

西元一八四四年

一八四四年四月十三日，星期六早上，《紐約太陽報》（New York Sun）的頭條新聞寫道：「震驚！有人三天橫越大西洋！」根據報導，這項當時難以想像且在當時幾乎不可能達成的壯舉，是靠一台「飛行機器……使用阿基米德式螺旋抽水機的原理在空氣中推進」。

該篇報導接著詳細解釋飛行過程。一台充滿氣體的飛船狀氣球，竟然可以搭載八名乘客，其中一位是著名的英國熱氣球冒險家，湯瑪斯・蒙克・梅森（Thomas Monck Mason）。這台熱氣球配有彈簧制動的螺旋槳，其形如風車，但螺旋槳突然故障後，氣球意外遭風吹過大西洋。據稱，氣球迫降登陸在南卡羅來納州海岸附近的一座小島上，不過這個地點太過遙遠，記者難以查證。

當時的紐約認為自己是美國的門戶大城，非常熱衷熱氣球，因此大家對這篇報導瘋狂關注。在大約五十多年前（一七八九年八月一日），曼哈頓首次有熱氣球啟航。此後乘坐熱氣球成為紐約富人日常的冒險娛樂活動。

雖然如此，在一八四四年，熱氣球技術仍未成熟，還無法作為實際的交通工具。當時，熱氣球最遠的航行距離紀錄，據說是五百英里，由蒙克・梅森在一八三五年駕駛自己打造的熱氣球，從英格蘭多佛爾海港（Dover）飛到日耳曼地區的魏爾堡（Weilburg）。這次飛行達成新的成就，熱氣球竟能飛航七倍長的距離，這為紐約帶來許多新契機。

可惜的是，這樣的興奮之情並沒有持續太久。四月十五日，消息刊登兩天

艾倫・坡的作品在他生前並未受好評。起初，他在文學史上的重要地位，是基於他的詩作與短篇小說影響了十九世紀晚期法國象徵主義作家，尤其是波特萊爾。今日，艾倫・坡被公認是現代美國文學的先驅。

後就遭撤下，據稱是因為無法查證。但大眾傳聞在報導刊登當日，酒醉的作者便站在《紐約太陽報》位於曼哈頓的辦公大樓前，對聚集的民眾大喊整個故事都是他捏造的。很顯然地，民眾並不在乎他的說詞。正如同作者日後寫道：「《紐約太陽報》的辦公大樓受到民眾包圍……我從未見過民眾為了搶購一份報紙而如此激情……我自己也花了一整天試圖買一份報紙，結果根本買不到」。

這位作者不是普通的騙子，而是窮困潦倒的艾德加・愛倫・坡（Edgar Allan Poe）。他一週前才來到紐約，在給母親的家書中說，他身上只剩下四塊五美元了。

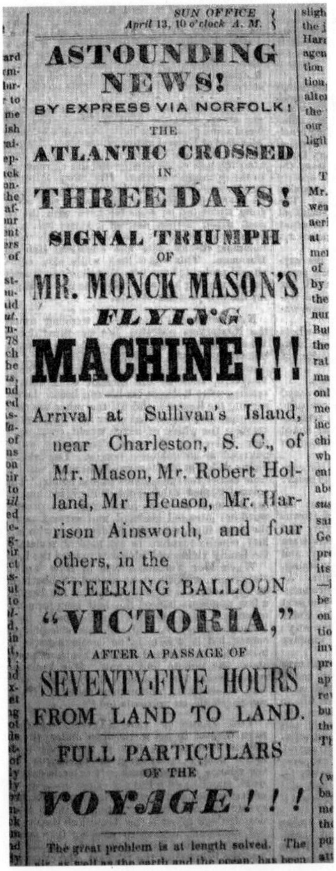

SUN OFFICE
April 13, 10 o'clock A. M.

ASTOUNDING NEWS!

BY EXPRESS VIA NORFOLK!

THE ATLANTIC CROSSED IN THREE DAYS!

SIGNAL TRIUMPH OF MR. MONCK MASON'S FLYING MACHINE!!!

Arrival at Sullivan's Island, near Charleston, S. C., of Mr. Mason, Mr. Robert Holland, Mr Henson, Mr. Harrison Ainsworth, and four others, in the STEERING BALLOON "VICTORIA," AFTER A PASSAGE OF SEVENTY-FIVE HOURS FROM LAND TO LAND.

FULL PARTICULARS OF THE VOYAGE!!!

The great problem is at length solved. The

一八四四年四月十三日《紐約太陽報》頭版公告。根據下列報導，著名的歐洲熱氣球冒險家，湯瑪斯・蒙克・梅森在七十五小時內成功飛越大西洋。

據說，《紐約太陽報》為了這篇文章支付他五十美元的稿酬。如此看來，愛倫・坡確實有動機撰寫這篇文章（更精確點說，他是從各類文章抄襲而來，其中一篇抄襲對象就是梅森自己撰寫的《多佛爾至魏爾堡航行紀實》）。亟需現金的愛倫・坡大可以拿錢走人，但為什麼他要主動譴責自己造假呢？

愛倫・坡是個經常讓情緒戰勝道德原則的人。他之所以譴責自己造假，部分原因是他對《紐約太陽報》以及該報的編輯懷有強烈怨恨。這份恩怨可溯及九年前《紐約太陽報》出版的一系列奇幻文章。文章寫道，英格蘭天文學家，約翰・赫歇爾爵士（Sir John Herschel）在南非一處新制高點，使用革命性的新型望遠鏡觀察到月球表面上有雙翼人形生物及各類奇幻生物在走動。結果，這系列文章爆紅轟動一時，《紐約太陽報》的銷量從每期兩千五百份飆漲到一萬九千份，打破當時世界紀錄。

這些文章後來並未被撤下，被人稱為「月球大騙局」。但是愛倫・坡在意的問題並不是文章造假，而是他認為這個帶來豐厚利潤的創意，是《紐約太陽報》剽竊了他的靈感，但報社並沒有支付他報酬。在兩個月前，愛倫・坡曾發表一篇名為〈漢斯・普法爾的非凡冒險故事〉（The Unparalleled Adventure of One Hans Pfaall）的短篇小說，以自傳手稿的形式描述，有個人搭乘熱氣球造訪月球旅行的故事。愛倫・坡顯然

《紐約太陽報》「月球大騙局」的插圖，描繪約翰・赫歇爾爵士從好望角天文台觀察到月球上的人形蝙蝠、獨角獸及各類虛構生物。

感受到被《紐約太陽報》編輯群利用，甚至搶走風頭，儘管他自己這篇小說部分的情境細節也是抄襲赫歇爾的著作。

不過，為什麼愛倫・坡等了九年才報仇？或許可以在他一八五〇年的短篇小說，《悖理的惡魔》（The Imp of the Perverse）中找到線索。愛倫・坡透過這篇故事探討人類動機的渾沌與模糊。故事的主角以令人震驚的語言描述說有一種「難以言喻的」、「激進的」、「原始的」，且「完全無法抵擋」的衝動，會迫使人「在不明白目的的情況下採取行動」。隨著故事發展，我們發現敘事者就是在描述自己的困境：他「窺探深遠，且感到不適、感到暈眩」，並意識到自己就是這份衝動無數受害者之一，腦中不斷有道聲音促使他自首多年前犯下的謀殺罪行。雖然他清楚地知道「我很安全，我很安全，只要不要蠢到公開自首，一切就會沒事」。最終仍在心跳加速、肺部緊縮時，吶喊「禁錮已久的秘密，衝破我的靈魂」。

愛倫・坡明確地刻畫出人性中影響深遠的面向，那種複雜感受是所有騙子內心的重擔。雖然這位騙子是全世界唯一知道——甚至是唯一曉得真相的人。只有最病態的說謊者才有辦法完全無視愛倫・坡所描述的那種混沌感受。或許，就是「悖理的惡魔」作祟，才解釋了為什麼愛倫・坡會在一八四四年的早晨，站在《紐約太陽報》的辦公樓台階上，對著毫不知情而且只想享受謊言的民眾坦承自己造假。或許同時也解釋了為什麼他揭穿自己時，喝得酩酊大醉。

與亡者溝通——通靈與演化

西元一八四八年

在十九世紀中期的紐約上州，瑪格麗塔·福斯（Margaretta Fox）與凱特·福斯（Kate Fox）兩位姊妹顯然對自己的生活感到無聊，於是她們騙母親與姊姊莉亞說自己可以透過所謂的「敲擊」和已故的人通靈。她們將蘋果綁在一條線上，並重複敲擊地板，打出神秘的聲音，然後把這些聲音轉換成密碼。她們的通靈會非常逼真，引發民眾熱潮如同野火蔓延，先是在地

在降靈會中，亨利·史萊德宣稱亡靈會用粉筆在桌子底下的小黑板上寫下訊息。其實，這些「亡靈的訊息」是史萊德以口叼筆、以左右手指執筆、或以左右腳趾夾筆寫成的。

方傳開，後來席捲全國。三位姊妹後來皆成為職業靈媒，而且愈來愈多人也開始使用各種方法來通靈。但是，最後她們又對此感到厭倦，也有可能是罪惡感使然，於是在一八八八年公開承認自己行騙，向大眾演示通靈的真相，並承認「從頭到尾完完全全是騙局」。

但並非所有人都把話聽進去。一言既出，駟馬難追，在維多利亞時代的世界，通靈的靈媒告訴經歷喪親之痛的家屬，只要付費，就可以和死去的配偶或是孩子取得聯繫。其中一位靈媒名叫亨利·史萊德（Henry Slade），他是一位在大西洋兩端行騙江湖的美國騙子，專長是字板通靈，把一面小黑板藏在桌面下，來自「另一端」的訊息便會神奇地浮現在黑板上。

後來，他在紐約通靈時被揭穿詐欺，有人發現他用腳趾夾住粉筆偷偷在黑板上寫字，甚至還暗中調換黑板。於是，史萊德在一八七六年前

一八四八年，居住在紐約上州的瑪格麗塔·福斯與凱特·福斯先是欺騙姊姊莉亞，後來欺騙其他人，說他們聽到的敲打聲是亡靈的溝通方式。在姊姊莉亞的經營之下，「羅傑斯特敲擊人」（Rochester Knockers）以通靈術聞名國際，但一八八八年時瑪格麗塔與凱特承認自己的敲擊是場騙局。雖然瑪格麗塔後來撤銷自白，但他們已經名譽掃地，不到五年三人皆窮困潦倒而終。

往倫敦企圖東山再起。不幸的是倫敦早就有消息靈通的懷疑人士等著揭穿他，其中一位是著名的自然歷史學家，查爾斯・達爾文（Charles Darwin，事蹟詳見第二十三章〈臨終歸主〉）與他的得力助手解剖學家，湯瑪士・亨利・赫胥黎（Thomas Henry Huxley）。達爾文是演化論的共同創始人，他的天擇演化學說也成為今日所有生物學的基礎。赫胥黎則是一名非常務實的人，他還自學許多靈媒的通靈手法，其中一項是使用鞋子裡的腳趾發出各種音量的敲擊聲，他推薦穿著薄襪、寬鞋的效果最好。

關於達爾文演化論的故事眾所皆知：多年來，富有的達爾文一直在構思自己的理論，結果一八五八年在今日的印尼蒐集博物館樣本為生，窮困潦倒的生物學家阿爾弗雷德・羅素・華萊士（Alfred Russel Wallace）寄送一份手稿給達爾文，達爾文看了大為吃驚，因為華萊士的理論在許多層面上和他的天擇學說一模一樣。

但在通靈這方面，兩位生物學者的理論則有所分歧。達爾文堅持唯物主義，認為天擇說適用所有物種，但華萊士則認為天擇不適用於人類，因為人類的大腦體積比實際生存需求還要大上許多。華萊士寫道，「智人並非從動物祖先演化而來，而是一種靈性的存在，唯有透過看不見的靈魂宇宙才能解釋」。

史萊德抵達倫敦後不久，就被赫胥黎的門生，艾德溫・雷・蘭開斯特（Edwin

Ray Lankester）纏上。蘭開斯特付費參加史萊德的降靈會，處處注意細節，結果抓到一塊本來是空白的黑板上面已經先寫好訊息了。於是蘭開斯特以詐欺罪告發史萊德，迫使他出庭受審。達爾文自己的女兒在十歲時去世，因此他極度痛恨這些利用家屬喪親之痛賺錢的「滑頭無賴」，所以他自掏腰包拿出當時為數不小的十英鎊支付起訴費用。而另一方面，達爾文的老戰友，華萊士個性誠信正直使他無法看出別人的欺騙狡詐，因此他慷慨地答應擔任在史萊德案中，擔任史萊德的主要證人

當一八七六年，史萊德詐欺案首次開庭，在倫敦掀起熱議，法庭內擠滿旁

柯南・道爾在文學生涯的巔峰選擇放棄寫小說，轉而潛心研究超自然現象。「福爾摩斯已死」他曾表示：「我已經受夠他了。」接著，他寫了二十本關於通靈、自動書寫、精靈照片、鬼魂、靈皮*，和心靈感應的著作，及一套分成兩卷的通靈歷史書。（編注：靈皮，「降靈會」中靈體能量形成的物質。）

聽民眾。大家都想看好戲，法庭內的確也不斷上演好戲。由於獲得達爾文的資助，檢察官請來職業魔術師，約翰・奈威・馬斯基林（John Nevil Maskelyne）出庭作證。馬斯基林就像是今日的詹姆士・蘭迪（James Randi，詳見第四十一章〈順勢療法〉）。他以嫻熟流利的技法向法庭演示史萊德如何完成通靈的把戲，並向史萊德提出挑戰，請他在法庭上公開實施通靈術，讓封閉的黑板自動寫字。但史萊德迴避了這項挑戰，說他通靈的對象是自己死去的妻子，艾莉的亡靈，而她早已發誓永遠不會做出這樣的事情。

華萊士出庭作證為史萊德辯護，他拒絕對字板通靈是否真的能與鬼魂溝通提出猜測，但他表示自己認為史萊德是一名正直的人，「不可能行騙」。

華萊士的辯護證言沒有用。最後，法官雖然認為通靈術本身已經是「一種新興宗教」，但還是判決史萊德有罪，應強制勞動三個月，因為他將自己的魔術手法不實包裝為超自然現象詐欺。後來，該判決結果因程序問題遭推翻，讓史萊德得以潛逃到德國，繼續以通靈術行騙。

諷刺的是，在維多利亞時期的英格蘭，致力推廣通靈術的主要人士之一就是小說家，亞瑟・柯南・道爾。他還在倫敦西敏寺附近經營一間通靈書店。柯南・道爾在文學生涯的巔峰選擇放棄福爾摩斯系列小說，轉而潛心研究超自然現象。後來，他寫了二十本關於通靈術的著作，並宣稱自己曾與塞西爾・羅德斯（Cecil Rhodes）及約瑟夫・康拉德（Joseph Conrad）等著名已故人士通靈。

福爾摩斯是文學史上最理性的偵探，但創造他的作者，柯南・道爾卻被福斯姊妹充滿心機的繼承人欺騙，或許這就是人性矛盾的象徵。

敲詐——英文稱騙子為「con man」的由來

西元一八四九年

任何一本探討騙局、贗品、偽造的書，必定會提到英文稱騙子為「con man」的由來：威廉・湯普森（William Thompson）。一八四九年，《紐約先驅報》（New York Herald）將湯普森稱為「the original confidence man[1]」（原始信心騙子），但其實以今日的標準來看，湯普森的詐欺手法簡單的可笑。據《紐約先驅報》的

《紐約先驅報》(the New York Herald) 就是受威廉・湯普森 (William Thompson) 的騙局啟發，創造了這個詞，「信心的人。」

報導：「外型文質彬彬的湯普森會在街上攔住陌生人，與對方寒暄閒聊幾句後便問道：『你是否對我有信心，相信我，將手錶給我用一天，我明天就還你？』陌生人會以為他是自己的舊識，但想不起來是誰，於是便把手錶給他。」

赫爾曼・梅爾維爾（Herman Melville）讀到《紐約先驅報》「信心騙子遭逮捕」（The Arrest of the Confidence Man）的報導後覺得印象深刻，於是將「Confidence man」這個用來形容騙子的新稱號寫進自己的小說《騙子及其偽裝》（The Confidence-Man: His Masquerade）裡，並在一八五七年出版，但是該小說除了將「Confidence-Man」這個稱呼發揚光大以外，並無其他成就。早在十九世紀初期，騙子就被人稱為「迪德勒」（Diddler），此稱呼出自劇作家，詹姆士・肯尼（James Kenny）一八〇三年的鬧劇《揚風》（Raising the Wind）中名叫詹姆士・迪德勒（James Diddler）的角色，而騙子的行騙手法也受到文人的檢視與探究，其中一位就是艾德加・愛倫・坡。

愛倫・坡顯然認為欺騙是人類的固有本性，甚至還定義「人類……就是一種會行騙的動物」；並且提出「如果柏拉圖因為提出『人類就是無羽的雙足動物』而遭到批

1 今日英文稱騙子為「con man」，乃是源自「confidence man」。

評後，曾發現或想到這個定義，就不會有人拿拔掉毛的雞去嗆他這也是人類了。」

今日，很難想像有人還會被威廉・湯普森粗陋的話語欺騙。不過，也很難說，可能關鍵在於湯普森的演技精湛，但從報紙上簡短的報導中難以看出他的演技。畢竟，騙子的工作就是說服肥羊，或是至少和肥羊達成某種心照不宣的相互理解。長久下來，騙子們所講述的故事愈來愈精巧複雜，但在許多層面上，故事只是錦上添花，因為最關鍵的手段仍是騙子與肥羊之間建立關係，而故事只是有助於培養這層關係罷了。

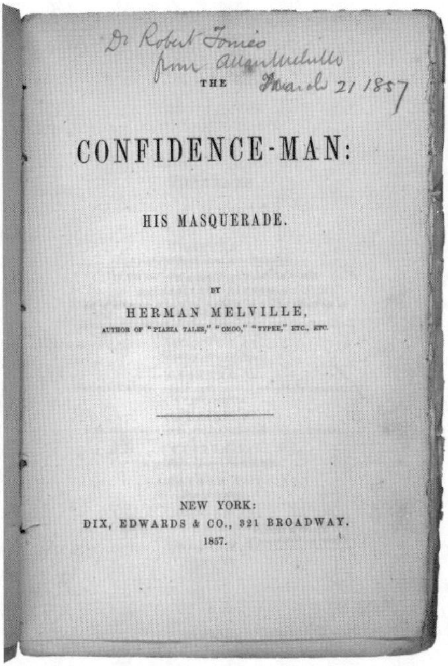

《騙子及其偽裝》是赫爾曼・梅爾維爾最後一本小說，其標題取自《紐約先驅報》一八四九年關於威廉・湯普森的報導，故事設定在愚人節，一艘航行於密西西比河的蒸汽船上。梅爾維爾以此小說譏諷亨利・大衛・梭羅、納撒尼爾・霍桑及艾德加・愛倫・坡等十九世紀文學名家。

艾德加・愛倫・坡，自己就善於行騙（詳見第十八章〈航空壯舉〉），因此也對這個道理有深刻的理解。由於受到肯尼筆下的角色所啟發，他在一八四三年撰寫一篇文章，副標題為《行騙做為一門精確科學》(Diddling Considered as One of the Exact Sciences)，文中準確列出成功騙子應有的基本特質，包括：業小事微（意即保持小規模，但向來少有人遵守）；自利優先（以壓抑良心）；足智多謀、大膽、堅毅、心如止水、放肆無禮、樂觀快活（以上皆是表演所需的關鍵特質）。雖然這篇文章的副標題把行騙稱作一門科學，但很顯然愛倫・坡其實認為行騙是一門表演藝術。

《行騙十誡》是最著名的詐騙藝術準則，其原創者，維克多・拉斯提格（Victor Lustig）是名精通多種語言的奧地利人。他顯然十分熟悉行騙的道理，明白騙子與肥羊之間的關係是所有騙局成功的關鍵，因此他的守則適用於表演而非產品——儘管對他而言，花言巧語是魔術師的專利而非騙子的技能。拉斯提格行騙十誡中的前兩條：第一便是「耐心聆聽」，第二則是「千萬不能夠表現出無聊的樣子」。他相當明白任何關係都是雙向的，因此第三條及第四條守則便是要記住肥羊的宗教信仰與政治傾向，並表現出贊同他們的樣子。其餘守則大多是關於外表儀態及行為舉止的一些常識性建議。

拉斯提格原本以販賣假印鈔機起家。可想而知，那些客人想必也不是些太正經的人。但無庸置疑，他最偉大的成功騙局是將艾菲爾鐵塔當成廢鐵賣掉。艾菲爾鐵塔本來是為了一八八九年的巴黎世界博覽會所特意建造，而且原訂計畫在一

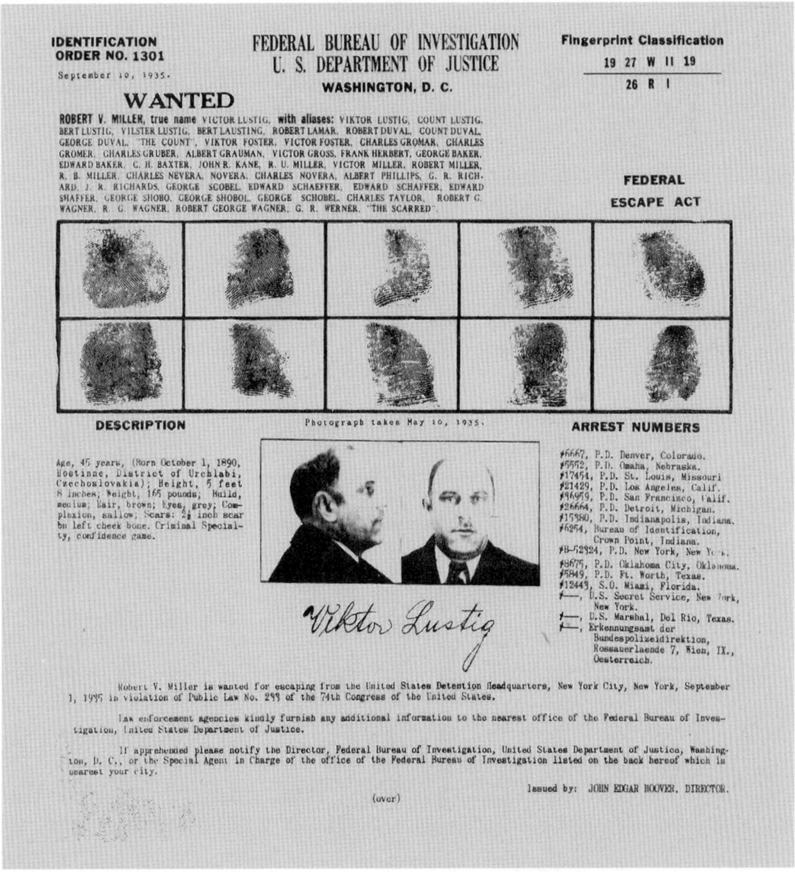

IDENTIFICATION ORDER NO. 1301

September 10, 1935.

FEDERAL BUREAU OF INVESTIGATION
U. S. DEPARTMENT OF JUSTICE
WASHINGTON, D. C.

Fingerprint Classification
19 27 W II 19
26 R I

WANTED

ROBERT V. MILLER, true name VICTOR LUSTIG, with aliases: VIKTOR LUSTIG, COUNT LUSTIG, BERT LUSTIG, VILSTER LUSTIG, BERT LAUSTING, ROBERT LAMAR, ROBERT DUVAL, COUNT DUVAL, GEORGE DUVAL, "THE COUNT", VIKTOR FOSTER, VICTOR FOSTER, CHARLES GROMAR, CHARLES GROMER, CHARLES GRUBER, ALBERT GRAUMAN, VICTOR GROSS, FRANK HERBERT, GEORGE BAKER, EDWARD BAKER, C. H. BAXTER, JOHN R. KANE, R. U. MILLER, VICTOR MILLER, ROBERT MILLER, R. B. MILLER, CHARLES NEVERA, NOVERA, CHARLES NOVERA, ALBERT PHILLIPS, G. R. RICHARD, J. R. RICHARDS, GEORGE SCOBEL, EDWARD SCHAEFFER, EDWARD SCHAFFER, EDWARD SHAFFER, GEORGE SHOBO, GEORGE SHOBOL, GEORGE SCHOBEL, CHARLES TAYLOR, ROBERT G. WAGNER, R. G. WAGNER, ROBERT GEORGE WAGNER, G. R. WERNER, "THE SCARRED".

FEDERAL
ESCAPE ACT

DESCRIPTION

Age, 45 years, (Born October 1, 1890, Hostinne, District of Urchlabi, Czechoslovakia); Height, 5 feet 8 inches; Weight, 165 pounds; Build, medium; Hair, brown; Eyes, grey; Complexion, sallow; Scars: 2½ inch scar on left cheek bone. Criminal Specialty, confidence game.

Photograph taken May 10, 1935.

Viktor Lustig

ARREST NUMBERS

#6667, P.D. Denver, Colorado.
#5552, P.D. Omaha, Nebraska.
#17454, P.D. St. Louis, Missouri
#21429, P.D. Los Angeles, Calif.
#96959, P.D. San Francisco, Calif.
#26664, P.D. Detroit, Michigan.
#15380, P.D. Indianapolis, Indiana.
#6254, Bureau of Identification, Crown Point, Indiana.
#B-52324, P.D. New York, New York.
#8675, P.D. Oklahoma City, Oklahoma.
#5849, P.D. Ft. Worth, Texas.
#12443, S.O. Miami, Florida.
#—, U.S. Secret Service, New York, New York.
#—, U.S. Marshal, Del Rio, Texas.
#—, Erkennungsamt der Bundespolizeidirektion, Rossauerlaende 7, Wien, IX., Oesterreich.

Robert V. Miller is wanted for escaping from the United States Detention Headquarters, New York City, New York, September 1, 1935 in violation of Public Law No. 233 of the 74th Congress of the United States.

Law enforcement agencies kindly furnish any additional information to the nearest office of the Federal Bureau of Investigation, United States Department of Justice.

If apprehended please notify the Director, Federal Bureau of Investigation, United States Department of Justice, Washington, D. C., or the Special Agent in Charge of the office of the Federal Bureau of Investigation listed on the back hereof which is nearest your city.

Issued by: JOHN EDGAR HOOVER, DIRECTOR.

(over)

維克多．拉斯提格，「伯爵」（the Count）脫逃聯邦總看守所後，當局所發布的通緝海報。他將九張床單打結製作繩索，並在眾目睽睽之下從三樓窗戶脫逃。

九〇九年拆除，但一直到一九二五年，拆除作業仍未進行，鐵塔早已年久失修。於是，拉斯提格假冒成政府官員，邀請六家廢鐵廠商投標，並遴選一家廠商得標。

肥羊的妻子覺得事有蹊蹺，因為標案進行得太快且十分黑箱，毫不透明。但拉斯提格卻「坦承」自己公務員薪水入不敷出，因此正在尋找收賄的機會。眼見拉斯提格「坦承」自己貪污，待宰肥羊便感到安心，接著照常進行交易，除了支付廢鐵費用外還提供拉斯提格賄款。拉斯提格一拿到錢後便立即潛逃至維也納，而上當的肥羊卻因覺得丟臉而不敢出聲。於是，精明的拉斯提格再次回到巴黎試圖故技重施。但這次卻被送交警方。為了躲避追捕，他逃到美國，並在美國成功敲詐惡名昭彰的黑道份子，艾爾・卡彭（Al Capone），但之後遭到聯邦調查局逮捕。被捕時他帶著一只手提箱，裡面裝滿了價值五萬一千美元的偽鈔。最後，他遭判處有期徒刑二十一年，並在惡魔島聯邦監獄（Alcatraz）服刑，死於牢獄中。他的死亡證明書上的職位欄寫著「推銷員學徒」。事後看來，拉斯提格回到巴黎再度進行第二次艾菲爾鐵塔交易太過好高鶩遠，他應聽從艾倫・坡的建議：業小事微——縮小規模，雖然把艾菲爾鐵塔賣掉，本來就難以算是微小的騙局。

說回威廉・湯普森。他的詐騙藝術形式純粹，且極度「業小事微」，因為湯普森並沒有向他的肥羊保證任何回饋，沒有捏造任何鋪張的故事，甚至根本沒有說謊。他不過是在數分鐘的交談中建立起受害者對他的信任，並隨即請求肥羊對他有信心。

威廉・克勞德・杜肯菲爾德（W. C Dukenfield）有句名言：「老實的人不會上當。」如果騙局仰賴的是肥羊自身的貪念，那麼這句話千真萬確。如果你只是想要偷走別人手上的東西，那麼其中的算計便有所不同。如果你的詐騙技術精湛，顯然就能從老實之人眼皮底下騙走他的手錶，但也只有詐騙藝術精湛的人才有辦法成功。「Con man」的起源，威廉・湯普森，雖然他的行騙概念簡單，反而是最高明的騙子。

拉斯提格的偽鈔總計價值五萬一千美元美元，上圖偽鈔就是其中一些，在四十二街地鐵站中的一個置物箱內發現。

偽考古——達文波特石板

西元一八六七年

神話傳說被創造以及會有人相信，背後有諸多原因，但是有些原因並不怎麼光彩。美國獨立戰爭後的數十年間，開拓者開始往西邊拓荒，但其實他們進入的土地早有美洲原住民居住。數千年來，原住民在這片土地上留下許多痕跡，其中最奇特的是中西部地區的巨大人造土墩及土方工程，尤其是在密西西比河谷與俄亥俄河谷。開拓者與印地安人經常因為爭奪土地而爆發暴力衝突，開拓者也不願承認這些雄偉的人造結構是由印地安人建造，因為這群「野蠻人」的工程技術，顯然不可能造得出這些構造。因此，拓荒者開始拼湊神話，說這些土方工程乃是由一群善造土墩的「失落種族」所為。

這個虛構出來的文明傳說，不只為開拓者解釋眼前所見，更讓開拓者有藉口併吞印地安人的土地，因為根據這個傳說，印地安人當初也是入侵者。此外，這個傳說也讓開拓者視自己為替失落文明奪回失土的英雄，並且合理化自己違反道德的手段。畢竟，根據傳說，以前印地安人也是不擇手段趕走愛好和平的土墩民族，他們的惡劣程度與現在的開拓者相比，有過之而無不及。

沒人知道建造這些土墩的民族是誰，但多數版本的傳說都認為他們源自歐洲（不出所料）或亞洲，甚至是亞特蘭提斯沉沒後被迫移入美洲的居民後裔。反正不是印地安人就對了！這樣的信念有助合理化新來的開拓者從原住民奪取土地的行為，因為他們認為自己的祖先曾是這塊土地的主人。

當時流傳許多關於土墩民族的記載，其中最詳盡的版本是一八三三年的暢銷書《美洲古文物及西部的發現》（American Antiquities and Discoveries in the West）。作者是喬西亞・普里斯特（Josiah Priest）。他主張曾有一群羅馬士兵連同埃及人、希臘人、斯堪地那維亞人、蘇格蘭人等來到新世界，而位於俄亥俄州，瑪麗埃塔的土墩即為羅馬士兵所造。於是，開拓者中的業餘古文物家為了找尋證據支持此類帝國主義論述，深入中西部各座土墩進行挖掘。在不同的遺址中，有人宣稱發現刻有不明語言的石板，就是為了證明土墩並非美洲原住民所建造，其中包含：格雷夫溪石頭（Grave Creek Stone，一八三八年）、金德胡克石板（Kinderhook Plates，一八四三年）、紐瓦克拱心石與十誡（Newark Keystone and Decalogue，一八六〇年）及蝙蝠溪石板（Bat Creek Tablet，一八八九年）。

上述文物全部被證明是騙局。而其中最著名的文物是，達文波特石板（Davenport Tablets）。

一八七七年，剛從瑞士來到美國的雅各·格拉斯牧師（Reverend Jacob Grass）從愛荷華州達文波特附近一處土墩裡挖出兩塊刻有文字與圖畫的石板，使當地知識分子留下深刻印象，於是他獲選為自稱「達文波特科學院」（Davenport Academy of Sciences）的院士。該科學院設立一個委員會專

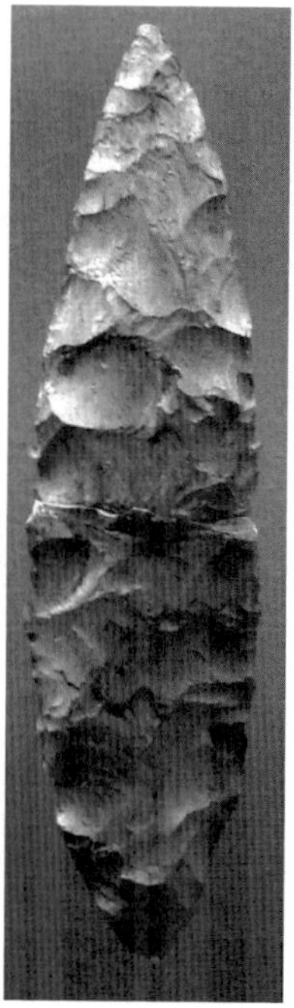

左圖為克洛維斯矛頭（Clovis point），經年代測定為一萬三千年前所製，出土於賓州的蕭尼-迷你辛克考古遺址（Shawnee-Minisink）。右圖為梭魯特文化的「月桂葉」矛頭，經年代測定為兩萬一千年前所製，出土於法國勃根地。有些考古學家認為兩者相似，因此主張歐洲人曾與冰河時期航海至美洲，將梭魯特的打製石器技術傳入美洲，成為後來克洛維斯器物的基礎。其他考古學家則認為這種詮釋承襲長久以來貶低美洲原住民文化成就的傳統。

門負責研究這兩塊石板以及後來出土的第三塊石板。除了全都刻有「土墩民族的象形文字」以外，這些石板還畫有天文圖表及火葬和狩獵的場景。

不久後，一位委員會委員便指控這些奇特的文物都是假貨。雖然剛開始多數人還是認為這些文物是真實的，並且證實土墩並非印地安人建造。有位頗具影響力的提倡者，查爾斯・普特南（Charles Putnam），曾在一八八四年於《科學》（Science）期刊上發表文章表示：「有人認為這些遺跡是現今印地安人的祖先在同等文化狀態下所造。然而，遺跡顯示其創造者擁有更加複雜的社會生活、豐富且多元的藝術作品以及高端的地位，不符合前

位於俄亥俄州瑪麗埃塔的古代印地安墓地土墩。曾有人懷疑這是羅馬士兵所造。

述論點。」

這段說法充滿爭議也引發爭論，最終使這塊石板籠罩在人們懷疑的陰影之中。事實上，達文波特科學院的成員很快得出結論，這些石板是由身份不明的「土墩民族」理論支持者所埋入，他們的理論觀點與當時社會相信的對於土方工程起源的看法是如此緊密吻合。

有人認為，這場騙局的動機包含了個人嫉妒：格拉斯牧師作為一名局外人卻格外地吸引公眾目光，而他又喜歡自吹自擂，因此被科學院許多成員嫉妒與討厭。這些嫉妒情緒，在某種程度上顯然是有道理的，因為後續調查表明，在這場騙局中，格拉斯或許有參與其中：

愛荷華州達文波特附近的庫克農場（Cook farm）土墩所出土的其中一塊石板。

他和他的家人就曾有考古造假的紀錄，並且過去數年來曾涉入許多可疑的交易案件。

然而，儘管有許多疑點，但達文波特石板的議題並未從此消失。近期，哈佛大學教授，拜瑞・費爾（Barry Fell）於一九七六年出版一本暢銷書，他認為天文石板上的銘文含有埃及人、迦太基人、伊比利人與利比亞人的元素。他推測該石板「證明伊比利人與布匿人，曾在西元前九世紀居住在愛荷華地區……根據推測，開拓的移民者乘船沿著密西西比河逆流而上，並於達文波特地區建立殖民地。」

千萬不要低估神話傳說的頑強持久，故事本身往往比真實性更為重要。

因此，一定要格外小心留意與起源有關的神話傳說，因為這些傳說是最頑強的。古印地安文化擅長製造典雅的石器（背後的技術並不容易），早期的北美原住民器物有些和西歐二萬二千年至一萬八千年前的梭魯特文化（Solutrean people）酷似。所以幾乎無可避免的是：數年前，曾有聲譽良好的科學家提出理論，認為歐洲人曾在那時候航行跨海至美洲，將梭魯特的打製石器技術傳入美洲，後來又被克洛維斯文化的古印地安人模仿。首先，有人說美洲原住民造不出土墩，現在又有人說他們甚至連自己使用的石器都發明不了。

終極飲食——食氣者

西元一八六九年

由於現代經濟發展造成人們普遍肥胖，今日已開發國家的人民對於節食非常著迷。然而，減肥飲食書籍熱銷不斷，但真正閱讀或遵循的人並不多，一波又一波的新興減肥風潮往往曇花一現，都顯示節食的過程多麼困難。

人們喜歡遵循特定飲食方式，有另一個主要原因：大家都擔心自己吃下肚的東西。擔心的原因有很多，

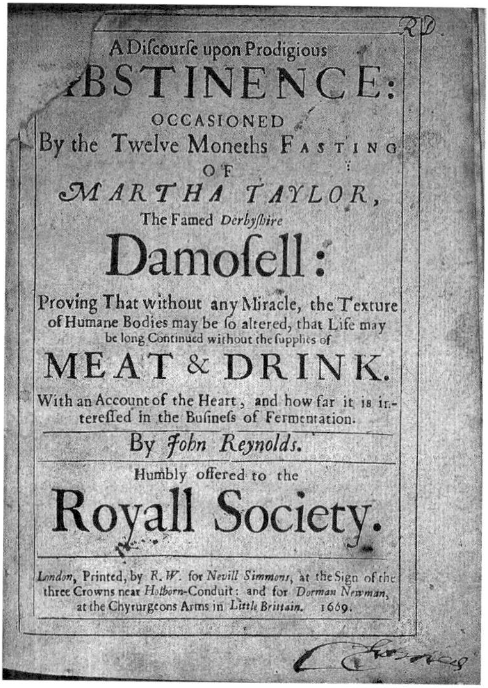

A Discourse upon Prodigious
ABSTINENCE:
OCCASIONED
By the Twelve Moneths FASTING
OF
MARTHA TAYLOR,
The Famed *Derbyshire*
Damosell:
Proving That without any Miracle, the Texture of Humane Bodies may be so altered, that Life may be long Continued without the supplies of
MEAT & DRINK.
With an Account of the Heart, and how far it is interessed in the Business of Fermentation.
By *John Reynolds.*
Humbly offered to the
Royall Society.
London, Printed, by *R. W.* for *Nevill Simmons*, at the Sign of the three Crowns near *Holborn*-Conduit: and for *Dorman Newman*, at the Chyrurgeons Arms in *Little Brittain.* 1669.

約翰・雷諾茲（John Reynolds）一六六九年著作《高強度禁食論…》（A discourse upon prodigious abstinence…）的扉頁。

有些人是基於個人原則與飲食品味。這一點眾所周知，沒什麼好爭辯；有些人則希望保持良好身材，雖然在飲食方面，人類就像遠古的祖先同樣都是通才。目前還沒有人能夠證明「最佳人類飲食」的存在。

另外，有些人似乎很注重「排毒」。之所以要排毒，或許是因為人與其消化道的「最終產物」之間，似乎存在一種令人不舒服的關係。因此有人渴望淨化身體這個聖殿，不讓任何感覺不純的東西進到體內。

當然，不可不提「食氣

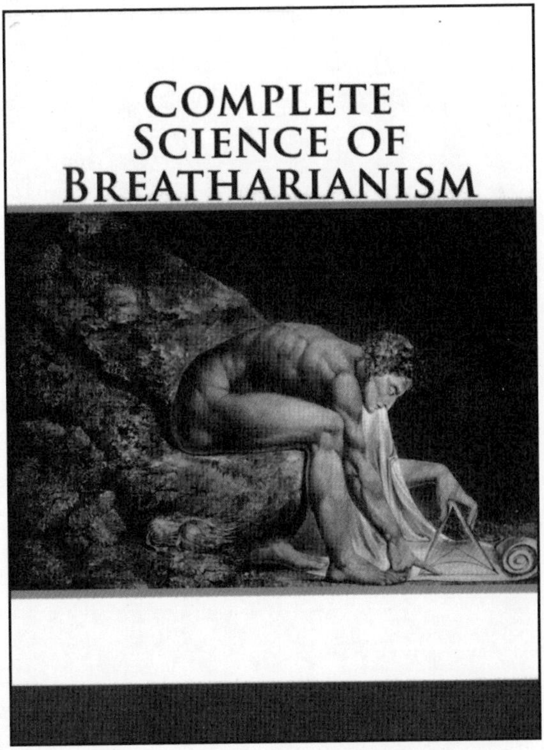

根據食氣論的「科學」，如同植物透過吸收日光能量行光合作用，人類也能利用日光能量製造細胞新陳代謝所需的化學物質。

論」（Breatharianism）。食氣者認為自己能完全摒棄進食，或至少喜歡說服別人認為自己能夠如此。儘管有時候落實食氣論的後果就是死亡。長久下來，食氣論的信徒愈來愈多，他們所追求的狀態也因此有了名稱：「闢穀」（Inedia），意思是不靠食物也能存活。「闢穀」的歷史至少能追溯至西元前六世紀的印度教醫療經典《蘇胥如塔文集》（Sushruta Samhita）。

十九世紀最著名的闢穀例子，發生在威爾士。莎拉・雅各（Sarah Jacob）出生於一八五七年，根據傳聞，在十歲時她的身體發生狀況，年輕的莎拉從此喪失食慾，最終完全不進食。而她的父母對此感到興致勃勃，向大眾宣傳女兒能夠「奇蹟」地不靠食物存活。於是，骨瘦如柴的莎拉成為小型觀光景點，為家人賺進可觀的收入。

一年後，由於有人懷疑莎拉暗中偷偷進食，一個委員被任命前來調查此事。委員會草草監控二週後報告並無發現作弊行為。莎拉的名氣因此爆紅，但仍然有許多人抱持懷疑態度。因此，一八六九年末，莎拉住進倫敦的蓋伊醫院（Guy's hospital），由一組護理師團隊全天候監控。不久，莎拉的身體便愈來愈虛弱，於是醫院團隊建議父母讓莎拉進食，但莎拉的父母拒絕接受這個建議。禁食八日後，可憐的莎拉便死亡了。死因：飢餓。

莎拉的死引發眾怒，她的父母遭到起訴，法院依遺棄罪判處監禁。終於，科學、常識以及法院皆證明了這項驚人的事實：人類沒食物無法存活。就在這次事件不久後，著名的內科醫師，威廉・古爾爵士（Sir William Gull）於一八七三年首次提出「神經性厭食症」（anorexia nervosa）這個疾病。這絕非巧合。

然而，本書討論的主角是人類。眾所周知，人類的天性就是很難從經驗中學到教訓，特別是別人的經驗。自古以來，極端禁食就被當成一種獲得宗教啟發的方法，或

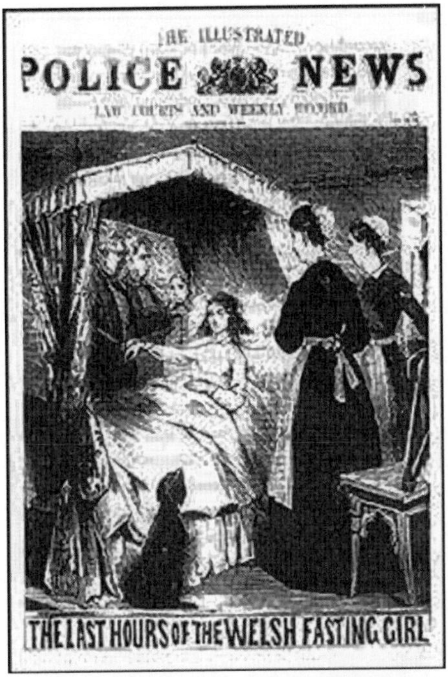

為測試「禁食女孩」莎拉・雅各的真偽，她於一八六九年十二月九日在倫敦蓋伊醫院隔離。八日不進食後，莎拉於十二月十七日不幸死亡。可想而知，死因就是饑餓。

者至少是產生幻覺的捷徑，這種方式也被吸收進各種奇異的信仰體系中。許多宗教信仰都有禁食的傳統，其中最極端的一種形式就是本篇前面提到的「食氣論」。食氣論得名於一九二〇年代初德國天主教修女，德雷絲·紐曼（Therese Neumann）的宣言：「一個人可以只靠神的氣便能存活」。無論以任何標準衡量，這個理論都相當極端，因為不進食也不喝水。

由於德雷絲修女活到一九六二年才因心臟病死去，所以我們不免好奇她是否真的身體力行實踐。儘管如此，根據倫敦《每日郵報》（Daily Mail）二〇〇七年的一篇報導，全球約有五千

德雷絲·紐曼是一名德國天主教修女，她宣稱自己三十九年來每天只靠一塊聖餐餅及一小口水過活。注意她手上的聖傷。

名「食氣」論者與「日光營養」論者。「日光營養」論者偶爾會喝些稀釋果汁——你知道的，只是為了排出毒素。

近代最著名的食氣者是一位名叫艾倫・葛利夫（Ellen Greve）的澳洲財經顧問。她更喜歡自稱「潔絲慕音」（Jasmuheen）在全世界巡迴，發表食氣論演說，並獲得大量信徒。尷尬的是，一九九〇年有位記者在她家冰箱裡發現大量食物（她宣稱那些食物是給因詐欺遭定罪的騙子丈夫吃的）。因此，澳洲電視節目《六十分鐘》向她提出挑戰，請她證明自己能一個星期不進食，只靠空氣生活。

於是，「潔絲慕音」在一間飯店房間裡展開禁食，並接受醫療監控。兩天後，她的身體便開始出現狀況。她歸咎於飯店附近高速公路的空氣污染，並要求更換地點，移至一處偏遠山區。但是她的健康狀況持續惡化，直到第四天電視台因擔心她的性命安全決定停止實驗——可是潔絲慕音聲稱電視台停止實驗的原因是他們「害怕實驗會成功」。遺憾的是，這場事件不久之後，蘇格蘭一處湖畔發現一具枯瘦餓死的屍體，是位名叫維瑞提・琳（Verity Linn）的澳洲環保人士。她的日記證明她是潔絲慕音虔誠的追隨者。

食氣者經常引用科學為自己辯護。有一本標題為《食氣論的科學大全》（Complete

Science of Breatharianism）的書，專門用「科學」的屁話聲稱：如果你有正確的心態，就可以模仿植物製造「三磷酸腺苷」（adenosine triphosphate），以供細胞進行新陳代謝。如同我們這樣的普通人都知道，身體必須攝取食物，利用食物裡的前驅物質才能合成這個重要的分子。難怪，曾有人聲稱親眼目睹「美國食氣論學會」（Breatharian Institute of America）的創辦人，威利・布魯克斯（Wiley Brooks）走出7-11便利商店，手上握著一條熱狗、一瓶健怡可樂，還有Twinkies奶油夾心蛋糕。

臨終歸主——霍浦夫人

西元一八八二年

我們必須先承認一項事實：查爾斯·達爾文（詳見第十九章〈與亡者通靈〉）雖是天擇演化論之父，但是他確實曾就讀劍橋大學基督學院（Christ's College Cambridge），也考

艾瑪·達爾文（Emma Darwin）是查爾斯·達爾文的表姊，兩人皆是著名的威治伍德陶瓷公司創辦人，約書亞·威治伍德（Josiah Wedgewood）的後代。雖然達爾文家族與威治伍德家族皆是不奉國教的一位論派（nonconformist Unitarians），但查爾斯擔心他對創造論日益增長的懷疑會觸怒艾瑪，因為艾瑪深信來世，並希望兩人能永遠「屬於對方」。

慮過成為神職人員。但這並不表示達爾文的宗教信仰虔誠，畢竟在一八二八年，非貴族的紳士階級男性，如果對職涯沒什麼特別的志向，他最基本默認的出路就是進教堂服事。或從軍，但軍隊是達爾文必定更憎惡的生活。更重要的是，達爾文漫無目的的生涯並未持續太久，不久後他就找到自己的志向：劍橋大學畢業後，他決定投身研究地質學與自然歷史。

達爾文出身相信一體論的非國教派家庭。但他就讀英格蘭教會學校，無庸置疑，他在年輕時深受傳統維多利亞時期的宗教觀念影響。一八三一年，達爾文搭乘一艘名叫小獵犬號的單桅縱帆船展開壯遊世界之旅，此時他甚至還想在遙遠的境地尋找「創造的中心」。

然而，達爾文思慮謹慎，明察秋毫，很快就開始懷疑聖經的正確性。當旅程結束並開始追求未來的妻子艾瑪時，他的信仰已經開始動搖，並且對他和艾瑪迅速發展的關係造成威脅，因為艾瑪是位虔誠的基督徒，不願意和無法共度永生的人結婚。

達爾文逐漸失去宗教信仰，同時他開始闡述自己的演化論觀點，但他仍然很尊重妻子的信仰和情感，因此遲遲沒有將自己的新生物世界觀公諸於世。此外，孤僻的達爾文知道自己的演化論，必定會引起科學界與社會大眾的大驚小怪。正因如此，達爾文的經典著作《物種起源》（On the Origin of Species）遲遲沒有發表，直到年紀較輕的阿爾弗雷德・羅素・華萊士（詳見本書第十九章〈與亡者通靈〉）提出極為相似的理論後，《物種起源》才在一八五九年（達爾文五十歲那年）出版。

儘管如此，在達爾文的日記與書信都可以明顯看出，他對傳統基督教的信仰在十九世紀中期不斷消減——即便他和英美兩國的神職人員廣泛合作，也持續和妻子一起參加住家附近的聖公會教堂禮拜。一八七六年達爾文六十七歲時出版了他的自傳。自傳中，達爾文具體描述這段心路歷程，表示他「非常不願意放棄自己的信仰」，但是最終「懷疑與不信之心仍極度緩慢地襲來……最後終

查爾斯與艾瑪位在英格蘭唐恩的故居，上圖為故居客廳。《物種起源》出版後不久，達爾文若有所思地在一封信中寫道：「至於神學的觀點……我承認我實在找不到……設計與恩典的證據……在我看來，一切事物源自經過設計的定律，但其細節，無論善惡，皆是隨機而成……我打從心裡認為，此議題太過艱深，以人類的智能無法理解，就像是狗在猜測牛頓的心思。」

於完全」。

接著，霍浦夫人（Lady Hope）登場。她原名伊麗莎白・瑞德・科頓（Elizabeth Reid Cotton），出生於澳洲，父母是虔誠的英格蘭人。科頓以福音派傳教士的身分積極推動禁酒運動，因此在英格蘭頗有名氣。一八七七年，三十五的她嫁給海軍上將，詹姆士・霍浦爵士（Admiral Sir James Hope），身份轉變成為霍浦夫人。四年後霍浦上將過世，霍浦夫人持續在倫敦傳福音並從事社工。她創作小說，也撰寫過一些暢銷小冊，有陣子就住在達爾文家附近：她住在肯特（Kent），穿過蘇塞克斯邊境（Sussex border）就是達爾文家的唐恩住所（Down House）。

達爾文在一八八二年久病過世，同時霍浦夫人則持續從事善行工作，並且非常敬仰美國佈道家，德懷特・萊曼・穆迪（Dwight L. Moody）。她繼承的遺產被當時臭名遠播的騙子，蓋爾德・弗萊（Gerald Fry）騙走後，一九一三年移居到美國。根據波士頓報紙《守望者—檢驗者》（Watchman-Examiner）的報導，霍浦夫人她在一九一五年一場福音派人士的聚會上訴說一件特別的事情。她說自己曾在達爾文臨終前，造訪唐恩住所探視他。

根據霍浦夫人的說法，當她抵達唐恩住所時，慈祥的老達爾文正坐在床上讀《聖經》。熱情接待客人後，達爾文說他剛才正在讀「偉大」的《希伯來書》，並對讀到的章節發表評論，並為他的科學理論道歉。「我當時年輕，思想還不成熟」達爾文說。他接著繼續說：「我很訝異，我的理論竟然如同野火燎原廣傳。還有人把我的理論視為宗教。」在談到「上帝的神聖」與《聖經》的「偉大」之後，達爾文請霍浦夫人向他的租客、傭人，及鄰居宣揚耶穌基督的救贖。

達爾文的家屬對此大為震驚。據稱，達爾文的兒子法蘭西斯（Francis）曾表示：「霍浦夫人對我父親宗教觀的敘述完全不是事實……他不可能在家人不知情的情況下變成虔誠的基督徒，並公開宣揚自己的信仰。他並沒有改變。」達爾文的女兒亨麗艾塔（Henrietta）則說：「整件事情都是空穴來風，毫無根據。」亨麗艾塔的弟弟表

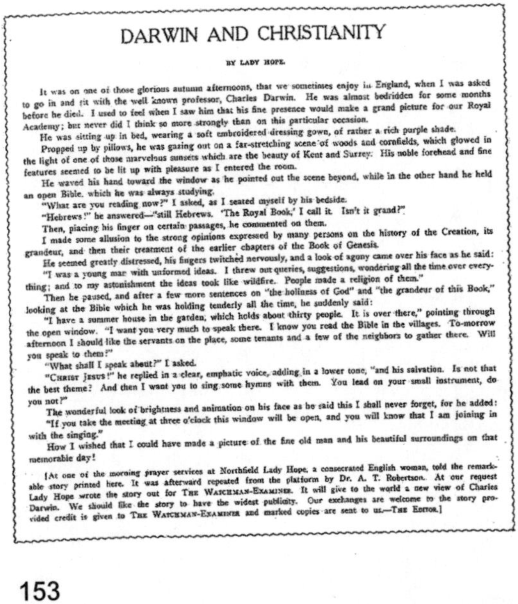

DARWIN AND CHRISTIANITY

BY LADY HOPE.

It was on one of those glorious autumn afternoons, that we sometimes enjoy in England, when I was asked to go in and sit with the well known professor, Charles Darwin. He was almost bedridden for some months before he died. I used to feel when I saw him that his fine presence would make a grand picture for our Royal Academy; but never did I think so more strongly than on this particular occasion.

He was sitting up in bed, wearing a soft embroidered dressing gown, of rather a rich purple shade.

Propped up by pillows, he was gazing out on a far-stretching scene of woods and cornfields, which glowed in the light of one of those marvelous sunsets which are the beauty of Kent and Surrey. His noble forehead and fine features seemed to be lit up with pleasure as I entered the room.

He waved his hand toward the window as he pointed out the scene beyond, while in the other hand he held an open Bible, which he was always studying.

"What are you reading now?" I asked, as I seated myself by his bedside.

"Hebrews!" he answered—"still Hebrews. 'The Royal Book,' I call it. Isn't it grand?"

Then, placing his finger on certain passages, he commented on them.

I made some allusion to the strong opinions expressed by many persons on the history of the Creation, its grandeur, and then their treatment of the earlier chapters of the Book of Genesis.

He seemed greatly distressed, his fingers twitched nervously, and a look of agony came over his face as he said:

"I was a young man with unformed ideas. I threw out queries, suggestions, wondering all the time over everything; and to my astonishment the ideas took like wildfire. People made a religion of them."

Then he paused, and after a few more sentences on "the holiness of God" and "the grandeur of this Book," looking at the Bible which he was holding tenderly all the time, he suddenly said:

"I have a summer house in the garden, which holds about thirty people. It is over there," pointing through the open window. "I want you very much to speak there. I know you read the Bible in the villages. To-morrow afternoon I should like the servants on the place, some tenants and a few of the neighbors to gather there. Will you speak to them?"

"What shall I speak about?" I asked.

"Christ Jesus!" he replied in a clear, emphatic voice, adding in a lower tone, "and his salvation. Is not that the best theme? And then I want you to sing some hymns with them. You lead on your small instrument, do you not?"

The wonderful look of brightness and animation on his face as he said this I shall never forget, for he added:

"If you take the meeting at three o'clock this window will be open, and you will know that I am joining in with the singing."

How I wished that I could have made a picture of the fine old man and his beautiful surroundings on that memorable day!

[At one of the morning prayer services at Northfield Lady Hope, a consecrated English woman, told the remarkable story printed here. It was afterward repeated from the platform by Dr. A. T. Robertson. At our request Lady Hope wrote the story out for The Watchman-Examiner. It will give to the world a new view of Charles Darwin. We should like the story to have the widest publicity. Our exchanges are welcome to the story provided credit is given to The Watchman-Examiner and marked copies are sent to us.—The Editor.]

伊麗莎白．瑞德．科頓，又名霍浦夫人。她聲稱曾在達爾文臨終時前往唐恩探視他。根據後來修飾過的版本，達爾文懺悔道：「我如此希望當初沒有發表演化論。」上圖為霍浦夫人的原始故事，出自美國浸信會報紙《守望者—檢驗者》一九一五年八月十五日刊。

示此事件為「純粹虛構」。達爾文與霍浦夫人，兩人有位從事社會運動的共同朋友，名叫詹姆斯・威廉・康德爾・費根（J. W. C. Fegan），他還特別表示「霍浦夫人口中的拜訪……從未發生過」。

然而，這些都無關緊要。對許多人來說，霍浦夫人口中達爾文臨終歸主的故事實在太棒了，讓人無法抗拒。她在一封一九二〇年寫給同事的書信中，霍浦夫人更是把故事加油添醋。而這封信在一九四〇年出版，從此之後她的故事在神創論者間取得傳奇地位，因為神創論者認為達爾文這位偉人最後回歸正統信仰，乃是神創論信仰為真的證據。因此，許多文獻開始讚揚達爾文迷途知返，重拾福音。

然而，演化生物學家不僅指出霍浦夫人故事中不合理之處，更強調自己相信演化論乃是因為達爾文的思想有大量證據支持。就算有人宣稱達爾文年老時曾重拾宗教信仰，也不會影響到他們對演化論的信心。即便如此，還是有許多人相信達爾文臨終前曾推翻演化論。

有趣的是，雖然多數神創論者相信霍浦夫人的故事，但有些創世論網站其實認為霍浦夫人的達爾文「臨終歸主」故事純屬虛構。或許，在這些網站的作者心中，更加希望查爾斯・達爾文在地獄裡永世遭受折磨，而不是因為臨終變心獲得救贖。

偽造文件——錫安會

西元一八八六年

如果你在夏天造訪巴黎，會看到街上許多遊客手上拿著捲邊丹．布朗（Dan Brown）二〇〇三年的暢銷小說《達文西密碼》。數量之多，與手拿導遊書的遊客不相上下。這些人在尋找小說情節的關鍵場景，這些遊客似乎認為小說所提到的歷史事件真實發生過。

然而，枯燥的真相總是……嗯，枯燥的。《達文西密碼》的劇情曲折，主軸是耶穌基督並非如同《聖經》所述獨身而終，其實是他已經和抹大拉的馬利亞（Mary

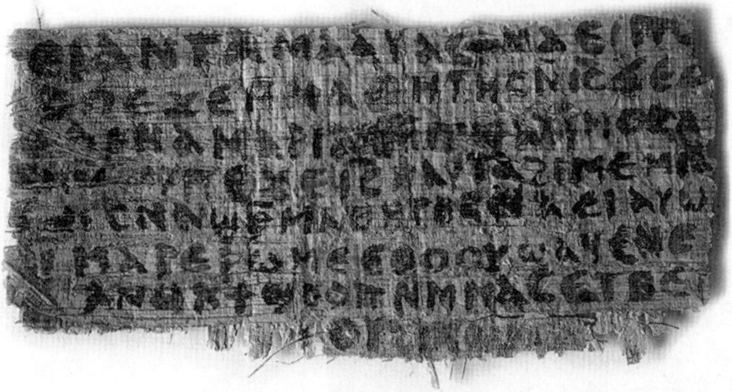

二〇一二年，有人宣稱發現一片寫有科普特（Coptic）字母的莎草紙，記載部分文句：「耶穌向他們說：『我的妻子。』」這項文物引發重大爭議，直到二〇一六年哈佛神學院（Harvard Divinity School）宣布為偽造。

Magdalene）結婚。在耶穌被釘上十字架後，懷有身孕的馬利亞逃往法蘭克地區，並在那裡生下孩子，取名莎拉（Sarah）。後來，莎拉的後代建立墨洛溫王朝（Merovingian dynasty），於西元五至八世紀統治法蘭克地區。墨洛溫的血脈延續至今，並受到名為「錫安會」（Priory of Sion）的神秘教派保護。

根據小說故事的發展，聖殿騎士團（Knight Templar）是錫安會的軍事單位。歷來，李奧納多・達文西、以撒・牛頓爵士、維克多・雨果與尚・考克多等名人都曾擔任過錫安會領導人。過去兩千年來，梵蒂岡竭盡

根據錫安會文件，抹大拉的馬利亞是耶穌之妻。耶穌遭釘十字架後，懷有身孕的她逃亡至法蘭西地區的馬賽，並生下女兒莎拉，而莎拉的後代建立法蘭西墨洛溫王朝。

所能試圖鎮壓錫安會的一切，因為錫安會的秘密一旦公諸於世，將危及聖彼得（Saint Peter）宗徒傳承的核心主張。

這是一則很精彩的故事，但經不起詳細檢驗。其實，這則故事的起源還不到兩千年的歷史，甚至連兩百年都沒有，因為這是個由各種零碎元素雜亂組成的傳說，其中最早的部分，頂多只能追溯至一八八六年。

那一年，法國南部雷恩堡（Rennes-le-Château），一位神父開始開始重建他年久失修的破舊教堂與住所，他所動用的經費似乎是透過「走私彌撒」管道所獲得的非法資金，也就是說他販賣為死者安魂彌撒的服務。雖然多數彌撒他可能沒有真正進行過。

據稱，神父在重建過程中找到了能證明耶穌曾結婚生子的古代文獻。根據當地傳聞，神父還發現大量的寶藏，所以他才有重新修建教堂的經費。雖然當時並沒有任何人親眼看過這些紀錄，但這則傳說後來被諾埃爾・科布（Noël Corbu）大肆渲染以及散播。因為科布在一九五〇年代初期，將神父的莊園改建成飯店並亟欲招攬遊客，推廣自己的生意。

一九三〇年代初至二次大戰期間，有位名叫皮爾・阿塔納斯・馬利・普朗達

（Pierre Athanase Marie Plantard）的君主主義者，創辦一連串極右翼激進政治組織，但這些組織都沒有獲得廣泛支持，因此變得愈來愈小眾冷門。直到一九五六年，普朗達創立一個兄弟會，以當地著名的山丘為名，稱作「錫安會」（Priory of Sion），其成立的政治宗旨是為了推動低價房舍，讓普羅大眾都有安身之地。然而，該會的意識形態卻是推廣中世紀騎士精神價值。一如過往前例，這個兄弟會弄得一塌糊塗，之後更出人意料的是普朗達因虐童入監服刑。

在一九六〇年代初期，普朗達重獲自由，從事靈媒工作以維持生計。就在那時，他結識科布並且聽聞了雷恩堡的傳說故事。一九六四年，他就已經準備好要利用這則故事為自己牟利。於是，他重新創立之前的錫安會，並為錫安會編出一段悠久的歷史，最早可追溯到十字軍東征時期。

墨洛溫王朝最後一任統治者，達戈貝爾特一世（Dagobert I）。根據傳聞，他的後代因傳承耶穌的血脈而受到錫安會保護數世紀。

根據普朗達的說法，他是現任錫安會會長，歷任會長包括許多知名人物（如前述的達文西和牛頓等人）。實際上，這些人名是他從玫瑰十字會（Rosicrucian）的名單抄來的。根據新版本的故事，錫安會的創立宗旨就是保護墨洛溫血脈（以雷恩堡出土的文件為證）不被繼任墨洛溫王朝的加洛林王朝威脅。

為了佐證錫安會歷史悠久，普朗達與他的助手，藝術家菲利普・德・切里西（Philippe de Chérisey）共同合作，以羊皮紙偽造了一批歷史文件（稱為「秘密文件」（Dossiers Secrets）），並設法將這些文件偷偷塞進巴黎的法蘭西國家圖書館館藏。接著，他們與一位早年為養豬戶農民的奇幻小說作家，杰羅德・德・塞德（Gérard de Sède）合作，差遣塞德前往圖書館「研究」這些經過渲染的雷恩堡／錫安會故事，並在一九六七年出版《雷恩的黃金》（L'Or de Rennes）一書。

在塞德版本的故事中並未提及墨洛溫血脈。墨洛溫血脈的細節是後來由英國演員亨利・林肯（Henry Lincoln）補上，他以法蘭西國家圖書館的檔案為基礎（他相信那批「秘密文件」是真實的），並且在英國國家廣播公司（ＢＢＣ）製作一系列討論這項主題的電視節目。後來，林肯與麥可・白根（Michael Baigent）及理查・雷伊（Richard Leigh）合作，共同將雷恩傳說寫成小說《聖血與聖杯》（The Holy Blood and the Holy Grail）。這本一九八二年的暢銷小說將充分渲染過的故事作為史實呈現。結局令人很掃興：傳說中的聖杯同時象徵抹大拉的馬利亞的子宮以及她後代的神聖血脈。

可想而知，《聖血與聖杯》獲得的專家讚譽好評寥寥無幾，且多數歷史學家普遍嘲笑該書是偽歷史，只有容易受騙上當的人才會購買。雖然評價低落，這本書還是引起許多天主教徒反感，在菲律賓被列為禁書。而同樣令教徒感到厭惡的書，還有一九〇三年，另一本俄文反猶太偽書《錫安長老會紀要》（The Protocols of the Elders of Zion）描述猶太教統治世界的陰謀，與《聖血與聖杯》同樣都改編自類似的共濟會陰謀論。

雖然丹・布朗否認《達文西密碼》參考了《聖血與聖杯》。由於這兩本著作有許多相似之處，因此《聖血與聖杯》的作者白根和里伊（Leigh）提出訴訟控告丹・布朗抄襲。原告主張，在布朗書中有名角色同樣叫作里伊（Leigh），而另一位角色的罕見名字，提賓（Teabing）則是另外一位作者白根（Baigent）名字的易位構詞。

然而，法院最後判決他們敗訴，判決理由是既然他們主張自己的書是「史實」，那麼別人便有權自由詮釋書中的發現與結論。儘管如此，《聖血與聖杯》的銷量還是因為這個事件暴漲，這似乎才是白根與雷伊兩人當初提告的目的。

同一時間，普朗達在二〇〇〇年死於貧困。他知道最終錫安會雖然沒有為他賺進鈔票，但也成為轟動一時公眾關注的焦點。幸運的是，他並不曉得自己為了賺錢而虛構的故事，後來竟然啟發了一本暢銷八千萬冊的小說。至於「錫安會」本身，在它短命的歷史中，成員人數最多不過十幾名。

輕信的大眾——政治謊言

西元一八八八年

古巴反抗西班牙帝國主義的戰爭爆發後，美國派遣緬因號戰艦（USS Maine）前往古巴維護美國認為屬於自己的利益。然而，一八九八年二月十五日，緬因號戰艦「莫名巧妙」在哈瓦納港爆炸並沉沒，造成五十三名船員喪生，佔船員總數四分之三。二月十七日，威廉・藍道夫・赫茲（William Randolph Hearst）的《紐約新聞報》(New York Journal) 大聲疾呼暗示緬因號乃是遭西班牙魚雷擊沈，此舉竟然間接引爆美西戰爭 (Spanish—American War)。

沒有任何人能證明緬因號事件和西班牙有關。然而，赫茲是媒體人。當初接獲攝影師回報說古巴沒有發生什麼大事後，赫茲深感失望，於是他寄送一封電報給攝影師：「請你留在古巴。你提供照片，我提供戰爭。」赫茲深知大眾想要什麼，於是他便提供大眾他們想要的，大眾也相信他，無論真相如何。

政客們顯然沒有比媒體好太多。一九六四年八月四日，美國馬多克斯號驅逐艦（USS Maddox）在巡邏北部灣（Gulf of Tonkin）時，似乎和北越海軍艦艇發生小規模衝突。兩日後，國家安全局（National Security Agency）回報發生第二起類似事件，美國總統林登・貝恩斯・詹森宣布這起事件是無法容忍的侵犯，促使國會通過《北部灣決議案》，授權政府開始對北越動武。於是，美國陷入長達十年的越戰。這場戰爭花費龐大，給美國留下創傷，有道德疑慮，而且最後根本贏不了。

一八九八年二月十五日上午，哈瓦納港的水面上只看得到緬因號扭曲的船艘。緬因號沉沒後，美西戰爭爆發。在這場短暫的戰爭中，有四千名美國人死於傷寒、黃熱病和瘧疾，遠比陣亡的四百人多。

一九六四年八月，馬多克斯號驅逐艦在巡航北部灣時，回報遭到三艘北越魚雷艦開火攻擊。上圖夜間照片中遠處的黑點便是北越艦艇。兩日後，有人回報發生第二起事件。這些傳聞的攻擊促使美國國會通過《北部灣決議案》，授權美國政府對越南的軍事介入。二〇〇五年美國國家安全局研究斷定，當初的攻擊有可能從未發生。事件過後數年，詹森總統曾說：「就我所知，我們的海軍當初是在打鯨魚。」

唯一的問題是什麼？各方現在一致認同，當初第二起事件從未發生。

二〇〇三年，世貿中心遭到恐怖攻擊十八個月後，美國以及各個跟班國家所組成的「聯軍」以伊拉克正在研發「大規模毀滅性武器」(weapons of mass destruction，簡稱 WMD) 且直接威脅美國為理由，入侵薩達姆・海珊統治下的伊拉克。聯合國遭到阻撓，無法完成對這些指控的調查；無論是後來在伊拉克沒有發現任何大規模毀滅性武器；更何況世俗獨裁者薩達姆・海珊與宗教狂熱份子奧薩瑪・賓拉登，他們是世界上最不可能互相合作的兩個人。但這些都不重要。很明顯的是喬治・沃克・布希政府就是不計後果想找個人打。如果說民意代表的投票反映美國民眾的意向，那麼美國民眾也有很大一部分支持攻打伊拉克：參議員以驚人的七十七票贊成、二十三票反對，授權軍事行動決議。

上述的三個政治和軍事行動皆影響重大，但依據的理由皆是徹頭徹尾的謊言，或至少是透過理性分析便可釐清的假消息。以謊言為基礎的行動，最終造成大規模自我毀滅。歷史的教訓就是「三思而後行」——而且最好要三思兩遍。那麼，為什麼我們以前會相信這些謊言呢？為什麼現在仍然持續相信這些謊言呢？顯然，我們沒有從過去的經驗中學到教訓，對政客所說的話沒有仔細檢驗。

有偽造的文件指控薩達姆・海珊曾從尼日取得黃餅鈾（yellow cake uranium）。美國國務卿柯林・鮑威爾相信這些文件為真，並在二〇〇三年二月五日，聯合國發表演說聲稱伊拉克造成緊迫的核武威脅。

乍看之下，這有些奇怪，但如果我們仔細深究，其實也不意外。就我們所知——這是很重要的但書，畢竟我們知道海豚的大腦很複雜，但不知道它們大腦裡的想法——我們人類在自然界獨一無二，和其他所有生物不同，因為我們活在自己腦中所建構的世界裡。即便是人類的高智能親戚黑猩猩，也只是活在大自然所構成的物質世界當中，牠們可能會以複雜的行為回應世界所發生的事情，但牠們不會用大腦構想出形而上的世界，也不會用大腦來改變這個世界。牠們無法想像世界其他可能的樣貌。

反之，我們人類可以做到這一點。我們不斷在大腦中把經驗拆解成詞彙的元素，並將這些元素重新組合，藉此重構周遭的世界，或想像出我們的理想世界。我們可以告訴自己或告訴別人我們經歷過的故事，而這些故事的說服力，取決於我們說故事的技巧，而不是故事是否真實發生。

現在，想像一下自己是政治人物。政治人物必須是高超的說書人。無論動機多麼純粹、無論理想多麼崇高，政治人物都必須先當選才能有所作為。想要當選，就必須要告訴選民及潛在盟友他們想聽的事情，即使他們想聽的事情可能不是赤裸裸的真相。當然，相同的道理也適用於那些動機卑鄙、一心只想當官牟取私利的政客。

根本的問題是對人類而言，真相往往是難以接受的。人類的認知系統正好讓人有選擇，因此人類遇到不願面對的真相時，通常選擇忽略真相或是相信另外一套對事實的詮釋而不是面對現實，至少這樣做短期內會覺得比較舒服。

此外，有研究顯示一旦你說服自己相信某件事情後，看到相反的證據反而會強化對這件事情的信念，尤其是反覆聽到同樣證據的時候。事實上，我們潛意識認為謊言無法持久，所以如果一種說法不斷出現，我們就會假定那是事實。

因此，民主社會中每位公民都有重責大任。雖然我們的本能會想要用簡單的方式看世界，但任何事情都有脈絡，且脈絡經常複雜微妙，正好和口號、簡化與謊言等政治領域中常見的基礎呈現對立。政治語言的訊號雜訊比非常低，因為候選人及競選團隊都非常清楚人類一點也不理性。因此，給選民的最佳忠告和告訴消費者的建議是一樣的：買家自己請小心（caveat emptor）。

政治迫害——德雷福斯事件

西元一八九四年

阿爾薩斯（Alsace）是法國諸省中的異類。該地講日耳曼方言，是九世紀初期查理曼大帝的帝國分割後所遺留下來的痕跡。事實上，在一八七一年普法戰爭結束後到第一次世界大戰間，阿爾薩斯省屬於德國。阿弗列・德雷福斯（Alfred Dreyfus）身為

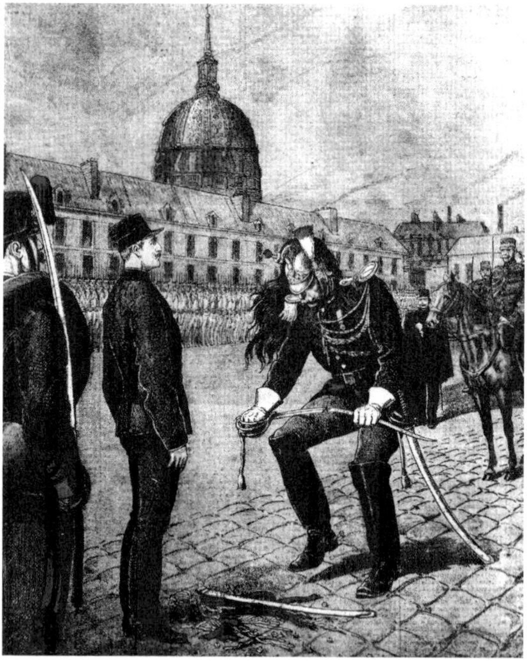

一八九五年一月五日，阿弗列・德雷福斯在巴黎軍事學校遭到當眾羞辱。隨著鼓聲響起，德雷福斯的勳章從他身上拔下，他的佩劍被折成兩半。本插圖取自《Le Petit Journal》頭版，報導標題為「LE TRAITRE」（叛徒）。

來自阿爾薩斯的猶太人，在法軍服役並擔任軍官。法國的反猶太情緒暗潮洶湧，因此德雷福斯身上早已背負兩項罪名。

第三項罪名出現於一八九四年現。德國大使館的巴黎清潔婦在使館的廢紙簍裡發現一份手寫文件碎片，並上交給法國軍事情報局。這份文件被稱作「bordereau」，是一名欲販賣法國軍事機密情報給德國的法國軍官寫下。當時，德國和義大利及奧地利是盟友，和法國則處於脆弱的和平。

這份文件內容顯示，匿名的作者是一位炮兵軍官兼參謀部成員，這立刻將搜索範圍縮小到包含德雷福斯在內的一群人。因為德雷福斯的猶太人出身，大家立刻開始懷疑他。當局透過詭計取得德雷福斯的手寫字跡樣本，並和「bordereau」文件字跡一起交給字跡鑑識專家進行比較。專家雖然判斷兩份文件的字跡不同，但仍匪夷所思地斷定：字跡不同的原因是「自我偽造」。他宣稱，「bordereau」上的字跡是德雷福斯為了掩飾，刻意變造自己的字跡。

此時，德雷福斯已遭到逮捕，不久後交由軍法審判。除了定罪的字跡證據以外，檢方還拿出另外一項震驚社會的證據：由義大利使館武官寫給德國使館武官（他的情人）的一封信。當初的「bordereau」就是來自這位德國使館武官的廢紙簍。信上

2° une note sur les troupes de couverture.
3° une note sur une modification aux formations de l'artillerie;
4° une note relative à Madagascar.
Le dernier document est extrêmement difficile à se procurer et je ne puis l'avoir à ma disposition que très peu de jours. Le ministère de la guerre

致德國大使館武官的信件實體照片。該信件無署名，無日期，內容表示作者願意販賣法軍情報。

寫著：「這個提供尼斯計畫的王八蛋D」。「D」很有可能代表的是另一位情人，但就憑藉著這些薄弱的證據，可敬的德雷福斯在非公開法庭上被判決：叛國罪。

審判結束後，德雷福斯在巴黎軍事學校（Ecole Militaire）的庭園裡受到公開羞辱，在場眾人高喊著「猶太人！」「叛徒猶大！」。他身上的動章被拔下，儀式佩劍遭損毀，然後他被送至偏遠的法屬圭亞那，關在遙遠又恐怖的罪犯流放殖民地「魔鬼島」（Devil's Island）。

從頭到尾，德雷福斯始終都堅持自己無罪，但大眾反應受到公然反猶太人的報紙編輯，愛德華・德魯蒙（Édouard Drumont）煽動，對此事件反應激烈。德雷福斯成為法國的全民公敵，並在不安、敵視、不信任不斷增長的氣氛中，成為猶太人的象徵。

一年後，一八九六年三月，法國當局攔截另一封寄至德國大使館的信。信中字跡和「bordereau」相同，而且這次信中有署名：費迪南德・瓦爾辛・埃斯特哈茲少校（Major Ferdinand Walsin Esterhazy），他是一位負債累累的匈牙利貴族後裔，服役於法軍，但是對法軍深感不滿。

新任情報局長是阿爾薩斯人，他告訴陸軍參謀總長有新證據能證明「bordereau」作者的身份。起初，他遭到忽略，後來被派到突尼西亞參與戰事，

一八九八年的漫畫，描述小說家埃米爾・左拉（Émile Zola）指控法國陸軍把阿弗列・德雷福斯當作代罪羔羊。

最後遭到監禁。德雷福斯事件是個醜聞，主事者欲極力掩蓋，並讓受害人在遠方腐朽而逝。由於過去不利德雷福斯的證據受到挑戰，參謀部有群人開始偽造更多新證據，證明德雷福斯有罪，其中包含一封據說是義大利大使館寄給德國大使館的信，信中明確指出德雷福斯在販賣軍事機密情報。

一八九七年末，發生了一連串曲折離奇的事件。首先，埃斯特哈茲自陸軍退役。接著，「bordereau」的字跡被公開指認屬於埃斯特哈茲。然後，對他不滿的情婦也爆料證明他對法國不滿。

一八九八年初，軍事法庭不顧一切證據判埃斯特哈茲無罪不久後，小說家，埃米爾・左拉（Émile Zola）發表著名的致法國總統公開信《我控訴！》（J'accuse!），聲明德雷福斯是無辜的，並表示背後的真相很「駭人」。

左拉不只指控參謀部欺騙，更指控三名字跡專家做偽證。不久後，左拉就被控告毀謗。經過轟動社會的審判後，左拉被判有罪；他不服上訴，法院仍維持原判決。於是，他飛往英格蘭，而法國政府則將他的房屋法拍以支付罰金，並撤銷他的榮譽軍團（légion d'honneur）勛位。

隔年，一八九九年同樣發生許多事情。年初，現任法國總統過世，繼任的總統比較同情德雷福斯的遭遇。年中，埃斯特哈茲向媒體坦承「bordereau」是他寫的，但他宣稱自己是受上級長官指使。後來，他遭到流放，數年後死亡。

埃斯特哈茲自首後，德雷福斯從惡魔島被召回接受重審。結果很離奇，讓人難以置信，他再次被判有罪，但「俱備減輕罪行的情節」！判決結果引發眾怒，不到十天，新總統便特赦德雷福斯，而國會議員則赦免所有參與起訴迫害德雷福斯的人員。

德雷福斯獨自持續爭取無罪判決，終於在一九〇六年如願以償，獲普通法庭判決無罪。同年稍晚，他獲頒榮譽軍團勳章，授勳地點就在十二年前他被剝奪軍階及榮譽的庭院。

在場的眾人諷刺地高喊「德雷福斯萬歲！」

他回應道：「不！……法蘭西萬歲！」

這場爭議在法國引發激烈分歧。反德雷福斯勢力認為，質疑判決就是打擊陸軍的榮譽，也就是打擊國家的榮譽：這種態度預示了一九三〇年代史達林在蘇聯主導的作秀公審，審判中無辜的被告受迫「為了黨」而承認有罪；另一方面，支持德雷福斯的人士則認為，這則醜聞暴露法國司法體系、甚至是民主體系的深層缺陷。儘管如此，法國仍然有人不願承認這些缺陷。一九九四年，法國陸軍歷史部門主管仍堅稱阿弗列

・德雷福斯的無罪僅是「史學界普遍認可的理論」。

德雷福斯事件在歷史上留名，有很好的原因。該事件體現反猶主義之惡，這樣的情緒到後來便演變成納粹大屠殺。然而，德雷福斯事件的意義絕不僅止於此。路易・貝格利（Louis Begley）在著作《為何德雷福斯事件很重要？》（Why the Dreyfus Affair Matters）中指出，該事的曲折劇情，體現國家如果受到不理性的恐慌所掌控，其後果不堪設想。就像普法戰爭和第一次世界大戰期間，在動盪中的法國社會瀰漫著緊張氣氛，民眾便受到非理性的恐慌所支配。

可怕的事，法國社會對於德雷福斯被羅織罪名的瘋狂反應在今日仍然存在。貝格利明顯指出，今日關塔那摩灣拘押中心（Guantánamo Bay）囚犯的遭遇：他們從來沒有接受過審判。然而，正當程序有些時候顯然不夠。阿弗列・德雷福斯當年經歷過完備正當的法律程序，但仍然成為司法不公的受害者。

金融詐騙──騙子受騙

西元一八九九年

這套詐騙手法，報紙頭條上的查爾斯・龐茲（Charles Ponzi）賦予其名，而小說家查爾斯・狄更斯在在《馬丁・翟述偉》（Martin Chuzzlewit）及《小杜麗》（Little

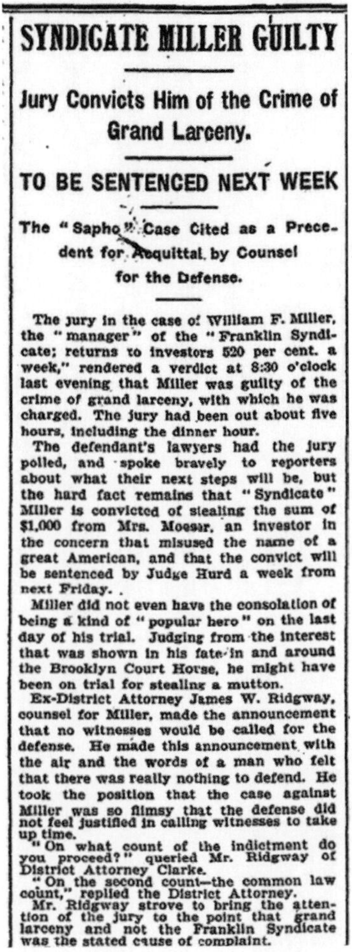

SYNDICATE MILLER GUILTY

Jury Convicts Him of the Crime of Grand Larceny.

TO BE SENTENCED NEXT WEEK

The "Sapho" Case Cited as a Precedent for Acquittal by Counsel for the Defense.

The jury in the case of William F. Miller, the "manager" of the "Franklin Syndicate; returns to investors 520 per cent. a week," rendered a verdict at 8:30 o'clock last evening that Miller was guilty of the crime of grand larceny, with which he was charged. The jury had been out about five hours, including the dinner hour.

The defendant's lawyers had the jury polled, and spoke bravely to reporters about what their next steps will be, but the hard fact remains that "Syndicate" Miller is convicted of stealing the sum of $1,000 from Mrs. Moesar, an investor in the concern that misused the name of a great American, and that the convict will be sentenced by Judge Hurd a week from next Friday.

Miller did not even have the consolation of being a kind of "popular hero" on the last day of his trial. Judging from the interest that was shown in his fate in and around the Brooklyn Court House, he might have been on trial for stealing a mutton.

Ex-District Attorney James W. Ridgway, counsel for Miller, made the announcement that no witnesses would be called for the defense. He made this announcement with the air and the words of a man who felt that there was really nothing to defend. He took the position that the case against Miller was so flimsy that the defense did not feel justified in calling witnesses to take up time.

"On what count of the indictment do you proceed?" queried Mr. Ridgway of District Attorney Clarke.

"On the second count—the common law count," replied the District Attorney.

Mr. Ridgway strove to bring the attention of the jury to the point that grand larceny and not the Franklin Syndicate was the stated cause of complaint.

一九〇〇年間，富蘭克林財團垮台、威廉米勒遭到逮捕的報導，經常登上《紐約時報》頭版。

Dorrit）中闡述其原則，若單純論其規模，惡名昭彰的伯納・馬多夫（Bernie Madoff）非冠軍莫屬。然而，這種使用後期投資者資金支付早期投資者利息的詐騙手法其實源自一間茶葉公司默默無聞的會計，名叫威廉・米勒（William Miller）。

一八九九年三月，米勒二十一歲。身無分文的他是紐約布魯克林一間教會的讀經班班長。當時的股票市場缺乏監管，而米勒在股市的投資成績也不怎麼樣。然而，他卻自行成立基金，並成功說服三名讀經班同學投資，且保證週投資報酬率為十%（換算成年報酬率是五二〇%，因此他後來的綽號叫「五二〇%先生」〔Mr. 520 Percent〕）。

米勒起初招攬投資客的手法，顯示他是天生的熟人詐騙（affinity fraud）高手。由於米勒是教會領導人又是老師，因此讀經班的同學信任他，並把他當作自己人，

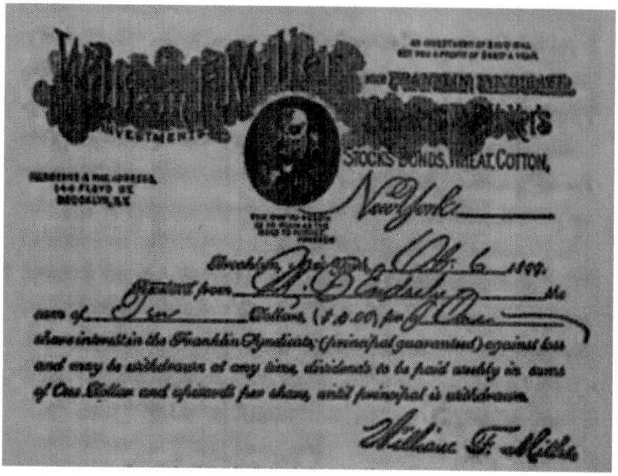

由於富蘭克林財團核發的收據可作為罪證，綽號「520%先生」的米勒聽從狡猾律師的建議，將這些收據收回，並換發同樣一文不值的富蘭克林財團股份證書。

於是心甘情願地把錢交給他。這種熟人詐騙在近年也層出不窮：艾倫・史丹佛（Allen Stanford）及伊弗倫・泰勒（Ephren Taylor）欺詐美南浸信會信眾；伯納・馬多夫欺詐佛羅里達、紐約及以色列的社會菁英，獲利約六百五十億美元，至今只討回其中一百一十億。

任何群體之中都有騙子，但宗教團體似乎特別容易出騙子，原因很明顯：權威與信任。此外，《經濟學人》近期也指出：「民眾不信任主流金融體制，因而助長詐騙。騙子會說，華爾街那些大人物已證明自己不可信，還是跟著認識的人比較好。」

米勒的騙局如火如荼擴大。讀經班以外，許多紐約的警察、消防員、小企業主都加入投資。後來，騙局甚至延伸出紐約，觸及全國多地。不久後，米勒及同夥愛德華・史萊辛格（Edward Schlessinger）成立「富蘭克林財團」（Franklin Syndicate），核發收據給投資人，而收據上還印有神似美國國父富蘭克林的畫像，以加強可信度。

米勒持續煽風點火，在全國報紙買廣告，並宣稱自己的目標是將「富蘭克林財團經營成華爾街最強大的財團，使財團能操縱股市，說要上漲就上漲，說要下跌就下跌……我們保證您不會虧損……因為我們完全是內線交易。」

今日，如果有人說這種話，就等同是向司法部自首認罪，但在從前強盜貴族

(robber-baron）的年代，華爾街可說是百無禁忌。米勒的辦公室位在佛洛伊德街（Floyd Street）。根據一項記載，「投資客蜂擁而至，個個都急欲投資，人多到把佛洛伊德街辦公大樓的門階踩壞了。」

但是有一個問題。米勒支付給投資者的十％利息，全是來自新的投資者。資金完全沒有做任何正當投資。奇怪的是，米勒自己也有很長一段時間不是很在乎騙局的發展走向。但史萊辛格比較聰明：他要求每日以現金形式抽成三分之一的收入，最後帶著這些抽成潛逃至歐洲。

一八九九年十月，儘管新投資客依然熱絡，但米勒的行為已經開始引發媒體質疑，並受政府當局關切。於是，他延攬一位律師加入

查爾斯・龐茲在辦公室工作，攝於一九二〇年。米勒出獄十五年後，接受記者採訪時表示：「可能是我資質駑鈍，但我真的搞不懂龐茲到底是怎麼在那麼短的時間內靠外匯賺到那麼多錢。」

團隊。這位律師名叫羅伯特・安蒙上校（Colonel Robert Ammon）。安蒙提出一項很有用的策略：將米勒的收據召回，換發新公司的股份證書，並向投資人保證除了既有的五二〇%利息以外，還會有鉅額的資本利得。然而，安蒙心裡有更深一層的盤算。

隨著債務高漲，現金流便減少。米勒向安蒙尋求建議。安蒙指出，米勒對債權人應負擔責任，但身為律師，安蒙受到特權保護。因此，米勒如果要守護不法所得並且規避法律責任，就應把錢存放在安蒙名下，然後潛逃加拿大。

於是，兩人拿著裝滿現金的手提箱前往安蒙的銀行，並透過多筆交易，將米勒的資金轉移至安蒙名下。米勒靠騙局所賺的錢，幾乎全都轉給安蒙，據說總共有數百萬美元之多。

隔天，米勒接獲消息說自己遭到起訴，於是安蒙安排他偷渡至加拿大蒙特婁，但後來還是被警方逮捕，並帶回布魯克林受審。他沒有透露安蒙也參與其中，以換取安蒙保證提供每週五美元的撫養費給自己的妻女。一九九〇年五月，米勒被依重大竊盜罪判處有期徒刑十年，服刑地點為新新懲教所（Sing Sing Prison）。

然而，安蒙拿了米勒的現金，卻沒有支付撫養費給米勒的妻女。因此，後來州檢察官起訴安蒙竊取財團三萬零五百美元時，米勒便作證指控安蒙有罪。於是，安蒙被判處有期徒刑四年。出獄後，安蒙便舒舒服服地退休了。米勒的命運則不明。他出獄時罹患肺結核，有一說他開了一間雜貨店，有另一說他回到原本的茶葉公司任職。

第一起龐氏騙局的教訓就是，這種騙局無法持久，且報應很快就到來。然而，這麼多類似案例中，騙子竟然沒有早點見好就收，而且竟然有這麼多投資人受騙。

顯然，人性難改。人就是喜歡相信好到不切實際的事情。一八九九年有位女性告訴《紐約時報》：「米勒先生從未辜負我們……我六週前投了一百美元，現在已回收六十美元了。搞事的是那寫新聞報紙和銀行家。沒有人相信那些報紙。他們在嫉妒，他們想要把這些錢賺走。」

偽古人類學——皮爾當人

西元一九〇八年

今日，我們知道人類的早期祖先是體小，臀寬，臂長，腿短的雙足動物，且大腦體積只比黑猩猩大一點，是今日人類的三分之一左右。然而，在二十世紀初期，人類對於自己古代祖先的化石尚未有概念。

由於五十年前查爾斯．達爾文及阿爾弗雷德．羅素．華萊士公開提出天擇論，二十世紀初期的科學家對於演化的概念已經很熟悉。要紀錄人類演化歷程，就

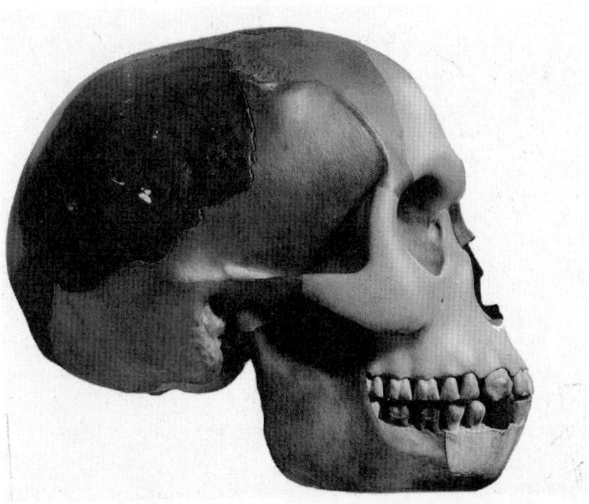

皮爾當人頭顱重建模型。當時學界給皮爾當人取的學名為 Eoanthropus dawsoni，其化石於一九一二至一九一五年間在薩塞克斯皮爾當出土。直到一九五二年被證明是騙局以前，學界普遍把皮爾當人化石視為研究人類演化的重要依據。

需要化石證據，但當時出土的人類化石多屬尼安德塔人。尼安德塔人是近期絕種的歐洲大陸人類，其頭顱形狀奇特，大腦體積與現代人類差不多。除此以外唯一的化石是年代更早的爪哇「直立猿人」（舊稱「Pithecanthropus erectus，現稱 Homo Erectus）。我們對直立猿人的了解不多，當初剛出土時，學界一直不太相信直立猿人顱骨如此小，但大腿骨竟然和現代人類相當。

一九一二年，大英博物館自然歷史部門的科學家宣布，英格蘭南海岸的皮爾當（Piltdown）發現一組本土的原始人類化石，而且具有最珍貴的人類特色：體積龐大的大腦。當年英格蘭仍是

一九一三年皮爾當遺址挖掘現場。左二為查爾斯・道生，右一為亞瑟・史密斯・伍德沃德爵士。照片中的鵝名叫 Chipper。

巨型帝國的中心，但不曾出土人類化石，因此這項發現使英國媒體歡欣鼓舞。

該組化石出土於一九〇八年，發現者是當地一位名叫查爾斯・道生（Charles Dawson）的古文物專家。化石是頭骨及下顎碎片，頭骨厚實但形似人類，下顎則與猿猴類似。下巴是人類獨有特徵，但該化石缺乏該處的碎片。道生將碎片呈現給大英博物館的古生物學家亞瑟・史密斯・伍德沃德（Arthur Smith Woodward），兩人於一九一二年向全世界宣布，在上新世（Piloscene。當時的人不是很清楚其確切起始時間，但遠早於尼安德塔人），皮爾當曾棲息人類早期親戚，其大腦體積中等，下顎有猿猴的特徵。後來化石再次受到重建，他們遂改口稱：這是人類，大腦體積大，下顎如猿猴，且顯然有下巴。

然而，該組化石缺乏犬齒。史密斯・伍德沃德原先重建模型時，假定犬齒的體積比現代人類大（因此與猿猴較為相似），但後來皮爾當出土犬齒，其根部厚實，但長度短，和現代人類較為相似，且似乎證明第二次重建（與人類較為相似）的準確性。犬齒的發現者是一位耶穌會神秘主義者及人類學家，名叫皮埃爾・德・夏爾丹（Pierre Teilhard de Chardin，漢名德日進）。他參與田野調查，並成為道生以外第一位在皮爾當發現原始人類化石的人。

惡名昭彰的「皮爾當球板」，以大象臀骨製成，形似手持工具。這大概是此騙局中最荒唐的假出土物。

一九一六年，道生逝世。截至那年，皮爾當遺址及附近另外一處遺址已出土多項化石，其中包括絕種的哺乳類動物，恰恰證明原始人類的久遠年代。此外，還出土一個奇特的骨製用具，形狀有點像板球用的球板，非常具有英格蘭本土特色。

從一開始，就有人對皮爾當原始人類化石提出質疑。早在一九一三年，倫敦國王學院生物學家大衛・華特斯頓（David Waterston）就公開表示這些「化石」其實由現代人類的顱骨加上猿猴的下顎碎片所嵌合而成，而許多學者不久後也以各種方式表達認同，其中包含史密森尼學會（Smithsonian Institute）的格里特・米勒（Gerrit Miller）。至於人類顱骨及猿猴下顎碎片的組合是否為巧合？多數觀察者皆巧妙避開這項問題，但在一九二三年，德國解剖學家法郎茲・魏敦瑞（Franz Wiedenreich）幾乎暗示其中有蓄意偽造之情。

那年，化檢結果顯示，化石的顱骨和下頜骨屬於不同物種，但外表經過人為上色，使其樣貌相似。顱骨屬於現代人類，下顎屬於猩猩，且經過巧妙破壞，以掩蓋其來源。犬齒屬於猩猩，但經過人為削銼，使其更像人類犬齒。顯然，這些樣本出現在同一地點，並非偶然。

以今日角度來看，皮爾當

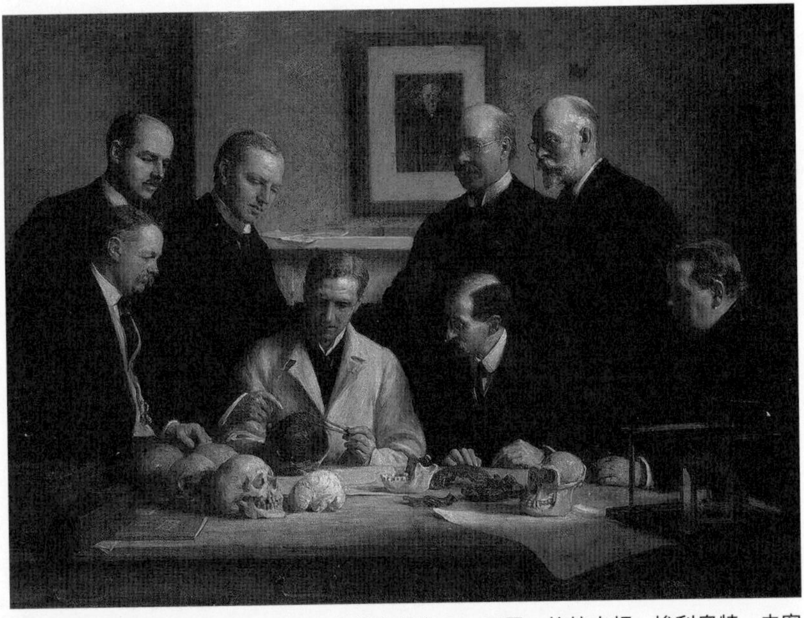

畫中人物正在檢視皮爾當人頭顱。後排左起為 F.O. 巴羅、格拉夫頓・埃利奧特・史密斯（Grafton Elliot Smith）、亞瑟・史密斯・伍德沃德。前排左起為A.S. 安德伍德、威廉、普萊茵、派克萊福特（William Plane Pycraft）、雷・蘭凱斯特（Ray Lankester）。牆上掛著查爾斯・達爾文的畫像。

人騙局手法粗糙，而且類似手法在今日根本不可能有機會得逞。然而，這場騙局卻有一點非常厲害，也是成功的關鍵：如同所有成功的騙局，皮爾當人騙局滿足了欺騙對象的欲望，並迎合他們心中的觀念——本場騙局的欺騙對象就是英國的古人類學界。顯然，這場事件背後的騙子對這些科學家懷恨在心，並對學界氛圍瞭若指掌。

今日，我們很肯定道生就是皮爾當騙局背後的主謀——他是前科累累的騙子，曾涉及許多其他的假「發現」。但他可能有同夥——雖然最新的研究判斷道生是單獨行騙——同夥有可能是古人類學界的圈內人。

至於他的同夥有可能是誰？有人懷疑可能是泰亞爾・德・夏爾丹，或史密斯・伍德沃德在博物館的同事馬丁・辛頓（Martin Hinton），或史密斯・伍德沃德的對手亞瑟・凱思（Arthur Keith），或甚至是小說家亞瑟・柯南・道爾，因為他當時在附近打高爾夫球。並經常從火車站載送科學家前往遺址。就連史密斯・伍德沃德都曾被懷疑，但這不太可能，畢竟這場騙局後來玷污了他的職業生涯。

無論道生有無同夥，他似乎是看到騙局一發不可收拾後便退縮了。「球板」有可能是道生最後一次告訴受騙者：你們被殘酷地欺騙了。

北極探險──羅伯特・皮里

西元一九〇九年

二十世紀初期，北極點與南極點是各國搶先挺進之處，大眾對極地探索的興奮之情，和五十年後的月球競賽不相上下。當然，前往北極點和南極點需要完全不同的策略。前往南極點（世界上第一位達成此壯舉的人是挪威探險家羅爾德・阿蒙森（Roald Amundsen），他於一九一一年成功抵達南極點。）需要橫越幅員遼闊的岩石大陸，在厚實的永凍冰層上前行，而地理北極點則是在浮

羅伯特・皮里的遠征隊自稱抵達北極點。其實，他們距離北極點至少還有一百二十九公里。左起：烏魁雅（Ooqueah）、烏塔（Ootah）、漢生、艾津華（Eginwah）、習格洛（Seeglo）。

動冰層下一四千三百公尺深的海底。

一八九三年，弗里喬夫・南森（Fridtjof Nansen）把船停進北極的堆冰中，並使船身和冰層結凍在一起，希望能被漂流的冰層帶到北極點。然而，冰層漂錯方向，計畫以失敗告終。四年後，同樣勇氣可嘉且足智多謀的瑞典人薩拉蒙・安德魯（Salomon Andrée）企圖從斯瓦爾巴島（Svalbard，當時以荷蘭文稱做斯匹次卑爾根島〔Spitsbergen〕）乘坐氫氣球前進北極點。結果，途中氫氣球頂部結冰，他和同伴全數罹難。既然海路和空路雙雙失利，剩下的唯一選項就是乘坐狗雪橇跨越冰層。

提倡此策略的人中，最著名的是羅伯特・愛德溫・皮里（Robert E. Peary）。皮里是一名土木工程師，後來加入美國海軍。他的母親強勢專橫，皮里直到近四十歲都還亟欲逃離母親。一八九〇年代，皮里在北極偏遠地區練習雪橇技術並整理裝備，準備遠征北極點。一九〇六年，他抵達北緯八〇・〇六度，成為當時最接近北極點的人類。隔年，他的前夥伴弗雷德里克・庫克（Frederick Cook）也計畫取道格陵蘭及埃爾斯米爾島（Ellesmere Island）挺進北極點。可想而知，當他得知有人想要使用「他的」路線後，皮里感到不爽。

一九〇八至一九〇九年間，這兩位競爭對手各自在北極地區展開遠征。庫克輕裝

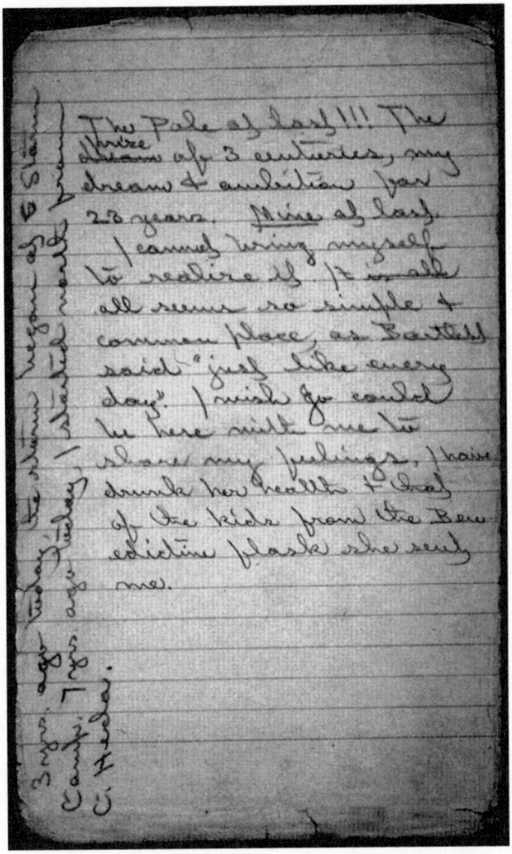
The Pole at last!!! The
prize
dream of 3 centuries, my
dream & ambition for
23 years. Mine at last.
I cannot bring myself
to realize it. It is all
all seems so simple &
common place, as Bartlett
said "just like every
day". I wish you could
be here with me to
share my feelings. I have
drunk her health & that
of the kids from the Ben-
edictine flask she sent
me.

皮里日記一九〇九年四月六日頁面。皮里寫道：「終於抵達極點！」皮里的導航紀錄一直遭受多方質疑。

便行，且只帶著兩位因紐特人同行。皮里則帶上數台雪橇，且有同夥數人組成團隊。皮里抵達格陵蘭時，庫克早已出發，但皮里有信心，認為自己的團隊較大，因此佔有優勢。

一九〇九年三月，皮里的團隊已損耗嚴重，雪橇僅存兩台，緩慢向北極點前進，速度比計畫中的低上許多，一天只能前行十幾公里。然而，團隊還是有所建樹，他們抵達北緯八七・四七度，創下歷史新紀錄，距離北極點只剩二百一十四公里。在此，皮里派遣前導雪橇往南行駛，回到遠在埃爾斯米爾島的母船羅斯福號（SS Roosevelt）。

於是，探險團隊就剩下皮里和長期合作的助理馬太・漢生（Matthew Henson），以及四位無導航經驗的因紐特人。他們持續向北極點邁進。根據皮里的說法，由於開始輕裝便行，他們一行人的每日里程大幅增加。四月六日，皮里算出自己位在北緯八九・五七度，幾乎抵達北極點。

皮里繞了繞圈子，以確保自己通過北極點，停留些許，然後立即動身南返，並於四月二十六日返抵母船，抵達時間只比之前先行返回的前導雪橇晚了幾天。不久後，他得知庫克及因紐特人同伴比他早些許自極點返回，雪橇和狗沒了，但人都還活著。

到底是誰先抵達北極？為此，皮里與庫克展開長期的激烈爭鬥，但兩人都極度不願意提供詳細證據以證明自己第一個完成此壯舉。

由於庫克優先出發，因此在一開始的輿論戰中他佔有優勢，但後來他只拿得出打字機打出來的轉錄，而非實際的田野紀錄，便開始有愈來愈多人懷疑他其實根本沒有抵達北極點——尤其是他前一年曾經宣稱自己征服麥肯尼峰（Mount McKinley），但普遍認為他說謊，於是皮里陣營便拿這點來打擊庫克。更慘的是，庫克唯一的麥肯尼峰登山夥伴，據說是被皮里的支持者所收買，矢口否認兩人曾經抵達頂峰。到了一九〇九年末，庫克的極點壯舉已被哥本哈根大學的委員會正式否認。

接著，皮里的人脈開始發揮作用。一九一〇年，國家地理學會（National Geographic Society，皮里遠征行動的贊助機構）證實皮里的極地壯舉為真。因此，皮里大膽了起來，隔年便請求國會認證其成就，並將他晉升為海軍中將。

二十年來，馬太．漢生陪伴皮里進行六次北極遠征。他精通因紐特語的阿凡內史瓦方言，且受公認是唯一掌握狗雪橇駕駛技術的非因紐特人。

參議院通過法案核准兩項請求。眾議院雖然有議員提出尖銳的質疑，但最後仍然通過法案。皮里自海軍退役，九年後帶著榮譽逝世。

但是……事情還未完結。皮里最後衝刺到北極然後折返的速度之快，快到不可置信。在他莫名其妙遣返其他隊員時，遠征隊每日前進不到十六公里，但根據皮里的說法，前導雪橇折返後，他展開最後的衝刺，每日挺進四十二公里。根據英國地理學家詹姆士・戈登・海耶斯（J. Gordon Hayes）的計算，如果皮里真的在那麼短的時間內從極點返回那關鍵的分頭點，他每日行駛距離會是八十五公里，可謂是前無古人，且難以置信。羅伯特・布萊斯（Robert Bryce）在著作《庫克和皮里》（Cook and Peary）中寫道，庫克說：「這人藏有重大秘密」。

皮里為何要在最後一刻遣返遠征隊的專業導航員鮑勃・巴特利特（Bob Barlett）？最簡單的解釋就是皮里那時已經明白自己到不了極點。的確，後續多項分析顯示，他其實最遠只到達距離北極點一百六十公里處。就連贊助機構國家地理學會都翻盤。支持皮里說法一個世紀後，學會終於承認「皮里其實距離極點……尚有四十八至九十七公里」。

此外，還有另一個疑點。一直對忠心耿耿皮里的漢生說，當他恭賀皮里抵達距離極點約十公里處的最後紮營處時，皮里閃爍其詞：「我不認為我們可以發誓這就是北極點。」這還只是剛開始。漢生後來回憶道：「我們知道自己抵達極點後，指揮官（皮里）就不太搭理我。回程他大概也四次不搭理我……我跟了他二十二年，結果在紐約離別時他一句道別也沒說……近十年前，皮里雙腳凍傷，我們還抬著他橫越三百六十公里路，白天前進，晚上打獵維生，保住他一命，也保住我們一命！」

至於皮里自己呢？他顯然當時有所保留，且後來對漢生的態

羅伯特・皮里（左）與羅爾德・阿蒙森（右）是極地探險的競爭對手。照片中的兩人似乎不太願意與對方握手。無疑，阿蒙森是世上第一位抵達南極點（駕駛狗雪橇）的人，也是第一位抵達北極點（駕駛飛船）的人。

度也很有問題。儘管如此，他是否後來說服自己，相信自己真的到過北極呢？這我們永遠不得而知。

然而，皮里估計在某種程度上是明白真相的。一九〇九年，他的體力與耐力已在衰退，多數腳趾已因凍傷而切除。五十三歲的他心知肚明，這是他最後一次挺進北極點的機會，於是便盲目啟程，後來才終於恢復人類的理智。皮里腦中所發生的事情，《紐約時報》記者法蘭克・布魯尼（Frank Anthony Bruni）的描述或許有道理：「人類各項能力之中，最神秘的或許莫過於我們區隔化（compartmentalization）的能力……腦中存在許多房間，有些房間比較不為人所知，甚至不為本人所知。」

江湖醫術——電磁療法

西元一九一〇年

自古以來，人面對疾病，有時懷抱希望，有時拒絕接受。過去一百五十年間，臨床醫療採用科學方法設計並檢驗各類療法，以對抗各式各樣的疾病。因此，戰勝疾病的希望大幅增加，治療效果也愈來愈好，且至少使人類能夠更理性看待自己治癒的希望。然而，事情並非總是如此。

我們必須承認，現代醫療的起源其實就是江湖術士：在完全不了解病因、

《科學人》雜誌對亞伯特．艾布拉姆斯的療法展開詳盡調查，並於一九二四年九月公布結果，宣布療法「毫無價值」。然而，艾布拉姆斯早就在八個月前逝世，留下二百萬美元資產，其主要所得來源就是電子反應設備的租金。

不了解如何改善症狀的情狂下，企圖為病患提供治療。自古以來，人類便企圖透過攝取有毒——有時候甚至致命——的物質來緩和疾病，並使用顱骨穿孔術、放血療法、水蛭療法等招數治病。

這些療法的療效完全來自盲目的信心（最初應該源自絕望），以及傳統習俗的加持。許多「療法」弊大於利，因此，西元前五世紀出現的希波克拉底誓詞（Hippocratic Oath）中，首要的原則就是：「第一，不要造成傷害。」

十九世紀的進展改變了這一切。科學知識發展蓬勃，科技應用開始影響平民百姓的生活。現在，科技使人類能有限度掌控自己的健康狀況，這是古人做夢都想不到的進展。

諷刺的是，新科技雖使主流醫學脫離江湖醫術的階段，但也導致許多人開始相信「奇蹟」科

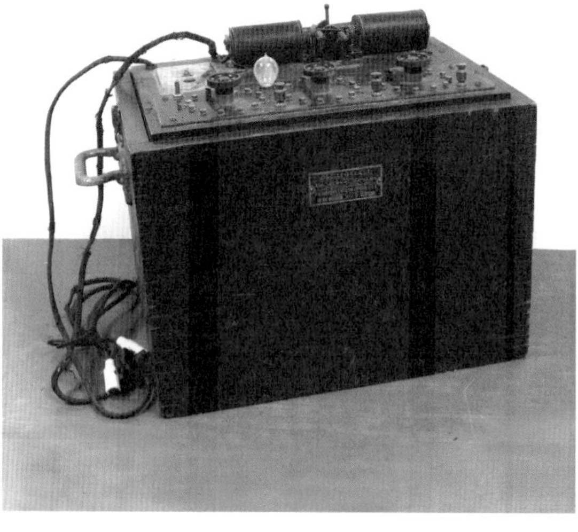

活力儀的外觀類似收音機。艾布拉姆斯宣稱儀器靠一滴血，或甚至是患者的字跡，就可以診斷所有已知疾病。

技，尤其是使用電力的科技，讓騙子有機可乘。各式各樣無法無天的假療法開始出現，而且時而受到有強大醫學資歷的人士背書，以增加公信力。

許多人開始利用這些新機會。其中，最狡猾的人之一就是加州醫師亞伯特・艾布拉姆斯（Albert Abrams）。他自舊金山的醫學院畢業後，前往德國海德堡大學醫學院就讀，並於一八八二年取得學位。長得一表人才，散發權威的氣息，艾布拉姆斯起初從事正統醫學，職涯發展飛黃騰達，一八九三年當上舊金山內外科醫學會主席，年僅三十歲。然而，到了一九一〇年，艾布拉姆斯已背離正軌，從事離經叛道的醫療行為，並藉此發大財。

艾布拉姆斯簡直預言了一百年後網路將會實現線上遠距診斷，他在第一次世界大戰期間發明一台叫做「活力儀」（Dynomizer）的診斷儀器。這台儀器使用的技術，發明者自稱為「艾布拉姆斯電子反應」（Electronic Reactions of Abrams，簡稱 ERA），其中自我宣傳的意味不言而喻。據稱，只要有一滴血，無論新鮮與否，儀器便診斷任何疾患。也就是說，病患和醫生之間可以透過郵寄來進行診斷。這台儀器的診斷結果通常都很嚴重，包含癌症、糖尿病，以及梅毒。更厲害的是，艾布拉姆斯發現儀器也能透過字跡進行同樣的診斷，並藉此診斷出塞繆爾・詹森、艾德加・艾倫・坡、及奧斯卡・王爾德等著名文學家患有梅毒。

如此強大的科技必定產生大量需求，但神奇的是竟然沒什麼人探究儀器的運作原理。艾布拉姆斯抓住新興市場的契機，藉此賺進大筆財富。活力儀操作員訓練一次收費二百美元（相當於今日三千美元），儀器租賃費用則是二百美元加上月租費——並以保護脆弱的內部結構為由，規定使用者不得打開儀器外殼。

不久後，艾布拉姆斯發明另一台機器，並取名為「震盪

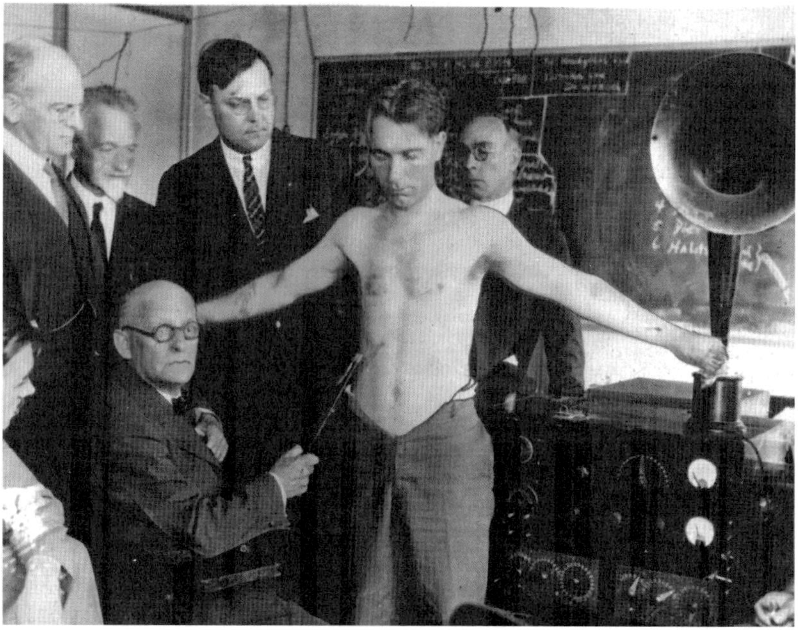

病人的一滴血被滴進「活力儀」裡面。艾布拉姆斯會輕拍病人的腹部，病人必須光著上身面向西方。他聲稱，通過聆聽患者體內發出的聲音，他能夠診斷出病人的疾病。

儀」（Oscilloclast）。活力儀負責診斷疾病，震盪儀則負責治療疾病。據稱，這台儀器為病患施加「震盪頻率」和疾病相當的電流，以達到治療效果。根據傳聞，一九二一年美國共有三千五百名「電磁治療」（Radionics）師，接受「治療」的病患達數萬名。

這種診斷和治療完全沒有科學根據，但一直到一九二三年才遇到重大投訴。有一位癌症末期的老先生向從事艾布拉姆斯療法的治療師尋求治療，治療師則向病患保證能痊癒。結果，病患一個月後逝世，家屬憤怒至極。同時，有群科學家將震盪儀拆開來檢驗，發現內部只有一堆無意義的零件和線路。

事情一發不可收拾。然而，追究行動開始之前，艾布拉姆斯就死於肺炎，留下價值數百萬美元的資產。他死前，法院已在審理若干起詐騙訴訟，《科學人》（Scientific American）雜誌也啟動徹底調查，調查結果在艾布拉姆斯死後不久公布，證明其療法無效。一九二四年三月揭露一名「艾布拉姆斯電子反應」診斷師無法正確診斷六件送去的樣本後，該雜誌給予最後一擊：「權威人士密立根教授（Professor Millikan）大概是全美電子學領域中最偉大的物理學家，他對艾布拉姆斯的儀器進行調查後發現，儀器完全沒有任何科學根據……艾布拉姆斯電子反應的宣稱簡直荒唐透頂。」

即便如此，還是有人表態支持艾布拉姆斯以及他的爛機器。參與揭發黑幕運動

（Muckraking）的小說家厄普頓・辛克萊（Upton Sinclair）在一九二六年版的《生命之書》（The Book of Life）中，竟然特別為艾布拉姆斯辯解。此時，騙局早已揭發，且辛克萊也不是容易上當之人，那麼為何他會替艾布拉姆斯說話呢？其中的原因就和人性一樣神秘。有些事情好到無法置信，有些事情則顯然好到不得不信。

傳說起源——六幅蒙娜麗莎

西元一九一一年

李奧納多・達文西的《蒙娜麗莎》是全世界最著名的文藝復興畫作，其知名度遠遠超過其他作品，是巴黎羅浮宮的鎮館之寶。然而，現在的參觀者很難好好欣賞這幅畫。藝術愛好者被紅龍遠遠隔開，只能從遠處欣賞畫作，而且四周人山人海，遊客人手一支手機不斷拍攝，要仔細欣賞畫作並不容易。達文西的另一

政府人員在佛羅倫斯檢查失而復得的《蒙娜麗莎》。

幅畫作《聖母子與聖安妮》就陳列在隔壁，賞畫環境還算清幽，但《蒙娜麗莎》的展廳簡直萬頭攢動，能看上一眼畫作就算幸運無比。光是賞畫就困難重重，更不要說偷畫：《蒙娜麗莎》受到電子系統層層保護，警衛全天巡邏，要偷竊這幅畫可說是難如登天。

從前的維安措施沒有如此嚴格。一九一一年八月二十二日中午左右，博物館員工發現展示牆上的《蒙娜麗莎》不見了，簡直嚇壞，趕緊通報館方。羅浮宮立即封館，並展開地毯式搜索。在樓梯間找到《蒙娜麗莎》的畫框。法國各港口全數封港，東部陸地邊界完全關閉，並對所有人員車輛實施離境檢驗。然而，畫作並沒有找到。當局慌忙展開調查，甚至還一度判斷詩人紀堯姆・阿波利奈爾（Guillaume

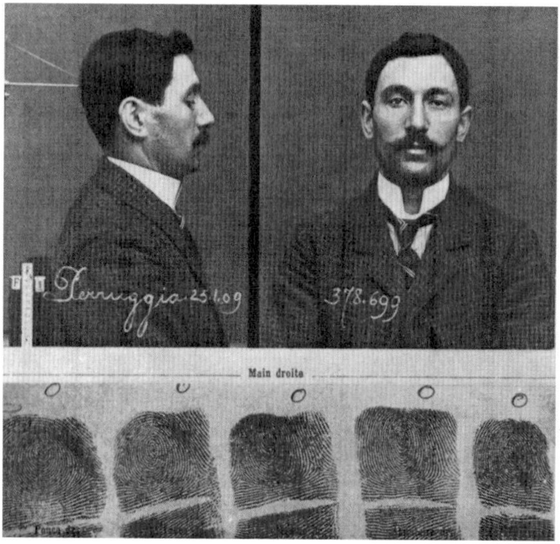

文森佐・佩魯賈將《蒙娜麗莎》夾在腋下走出羅浮宮後，警方展開大規模搜查。巴勃羅・畢卡索曾一度遭到警方懷疑。兩年後，佩魯賈帶著《蒙娜麗莎》走進佛羅倫斯的烏菲茲美術館（Uffizi Gallery），滿心希望能被擁戴為國家英雄。結果，他遭到逮捕並判刑一年，服刑七個月後出獄。

Apollinaire）與當時還年輕、尚未成名的畫家巴勃羅・畢卡索（Pablo Picasso）。後來，調查後無結果，只留下各種離奇的謠言：有人說微笑女士的畫像藏在俄羅斯，有人說藏在布朗克斯，甚至有人說倉在銀行家約翰・皮爾龐特・摩根（J. P. Morgan）的家裡。

兩年後，羅浮宮接到一位佛羅倫斯藝術品商人的通報，說有名竊賊向他販賣《蒙娜麗莎》。這名竊賊是義大利畫家文森佐・佩魯賈（Vincenzo Peruggia），他曾在羅浮宮工作，參與館藏傑作的保護計畫。

據稱，佩魯賈告訴警方，畫作遭竊的那天是星期一，是羅浮宮的休館日，並沒有對外開放，他早上穿著工作服進入羅浮宮，然後立即前往《蒙娜麗莎》展廳，將畫作取下，拿出畫框，捲起來藏在工作服裡，然後夾在腋下帶出場。尚有另一個說法是佩魯賈在館內躲藏了一晚。無論如何，這場竊案顯然輕而易舉。

佩魯賈偷畫的動機不明。他告訴警方，《蒙娜麗莎》源於他的母國義大利，後來遭到拿破崙洗劫掠奪，才會淪落法國，因此他想要把畫作帶回義大利——史實記載，拿破崙的軍隊入侵各國時的確曾掠奪各國藝術珍品。

這套說法佩魯賈可能自己相信，但仍不符合史實，因為把《蒙娜麗莎》帶到法國的人正是達文西自己。一五〇三年，達文西成為法國國王法蘭索瓦一世（François I）的宮廷畫家，並帶著未完成的《蒙娜麗莎》前往法國。一五一九年，達文西逝世於羅亞爾河谷的城堡後，王室合法收購《蒙娜麗莎》並將其納入王室收藏。

因此，竊案會出現不同版本的報導，也就不怎麼意外。一九三二年，《星期六晚郵報》（The Saturday Evening Post）記者卡爾・戴克（Karl Decker）撰寫文章，講述一則完全不同的版本。戴克說，有位自稱愛德華多・德・瓦爾菲爾諾侯爵（Eduardo, Marqués de Valfierno）阿根廷騙子告訴他，自己是佩魯賈偷竊《蒙娜麗莎》行動背後的主使者，而且已將畫作販賣六次！

瓦爾菲爾諾的計畫非常精細。他雇請手法高超的偽造師，能精準複製任何贓畫。達文西在《蒙娜麗莎》上薄塗的數層罩染，他都能複製到位。根據戴克的報導，瓦爾菲爾諾曾在多個場合販賣複製品，並在進行竊盜之前用複製品來提升潛在買家的信心，使他們相信自己會在竊案發生後買到真跡。

瓦爾菲爾諾會帶著受害者參觀藝廊，然後請受害者偷偷在自己預定要偷竊的畫作背後留下記號。不久後，瓦爾菲爾諾就會把帶有記號的畫作賣給受害者，並宣稱這就是從藝廊偷來的真跡，而藝廊現在展出的則是贗品。

其實，瓦爾菲爾諾是在藝廊的真跡後面舖上贗品，待受害人做記號之後，便將贗品取下。他說這種銷售手法非常管用，在偷竊《蒙娜麗莎》之前，他就已經獲得六張訂單了。下訂者是六名不同的美國人，竊案發生後他們還真的全都收到一副《蒙娜麗莎》。

這些贗品是在竊案之前就走私進美國，畢竟那時沒有人會去注意。竊案傳開後，其知名度正好提升贗品的可信度，使受害者認為贗品就是遭竊的真跡。瓦爾菲爾諾便把贗品賣給受害者，賺進大把鈔票。

瓦爾菲爾諾說，計畫遇到最大的問題就是佩魯賈。佩魯賈私吞竊來的《蒙娜麗莎》，並將畫作帶至義大利。被捕後，佩

Why and How the Mona Lisa Was Stolen

By KARL DECKER

一九三二年六月二十五日《星期六晚郵報》刊登卡爾・戴克的報導，稱《蒙娜麗莎》竊案背後的主使者是神秘的愛德華多・德・瓦爾菲爾諾侯爵，他複製了六件《蒙娜麗莎》贗品，並全數賣出。這份報導純屬捏造。

魯賈不能供出瓦爾菲爾諾，因為這樣以來他標榜「愛國竊賊」的故事便會破功，因此故事背後的真相仍然沒有揭露。同理，《蒙娜麗莎》的真跡返還羅浮宮後，瓦爾菲爾諾的買家會認為那其實是贗品。無論如何，買家也無法提出申訴。

戴克報導瓦爾菲爾諾意想不到的詭計後引發轟動。不久後，大家都普遍接受這就是《蒙娜麗莎》竊案背後的真相。這或許一點也不意外，畢竟佩魯賈的說法過於平庸，配不上這幅文藝復興藝術傑作。相較之下，瓦爾菲爾諾的版本比較炫麗，普遍為大眾相信，並流傳後世，近期就有兩本書提到瓦爾菲爾諾的手法。

然而，戴克在《星期六晚郵報》上的報導仍有諸多疑點。目前沒有人能證明瓦爾菲爾諾真有其人（雖然可以在 Google 上搜尋到一張他的照片）。整個事件唯一能確定的是佩魯賈的所為。究竟，瓦爾菲爾諾是否說謊？還是戴克揑造了瓦爾菲爾諾這個虛構人物，並發表假報導？無論如何，今日羅浮宮展出的《蒙娜麗莎》應該是真跡。

真假音樂——佛里茲·克萊斯勒

西元一九一三年

音樂的歷史悠久，幾乎可以說有人類以來就有音樂。目前已知最古老的樂器，是德國一處冰河時期洞窟出土的禿鷹骨笛。這只笛子有四萬年歷史，證明人

佛里茲·克萊斯勒受公認為史上最偉大的小提琴演奏家。他演奏音調圓潤悅耳，且樂句切分細膩，一聽就知道是他在拉琴。他一九二〇年代和柏林國立歌劇管弦合作演奏的貝多芬、孟德爾頌和布拉姆斯是公認的生平巔峰。他以自己名義所寫的曲子中，最著名的兩首是〈愛之喜〉與同系列的〈愛之悲〉。

類至少自舊石器時代就在創造音樂。然而，音樂的源頭絕對比這更早。

綜觀其悠久歷史，音樂領域中行騙的機會少之又少——雖然假奏（faking）自古以來就是一種正當得體的演奏技巧。然而，錄音與錄影技術出現，使作曲家和演奏家能觸及大量聽眾後，一切都改變了。

此後，音樂界便充斥各式各樣的騙局，不過多數騙局的影響力微乎其微。十九世紀初，波蘭裔英國音樂家艾薩克・奈森（Isaac Nathan）發表一系列猶太會堂的傳統旋律，並謊稱這些旋律就是古代耶路撒冷所羅門聖殿裡演奏的音樂。由於他的說法太有說服力，就連詩人拜倫勳爵（Lord Byron）都為內森的曲調填詞。後來，內森為了拜倫的情婦卡羅林・蘭姆

一九九〇年，主唱法布・莫凡（Fab Morvan，左）及羅布・彼拉圖斯（Rob Pilatus，右）被踢爆根本沒有參與專輯演唱後，流行樂團米利瓦尼利的葛萊美獎遭收回。一九九八年回歸巡迴的前一晚，彼拉圖斯被人發現陳屍法蘭克福一間飯店房間，死因疑似是酒精及藥物過量。

女爵（Lady Caroline Lamb）而和別人展開決鬥，最後移民至澳洲，並在澳洲譜寫出史上第一部原住民歌劇，一八四七年在雪梨演出。

近年來著名度最大的音樂騙局，或許不是最值得關注的。有一個名叫米利瓦尼利（Milli Vanilli）的嘻哈放克二人組，他們的首張專輯便爆紅熱賣，但後來被發現他們根本就沒有參與專輯中的任何演唱，據稱是因為經理人堅持不讓他們唱。這場騙局並沒有造成實質傷害，曝光之後，專輯的葛萊美獎遭到撤回。最後，本事件以悲劇告終，其中一位音樂家在回歸巡迴演出前一晚用藥過量致死。

古典音樂圈也存在騙局。自二〇〇三年起，音樂界出現大量鋼琴彈奏錄音，據稱演奏者是默默無名且退休已久的英格蘭鋼琴家喬伊斯・哈托（Joyce Hatto）。錄音不斷出現，直到二〇〇八年哈托逝世為止，享年七十七歲。後來，這些錄音被踢爆其實是其他音樂家錄音的數位改編版。雖然哈托的丈夫堅稱自己的妻子對此騙局並不知情，但是難杜悠悠之口。

隨著音樂家成為高價商品，音樂家所使用的樂器之價值也水漲船高。二〇一二年，知名樂器商迪特馬・馬寇德（Dietmar Machold），原本人稱「史特拉迪瓦里琴先生」（Mr. Stradivarius），遭奧地利法院判處六年有期徒刑。馬寇德以六隻劣等小提琴假冒十八世紀義大利天才製琴師安東尼奧・史特拉迪瓦里（Antonio Stradivari）的作品，以超高價格賣出。此外，他還以客戶的樂器或是假冒的知名樂器為擔保，自銀行取得多筆鉅額貸款。

今日，史特拉迪瓦里製作的樂器最售價高能達一千萬美元（有些拍賣會曾一度開價四千五百萬美元）。因此，馬寇德自然也不是第一位偽造史特拉迪瓦里琴的人：今日擁有文件證明的史特拉迪瓦里樂器約計六百五十件（小提琴、中提琴、大提琴，以及一些豎琴），但自稱出自史特拉迪瓦里之手的樂器卻有數千件。

然而，音樂史上最親切的騙局——甚至可以說是史上最親切的騙局——乃是由二十世紀初期的奧地利小提琴家佛里茲・克萊斯勒（Fritz Kreisler）所為。克萊斯勒是一名音樂神童，小時候就曾訪美演出，但不久後卻幾乎放棄音樂，差點成為畫家。最終，他仍然重拾音樂，並於一八九九年凱旋回歸美國古典音樂界。他受到聽眾愛戴，而且竟然同時受樂評家以及音樂界同事的喜愛。

這位年輕有為的小提琴家不只想要演奏，更是想要作曲，但當時音樂界普遍認為年輕的演奏家演奏自創曲目並不得體。因此，自一九一三年起克萊斯勒開始「發現」孟德爾頌、帕加尼尼、韋瓦第及庫普蘭等作曲大師原本已散逸的作品，並演奏之。他自稱尋遍歐洲各座修道院圖書館，在灰塵覆蓋的館藏中找出早期音樂大師受遺忘的古老樂譜。

克萊斯勒幸運無比，數年來完全沒有人質疑這些發現的真實性。部分原因是這些曲子品質優良，而且很符合各個大師的風格，再加上克萊斯勒的演奏優美動人。雖然這些曲子全都出自克萊斯勒之手，但他確實是名副其實的作曲家及演奏家。大家都很

一九三五年，克萊斯勒承認以作曲大師大名義發表自己的作品，原本聲稱重新找到的早期作曲家作品，實則出自自己之手。然而，克萊斯勒名氣響亮，受人愛戴，輕而易舉挺過爭議。如斯所言：「名字變了，但價值不變。」

喜歡這些曲子，也很喜歡克萊斯勒的演奏。克萊斯勒遂成為當時演出價碼最高的小提琴家，單次出場收費達三千美元。

這種一系列的偶然發現，必定引人懷疑。一九三五年，《紐約時報》樂評家奧林・多恩斯（Olin Downes）下定決心尋找克萊斯勒的原稿，結果就讓真相曝光了。克萊斯勒馬上承認作假，不出所料引爆醜聞。但這起醜聞的本質是善良的。必定有人感到震驚，但不會有人感到恐怖。沒有人想看到克萊斯勒失勢，因為他為人親和，且作品優質。

克萊斯勒的作品非常好聽。他假冒他人名義的作品，至今常以連字號形式呈現（例：迪特斯多夫—克萊斯勒，詼諧曲「Dittersdorf-Kreisler, Sherzo」），且無論是假冒他人名義的作品，還是以自己名義發表的作品，至今仍是傑出小提琴家的演奏曲目。

偽行星科學——地平說與地空說

西元一九一四年

如果你在二十世紀初的星期天造訪伊利諾州錫安市（Zion, Illinois），請不要邊走邊吹口哨，且無論是否週日，也請不要抽菸、喝酒，或食用豬肉，不然的話錫安市警方會讓你吃盡苦頭，因為錫安市乃是由福音派基

西元前八世紀的巴比倫泥板地圖上，地表是平的。根據記載，到了西元前六世紀，薩摩斯的畢達哥拉斯（Pythagoras of Samos）與埃利亞的巴門尼德（Parmenides of Elea）兩位希臘哲學家已認為地表是球體。西元前三世紀，希臘數學家兼地理學家昔蘭尼的厄拉托西尼（Eratosthenes of Cyrene）計算地球的周長為二萬四千九百英里，和今日普遍接受的南北兩極子午線周長為之間只有四十英里的誤差。

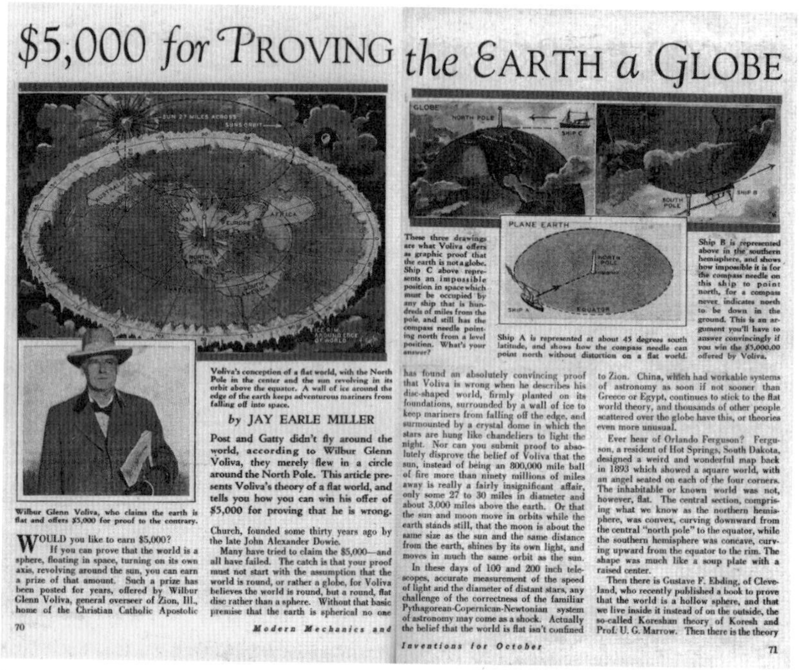

$5,000 for PROVING the EARTH a GLOBE

Voliva's conception of a flat world, with the North Pole in the center and the sun revolving in its orbit above the equator. A wall of ice around the edge of the earth keeps adventurous mariners from falling off into space.

Wilbur Glenn Voliva, who claims the earth is flat and offers $5,000 for proof to the contrary.

These three drawings are what Voliva offers as graphic proof that the earth is not a globe. Ship C above represents an impossible position in space which must be occupied by any ship that is hundreds of miles from the pole, and still has the compass needle pointing north from a level position. What's your answer?

Ship A is represented at about 45 degrees south latitude, and shows how the compass needle can point north without distortion on a flat world.

Ship B is represented above in the southern hemisphere, and shows how impossible it is for the compass needle on this ship to point north, for a compass never indicates north to be down in the ground. This is an argument you'll have to answer convincingly if you win the $5,000.00 offered by Voliva.

by JAY EARLE MILLER

Post and Gatty didn't fly around the world, according to Wilbur Glenn Voliva, they merely flew in a circle around the North Pole. This article presents Voliva's theory of a flat world, and tells you how you can win his offer of $5,000 for proving that he is wrong.

WOULD you like to earn $5,000?

If you can prove that the world is a sphere, floating in space, turning on its own axis, revolving around the sun, you can earn a prize of that amount. Such a prize has been posted for years, offered by Wilbur Glenn Voliva, general overseer of Zion, Ill., home of the Christian Catholic Apostolic Church, founded some thirty years ago by the late John Alexander Dowie.

Many have tried to claim the $5,000—and all have failed. The catch is that your proof must not start with the assumption that the world is round, or rather a globe, for Voliva believes the world is round, but a round, flat disc rather than a sphere. Without that basic premise that the earth is spherical no one has found an absolutely convincing proof that Voliva is wrong when he describes his disc-shaped world, firmly planted on its foundations, surrounded by a wall of ice to keep mariners from falling off the edge, and surmounted by a crystal dome in which the stars are hung like chandeliers to light the night. Nor can you submit proof to absolutely disprove the belief of Voliva that the sun, instead of being an 800,000 mile ball of fire more than ninety millions of miles away is really a fairly insignificant affair, only some 27 to 30 miles in diameter and about 3,000 miles above the earth. Or that the sun and moon move in orbits while the earth stands still, that the moon is about the same size as the sun and the same distance from the earth, shines by its own light, and moves in much the same orbit as the sun.

In these days of 100 and 200 inch telescopes, accurate measurement of the speed of light and the diameter of distant stars, any challenge of the correctness of the familiar Pythagorean-Copernican-Newtonian system of astronomy may come as a shock. Actually the belief that the world is flat isn't confined to Zion. China, which had workable systems of astronomy as soon if not sooner than Greece or Egypt, continues to stick to the flat world theory, and thousands of other people scattered over the globe have this, or theories even more unusual.

Ever hear of Orlando Ferguson? Ferguson, a resident of Hot Springs, South Dakota, designed a weird and wonderful map back in 1893 which showed a square world, with an angel seated on each of the four corners. The inhabitable or known world was not, however, flat. The central section, comprising what we know as the northern hemisphere, was convex, curving downward from the central "north pole" to the equator, while the southern hemisphere was concave, curving upward from the equator to the rim. The shape was much like a soup plate with a raised center.

Then there is Gustave F. Ebding, of Cleveland, who recently published a book to prove that the world is a hollow sphere, and that we live inside it instead of on the outside, the so-called Koreshan theory of Koresh and Prof. U. G. Marrow. Then there is the theory

70 *Modern Mechanics and Inventions for October* 71

福音派基要人士威爾伯・格倫・沃利瓦以自己對《聖經》的字義解釋為基礎，推導出地平論。他們這類人士尤其喜歡《以賽亞書》十一章十二節及《啓示錄》七章一節。這兩節經文皆提到「地的四極」。

要人士威爾伯・格倫・沃利瓦（Wilbur Glenn Voliva）鐵腕統治。

但如果你想要賺五千美元，錫安市正好有好機會。只要向古怪的市長證明地表不是平的，就可以賺進這一大筆錢。其實，亞理斯多德早在二千五百年前就證明地球不是平的，而且絕大多數人也都相信。亞理斯多德說，船隻向天際線航行，其桅杆會慢慢從視線消失；

不同緯度看到的星星不同；月蝕時，地球印在月球上的陰影呈圓弧狀。對正常人而言，這些證據應該足以證明地球是圓的。

但事實並非如此。很可惜，這些證據皆效力不足。問題在於，我們不能先入為主假定地球是圓的。這假設一旦消失，我們其實難以推翻沃利瓦的主張，證明地球不是一個扁狀圓盤，四周有冰牆環繞，

十七世紀德國博學家阿塔納奇歐斯・基爾學（Athanasius Kircher）認為，潮汐形成的原因是水從地下海洋流進流出。他在著作《地下世界》（Mundus Subterraneus）中詳細講述自己的地質學研究，並輔以精細的插圖。上圖就是基爾學的地球模型，內部有火焰。

以防止船隻掉落邊緣。市長主張，如果地表是圓的，位在南極點的船隻上的羅盤應該要指向地心才對，但事實並非如此。當然，南極點位在內陸，但根據沃利瓦的世界觀，船只要持續順著同一個羅盤方位前進，必終將回到原點；除非船隻偏離航道，否則根本無需冰牆保護。

一九三一年，《現代機械與發明》（Modern Mechanics and Inventions）雜誌對沃利瓦的的理論展開徹底調查，並研究潛在的反駁論點。調查結論是：沃利瓦的獎金「可能永遠也發不出去，除非未來有太空旅人…將飛船停泊在距離地球數千英里外的太空中，並把地球繞著地軸自轉的動態拍攝為影片。」幸好，現在已經有人做到了，但很可惜，獎金無法領取，因為提供獎金的人早已破產，並在一九四二年逝世。

然而，即便如此還是有人不相信地表是圓的。二〇一六年，《衛報》報導，饒舌歌手 BoB 在推特上大肆宣揚地平說。這位歌手說，雖然一開始他不願意相信，但「看到一切證據後，沒有辦法無視真相」。無論如何。我們的同事天文物理學家奈爾・德・葛拉司・泰森（Neil deGrasse Tyson）向 BoB 保證：「雖然你的邏輯推理落後我們五百年，但我們還是可以喜歡你的音樂」。

雖然近年沒有調查，但《衛報》宣稱地平說「近年在美國的支持者愈來愈多」。

我們由衷希望，現代地空論的支持者沒有像地平論一樣增加。其實，地空論者的歷史比地平論者值得尊敬。

根據現代地質學，我們的行星是一球體，其構造為層層同心圓圈，猶如洋蔥一般。地球的中心為一固態內核，主要由鐵和鎳組成，直徑約為一千二百公里。內核之外包覆著外核，其成分和內核類似，但較為液態，厚度約為二千二百五十公里。外

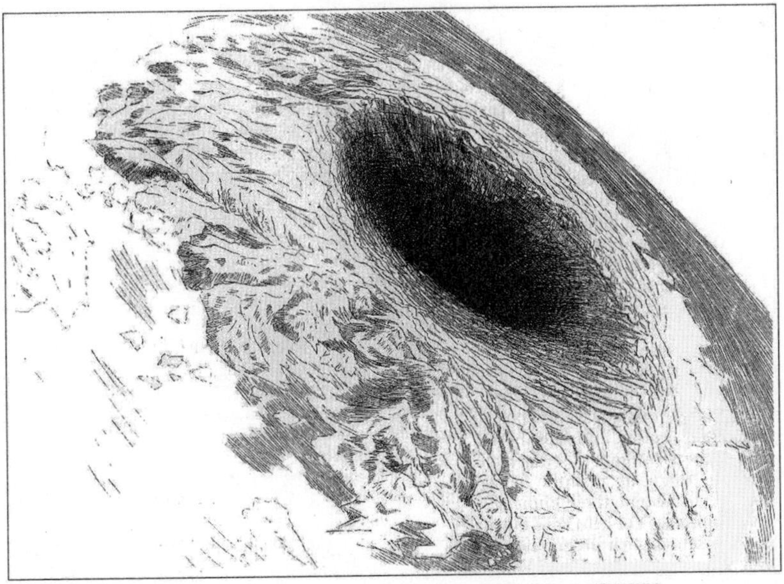

SYMMES'S HOLE, AS IT WOULD APPEAR TO A LUNARIAN WITH A TELESCOPE.

約翰・克里夫・西姆斯二世提出，極點的開口是地表通往地內的道路。一八二三年，他遊說美國國會贊助遠征隊前往北極找尋開口，但後來安德魯・傑克森總統上台後便終止這項計畫。

核之外為地函，其物質呈現半溶化狀態。地函分為兩層，總厚度約為二千九百公里。地函之外為地殼，其厚度隨地形變化。大陸地殼厚度約三十二公里，海洋地殼則較薄。

然而，十七世紀天文學家愛德蒙・哈雷（Edmond Halley，哈雷慧星就是以他命名；請見第十一章〈族裔身分的騙局〉）觀察到，地球磁場的變化略顯紊亂無章，逐年變動些許。今日，科學界普遍認為此乃源自地球內部熔鐵的流動，但是哈雷並不知道，因此他推論地球乃是由四層同心圓殼所組成，各層圓殼受重力牽引，圓殼旋轉時，磁場會互相干擾，而地殼其實是四層圓殼中最外層的一殼。

其實，此想法並非哈雷原創，但哈雷是首位從以撒・牛頓爵士近期發表的理論中推導出此理論的人。他認為人類腳下的地球有分層構造，至少這是正確的，但他猜測「地表之下的圓殼也能住人」，這顯然是錯的。

其他的地空論者更異想天開。許多科幻小說都把地球寫成中空的，且地殼之下很熱鬧。更甚者，希臘人的冥界觀其實就是地空說——地球表面之下是亡者居住的世界。近代，美國人約翰・克里夫・西姆斯二世（John Cleves Symmes Jr.）於一八一八年提出，地球在八百英里地殼之下是中空的，且北極點與南極點各有一個巨大開口。

他原本計畫組織遠征隊探索北極點，但安德魯・傑克森（Andrew Jackson）任職總統後取消了這項計畫的經費。

十九世紀中後期，近代煉金術士賽勒斯・蒂德（Cyrus Teed）提出，地球是中空的，人類其實居住在地球內部，而太陽、其他行星和其餘天體則位在地球的更裡面。蒂德（很巧，他自稱為救世主）建立了一個邪教柯勒善聯合會來推廣自己的古怪理論。如果以些許偽數學佐證，他的理論其實在原則上難以反駁。一八九四年，於佛羅里達州麥爾茲堡（Fort Myers）附近的埃斯特羅（Estero）建立新市鎮以供邪教信徒居住。

二十世紀，地空論經歷數次復興，絕大多數是導致聳動著作出版，而不是新市鎮建立。二十一世紀尚未出現地空論復興，但應該不久後就會出現。這些理論給我們的教訓是，只要有人想得到，就會有人相信。

假畫——是致敬，還是剝削？

西元一九三六年

雖然羅浮宮所展示的《蒙娜麗莎》應該是真跡（詳見第三十一章〈傳說起源〉），但世界各地博物館的展覽中，估計有數千張假畫。仿製藝術品就算不是全世界最古老的職業，也是屬一屬二歷史悠久的。羅馬雕塑家臨摹早期希臘雕像，而古典時期以降所有時期藝術家也同樣向羅馬藝術家致敬（詳見第十章〈文藝復興惡棍〉）。當然，並非所有的仿製品都是以欺騙為目的。其實，根據法律規定，模仿其他藝術家的風格並非犯罪行為。但如果是偽造畫作簽

《以馬忤斯的晚餐》是荷蘭偽畫師漢・凡・米格倫模仿維梅爾的作品，畫作公開後被譽為世紀最偉大的藝術發現。

名或偽造畫作文件，就是有犯罪意圖。

理所當然，最偉大的藝術品偽造師皆隱姓埋名：這些技法高超的藝術家從來沒有被抓包過，他們的畫作仍然以他人名義掛在博物館牆上展示。然而，有些藝術品偽造師的確有被識別出來，且甚至還因此出名，但他們偽造的畫作被發現，不是因為和偽造對象的風格差異太大（但有時候至少事後看來的確如此——這就引發一系列的問

埃爾米爾・德・霍里所偽造的亞美迪歐・莫迪利亞尼裸女畫。德・霍里偽造對象的畫作，今日動輒價值數千萬美元，甚至有的可以賣到數億美元，而德・霍里的偽畫在拍賣會上至多只能賣到兩萬美元——現在，市面上還能找得到偽造的德・霍里偽造畫。

題)，而是由於完全不相干的原因。

荷蘭畫家漢・凡・米格倫(Han van Meegeren)的故事，就是其中最著名的案件之一。凡・米格倫起初依循正統路線，於一九一〇年起就讀海牙皇家藝術學院(Royal Academy of Arts)，後從事肖像畫，大量借用十七世紀大師的技法，並以此受到肯定。但後來這類畫作失去流行，於是自一九三〇年代起，他開始運用自己的技巧來模仿早期荷蘭大師的風格，先是模仿弗蘭斯・哈爾斯(Frans Hals)，最終模仿到維梅爾(Vermeer)。

凡・米格倫精心複製古老的材料與技法，並使用自磨顏料及真實的十七世紀畫布來作畫。他的目標是要超越自己所臨摹的對象。最終，他畫出一幅假裝是維梅爾作品的畫作，題名為《以馬忤斯的晚餐》(The Supper at Emmaus)。這幅畫被「發現」後，不只一名重要專家將其譽為維梅爾大師的巔峰之作。

一直到一九四〇年代初德國佔領荷蘭後，凡・米格倫的偽造行為才曝光。佔領期間，他其中一件偽造畫作落入赫爾曼・戈林(Hermann Göring)之手。戰後，當局尋著畫作追查到凡・米格倫，並將其逮捕羈押，罪名是向敵軍販賣國寶。於是，凡・米格倫只好承認這幅畫其實是他所偽造的，並在法院指派之證人小組的面前，當場畫出另一幅「維梅爾」畫作，因而脫罪。如果沒有這件插曲，誰知道他的偽造畫作在今日會受到何等看待？

二十世紀另一位偉大的藝術品偽造師，不只偽造畫作，更是偽造自己的身份。艾里米・亞伯特・霍夫曼（Elemér Albert Hoffmann）生於一九〇六年，父母是布達佩斯的中產階級。他絕大半生化名為埃爾米爾・德・霍里（Elmyr de Hory），並自稱是匈牙利銀行家族的子弟，宣稱自己的家族擁有大規模私人藝術品收藏，但現在必須賣出。

德・霍里接受具象藝術訓練時，市場趨勢正轉向非傳統的藝術。為了賺取更多生活費，他不久後便開始模仿

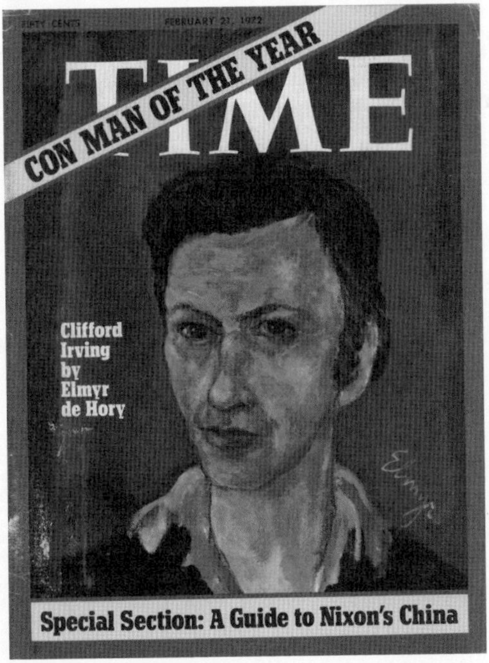

克利福德・歐文的暢銷傳記《假作！當今最偉大的藝術品偽造師埃爾米爾・德・霍里》出版後，埃爾米爾・德・霍里的偽畫獲得不少名氣。後來，歐文假冒隱居孤僻的霍華・休斯，撰寫一部偽自傳。騙局曝光後，歐文遭判處有期徒刑二年六個月。後來，歐文把這場惡作劇寫成一本書，名為《騙局》（The Hoax）。這部書還曾改編成電影，由李察・吉爾（Richard Gere）主演。

著名藝術家的風格，首位模仿對象是畢卡索。後來，他堅稱自己從來沒有在任何仿畫上偽造簽名，但他必定曾和一些無良藝術品商合作，而這些藝術品商就曾偽造簽名。他巡迴世界，到處作畫，並到處販賣畢卡索、莫迪利亞尼（Modigliani）、馬蒂斯（Matisse）和雷諾瓦（Renoir）風格的畫作，直到一九四〇年代末，他的欺詐行為終於被曝光，並引來聯邦調查局的關切。

隨著愈來愈多偽作遭到曝光，德．霍里在江湖逐漸聞名。後來，他與克利福德．歐文（Clifford Irving）合作撰寫一部傳記，題名為《假作！當今最偉大的藝術品偽造師埃爾米爾．德．霍里》（Fake! The Story of Elmyr de Hory, the Greatest Art Forger of Our Time），並在一九六九年出版。說來諷刺，歐文後來因為偽造霍華．休斯（Howard Hughes）的「自傳」而聞名。

一九七六年，德．霍里居住在西班牙伊微沙島（Ibiza），並積極作畫。他接獲消息，知道自己即將因為詐騙罪名被引渡至法國面臨審判。於是，他吞安眠藥自殺。但是後來歐文指控德．霍里其實是詐死。

終其一生，德．霍里一直很氣餒，自己明明也是一位創作畫家，但卻只能寄畫於他人名下才能賣畫賺錢（今日，即使德．霍里惡名昭彰，他模仿莫迪利亞尼的畫作只能賣到兩萬美元，但莫迪利亞尼真跡卻可以賣到一億七千萬美元）。然而，他安慰自己：「如果我的作品在博物館掛得夠久，就有機會變成真的。」

這層思考引發一些難題。如果就連專家都無法分辨偽造品與真跡（雖然沒有感情的現代科學儀器或許可以），那兩者的差異究竟何在？其實，答案不在於畫作的本質，而在人類追求公平的天性。

追求公平的本性根深蒂固於人類的生物遺傳。這份天性不只人科的近親共有，就連捲尾猴也擁有。直覺上，我們知道不能歪曲事實，因此我們面對明知是假造的東西，無論其實際特質，便會拒絕。捲尾猴也是如此。捲尾猴通常看到小黃瓜就會很開心地吃下去，但如果旁邊的猴子得到更好吃的葡萄——這就是不公平——捲尾猴便會拒絕小黃瓜。

維多利亞與亞伯特博物館（Victoria and Albert Museum）前館長馬克・瓊斯（Mark Jones）曾說：「偽造品很可憐，世人只會論以偽造的對象論之，而不會珍視作品本身的價值。」

辯證生物學——李森科主義之禍

西元一九三八年

演化思維起源於十九世紀初，科學家發現化石紀錄了生命演變的確切證據。法國人尚・巴蒂斯特・拉馬克（Jean Baptiste Lamarck）是首位以嚴謹邏輯解釋這項事實的科學家。為了解釋他在化石中所觀察到的演變，拉馬克在一八〇九年的著作《動物哲學》（Philosophie Zoologique）中，採用一則當時學界普遍接受的理論：生物個體可以將後天形成的特徵傳給後代。例如，此理論認

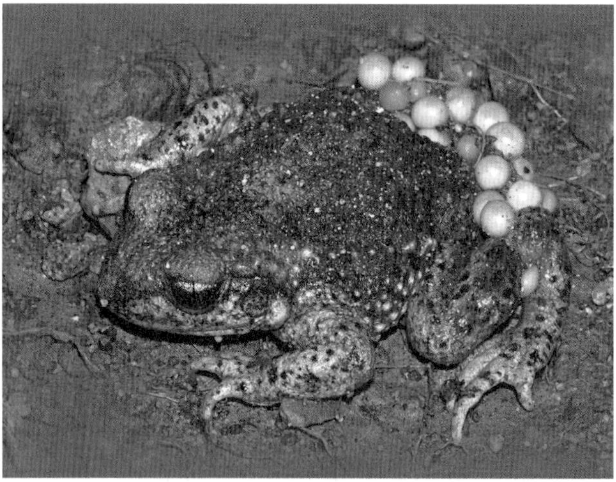

上圖為雄性歐洲產婆蟾。野生歐洲產婆蟾在陸地上交配。維也納生物學家保羅・卡梅勒認為，生物個體可以將一生後天獲得的特徵遺傳給下一代。在實驗室中，卡梅勒使歐洲產婆蟾在水中交配，並宣稱僅僅兩代後，實驗室內雄性蟾蜍的後腿長出黑色的「婚墊」。

為，長頸鹿的頸部如此長，乃是後天逐漸形成的特徵，每一代都將頸部拉長些許，以吃到更高的樹木。

拉馬克對於演化的概念大概正確，但他對演化機制的想法簡直錯得離譜。然而，一直到一九〇〇年，現代遺傳科學才再次取得進展。三組研究團隊各自「重新發現」三十四年前捷克僧侶葛雷格·孟德爾（Gregor Mendel）在鮮為人知的日記中記錄下遺傳的規則。

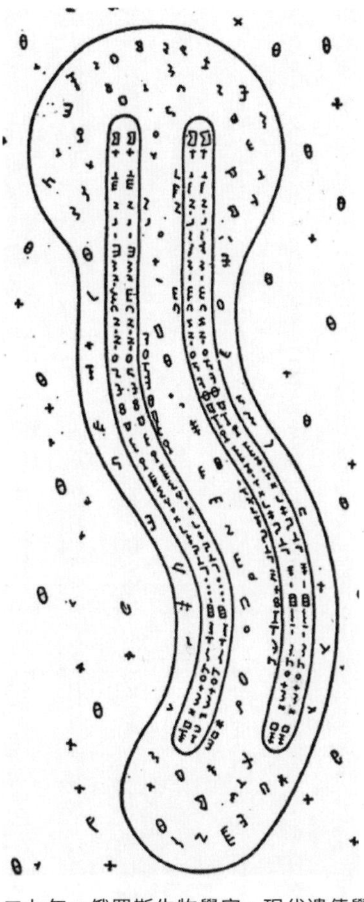

一九二七年，俄羅斯生物學家、現代遺傳學先驅尼古拉·科爾佐夫提出猜測，生物特徵乃是透過「鏡像雙股結構的巨大遺傳分子」進行遺傳，如上圖所示。這項觀察頗有先見之明。二十五年後，詹姆士·華生（James Watson）及法蘭西斯·克里克（Francis Click）發表去氧核醣核酸的雙螺旋結構模型，印證了科爾佐夫的推測。一九三九年，李森科及其支持者譴責科爾佐夫散佈「法西斯主義的種族理論」。隔年，科爾佐夫逝世，據說死因是遭到內務人民委員部（NKVD）下毒。

孟德爾的主要理論是，上一代的特徵並不會「混合」（blend）進後代，而是透過粒子代代相傳。二十世紀初的重大發現就是代間變異的起因乃是隨機的「突變」——今日我們知道，突變源自去氧核醣核酸（DNA）的自發變異。此遺傳理論後來受採納進「新演化綜論」（new evolutionary synthesis），而此總論在二十世紀中成為現代演化論的基礎。

然而，一九〇五至一九一〇年間，在維也納大學（University of Vienna）遺傳學家保羅・卡梅勒（Paul Kammerer）的實驗室中，早期遺傳學經歷了一段極度不愉快的事件。歐洲產婆蟾（Common midwife toad）通常在陸地上繁殖，但卡梅勒在實驗室中使歐洲產婆蟾在水中繁殖，並宣稱蟾蜍在短短兩代後，後腿就發展出黑色的「婚墊」（nuptial pads），以在交配時抓緊溼滑的配偶。卡梅勒認為，這項變異支持拉馬克的理論：變異乃是個體一生所後天累積的新特徵。

一九二六年，美國自然歷史博物館（American Museum of Natural History）的格拉德溫・金斯利・諾布爾（Gladwyn Kingsley Noble）證明，實驗中的蟾蜍之所以出現「婚墊」，乃是受到注射印度墨刺激。結果，卡梅勒舉槍自戕而亡。雖然他宣稱自己受人欺騙，但他究竟是騙子本人，抑或真的是受害者，至今仍然不明。

特羅菲姆・李森科（左）於一九三五年在克林姆林宮演講。史達林（右一）率先起立大聲稱讚：「太棒了！李森科同志，太棒了！」中間左至右分別為：斯塔尼斯拉夫・科西奧爾（Stanislav Kosior）、阿納斯塔斯・米高揚（Anastas Mikoyan）、安德烈・安德烈耶夫（Andrey Andreyev）。科西奧爾強迫執行集體化，是一九三二年至一九三三年烏克蘭發生大饑荒的主因。一九三九年史達林進行大清洗時，下令將他處死。當時，科西奧爾是烏克蘭共產黨的第一書記。繼任他的是尼基塔・赫魯雪夫。赫魯雪夫後來繼任史達林成為蘇聯領導人，但在一九六四年遭到推翻，部分原因是他持續支持李森科。

卡梅勒的命運雖然很適合作為悲劇的題材，但完全比不上俄羅斯在一九二五年至一九六五年間發生的事情。遺傳學萌芽時期，俄羅斯是遺傳學的早期創新重鎮。早在一九三四年，俄羅斯科學家尼古拉・科爾佐夫（Nikolai Koltsov）就已猜測生物特徵乃是透過「巨大遺傳分子」進行遺傳，而此分子為「鏡像雙股結構，複製時……使用各股做為模板」。一九五〇年代初，華生—克里克（Watson-Crick）發現去氧核醣核酸的結構，引發基因體學革命。俄羅斯的科爾佐夫早在近二十年前就預測到了。

百家爭鳴的環境能滋養科學進展。一九二〇至一九三〇年代的俄羅斯，遺傳學分成兩派：孟德爾陣營，及拉馬克陣營。兩派爭論不休，互別苗頭。接著，悲劇發生了。植物育種家特羅菲姆・李森科（Trofim Lysenko）浮上檯面。出身平民的他謊稱研發出一套低溫處理法，能縮短小麥種植至收穫的時間。當時蘇聯在進行農場集體化，因而導致蘇聯農業部門效率低落，所以這套技術特別受政府重視，李森科也因此深受政府信任。悲劇的是，李森科積極提倡類似拉馬克的遺傳理論。

時至一九三八年，精明狡滑又魅力十足的李森科已成為全蘇列寧農業科學院（Lenin All-Union Academy of Agricultural Sciences）院長，後來更是取代尼古拉・瓦維洛夫（Nikolai Vavilov）成為蘇聯科學院遺傳學院（USSR Academy of Sciences' Institute of Genetics）院長。李森科的崛起受到約瑟夫・史達林的支持。史達林是拉馬克理論的死忠支持者。據說，史達林晚年唯一的身體活動就是在鄉間別墅旁的溫室進行植物變造實驗。他曾推廣在克里米亞種植檸檬樹，但樹木皆受不了寒冷而凍死，後來他又推廣在裏海附近乾燥又含鹽的平原上種植橡樹等落葉植物，冀望植物能適應當地環境，但仍然以失敗收場。

李森科自己從來沒有提出任何邏輯嚴謹的遺傳理論，但他仍以政府的力量系統性壓制俄羅斯境內對於主流（非拉馬克）遺傳理論的研究。無數遺傳學家及演化學家遭到監禁、處決、或被消失；官方紀錄及教科書也抹去他們的研究。科爾佐夫成為當局整肅的目標，並於一九四〇年離奇死亡，據說是遭到秘密警察下毒。瓦維洛夫當年致力終結饑荒，並以此聞名，還曾創立全球最重要的種子銀行。一九四三年，他餓死獄中。

先後受史達林及尼基塔・赫魯雪夫（Nikkita Krushchev）的支持，李森科持續蹂躪蘇聯科學界，直到赫魯雪夫於一九六四年失勢。此後，李森科便退居高爾基・列寧斯基耶（Gorki Leninskiye）的實驗農場上，過著恬靜的生活，直至一九七六年自然死亡。然而，早在李森科逝世三十年前，美國傑出遺傳學家赫爾曼・約瑟夫・馬勒（Hermann J. Muller）就對李森科的所為提出最強烈的譴責與指控。馬勒的文章標題毫無保留：〈蘇聯科學的毀滅〉（The Destruction of Science in USSR）。文中，馬勒批評道：「對科學家而言，李森科的文章根本就是胡說八道。」

在百家爭鳴的環境中，各個理論互相競爭，傑出者得勝，而李森科完全經不起這種環境的考驗。他之所以成功，完全是因為他獲得政治領導人的支持。這些政治領導人不了解科學的原理，也不在乎科學的運作方式，但仍然鼓勵李森科殘害俄羅斯科學界，並留下永遠無法弭平的傷痕。今日的我們應將此教訓銘記在心。現在，科學有成為政治足球的風險，而科學家向眾議員或參議員尋求聯邦政府的支持，比參與全國競爭並接受同儕評價以爭取經費來得容易。

說來也許有點諷刺，近期有研究發現或許能解釋卡梅勒當初的實驗結果（但當然不是印度墨）。舉例來說，水蚤遇到獵食者時有可能會在頭部產生尖刺（難以下嚥）。尖刺的產生乃是受到獵食者釋放之化學訊號所刺激。接觸天敵會刺激水蚤的去氧核醣核酸發生變異，因而長出尖刺，所以這項特徵有可能遺傳給後代。

這類變異稱作表觀遺傳學（epigenetics），和拉馬克提出的機制完全無關，也和現行遺傳學原則不相違背。然而，洛倫・格拉漢姆（Loren Graham）於二〇一六年的著作《李森科的幽魂》（Lysenko's Ghost）中提到，此類變異受到無知的俄羅斯民族主義份子所利用，以證明偉大的俄羅斯科學家特羅菲姆・李森科乃是遭到強大的西方世界宣傳機器所打壓。又一次，俄羅斯科學似乎再次受到政客的威脅，以推廣自己的政治理念。今日俄羅斯，明日何處？

假屍體——「冒充者」

西元一九四三年

伊恩・蒙塔古（Ewen Montagu）於一九五三年出版一本標題難忘的著作：《冒充者》（The Man Who Never Was），講述一場偉大的騙局，而根據同一事件改編的同名電影於一九五六年上映。這場騙局或許是透過巧妙手段混淆敵軍的最著名案例。

一九四三年初，第二次世界大戰戰況難分軒輊，盟軍在北非的軍事行動尚未成功，但盟軍的決策高層已在考慮從非洲入侵南歐以夾擊德軍。此時德軍的補給線過長，一路

在這場精心策劃的騙局中，伊恩・蒙塔為虛構的軍官編造完整的人生故事，甚至還為他找了一位真實的未婚妻。這位軍官的屍體其實是一名食用老鼠藥而死的威爾斯流浪漢。

從北歐延伸至俄羅斯。

想當然爾，德軍也明白盟軍有可能採取此行動，且盟軍若要挺進歐陸，最有可能的路徑是透過西西里。當時，西西里名義上屬墨索里尼的法西斯黨統治，但實際上由德軍佔領。據稱，溫斯頓・邱吉爾曾說：「只要不是白痴都知道是西西里」。

然而，德軍在西西里的防禦工事完善，盟軍入侵西西里必定會損傷慘重。是否有方法能欺騙德軍，讓德軍以為盟軍的進攻點位在它處，因而轉移防禦資源？一年前發生的一樁事件讓盟軍想到一個機會。

一年前，有架盟軍飛機墜毀西班牙外海，機上英軍傳令兵的屍體被海浪沖上岸，且身上攜有機密文件。二戰中，西班牙名義上保持中立，但國內充斥德國間諜。西班牙政府後來將遺體及文件等物歸還英國政府，但盟軍懷疑這些文件已遭敵軍讀取。於是，盟軍便想：如果敵軍真的已讀取文件，且文件包含錯誤資訊，那該有多好？

隨著入侵歐陸的計畫持續發展，盟軍亟需將德軍的注意力從西西里轉開。英國情報機構透過其「二十委員會」（Twenty Committee, XX Committee，又稱雙十字委員會〔Double cross committee〕），指示前律師伊恩・蒙塔古及皇家空軍軍官查爾斯・查姆利（Charles Cholmondeley）（兩人皆擁有邱吉爾所謂的「螺旋開瓶器思維」〔corkscrew thinking」）想辦法利用空難死者的屍體將關於入侵計畫的假情報傳遞給德軍。

假情報的內容可說是偷天換日，主要包含一封英國最高指揮部寫給北非指揮高層的最高機密信函，上面寫著盟軍真正的入侵進攻點是薩丁尼亞及希臘，而對西西里的入侵準備（德軍必定已注意到）純粹只是欺騙德軍幌子，甚至還大膽寫著：「我們有高機會讓德軍以為我們將入侵西西里。」

這項行動的名稱實在很不吉利，叫做「肉餡行動」（Operation Mincemeat），起初

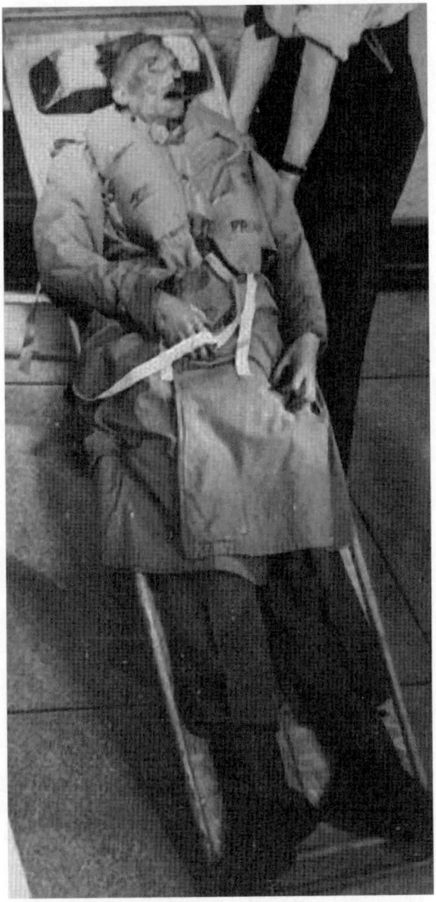

肉餡行動中的葛林多・麥克屍體。

就碰上一個問題：要找到一具未經解剖驗屍、且不受親友弔念的屍體。這絕非易事。多年來，大家普遍認為蒙塔古及查姆利使用的是受德軍攻擊的英國海軍船艦上的罹難者屍體，但後來史學家丹尼斯・史密斯（Denis Smyth）研究認為，他們用的乃是一名威爾斯的酗酒流浪漢的屍體，這位流浪漢名叫葛林多・麥克（Glyndwr Michael），他吞食老鼠藥後陳屍廢棄倉庫，享年三十四歲。他的遺體並沒受人領回，後由一名倫敦驗屍官提供給蒙塔古及查姆利，並冰凍起來等待使用時機。

若果真如此，蒙塔古及查姆利必定明白其中的風險巨大：麥克的屍體並沒有溺水的跡象，也沒有海上緊急迫降造成的創傷。然而，他們篤定西班牙的天主教官員不會對浮屍進行解剖驗屍，尤其是已有一定腐化程度的屍體，畢竟上一次的空難事件，西班牙官員就沒有進行驗屍。

儘管選屍體方面有點馬虎，蒙塔古及查姆利為此人精

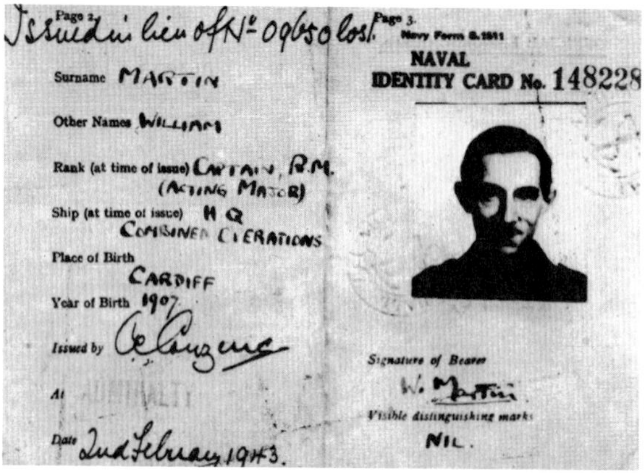

「威廉・馬丁少校」的海軍身分證明。蒙塔古還在屍體上放了其他假文件，把德軍騙得一塌糊塗，以為西西里不是英軍的主要目標。遭破譯的恩尼格瑪密碼機（Enigma）情報顯示，這些假作戰計劃被德軍一路上報至希特勒的總部。

心建立虛構的身分。屍體在一九四三年四月由英國潛艦在西班牙外海釋放，身著英國海軍陸戰隊作戰服，攜有海軍軍官「威廉・馬丁少校」（Major William Martin）的身分證明。他的身分文件含有合理缺陷（顯然忘記向聯合作戰司令部更新通行證），皮夾裡有各種「垃圾」，顯示他的社交生活及財務生活複雜，且在被沖刷至西班牙海岸的前幾日曾下榻倫敦的海軍與軍事俱樂部（Naval and Military Club）。馬丁少校的身分精心虛構，其完整程度史無前例。為了增加其完整性，倫敦《泰晤士報》（Times）還在六月四日發表訃聞。

文件裝在公務包中，公務包鍊在屍體的腰帶上，屍體在西班牙威爾瓦（Huelva）離岸一・六公里處釋放，旁邊還有一艘橡皮救生艇。不久，屍體就被捕撈沙丁魚的漁民打撈上岸，經西班牙政府草率檢驗後判斷為溺斃，並還給英國的海軍駐外武官。屍體身上的文件也一併歸還，但早就被德國人看過一遍了。複印的版本一路順著德軍指揮系統上繳至阿道夫・希特勒。

雖然有人不相信這些假文件，但是希特勒相信。英軍於七月九日進攻西西里時，德意志國防軍早已將主力轉移至薩丁尼亞及希臘，無法即時重新部署以抵擋入侵。盟軍以輕量損傷佔領西西里，並引發一連串事件，最終造成墨索里尼在同月垮台（但後來希特勒將其復位）。

然而，故事尚未結束。《冒充者》事件不只是雙重反詐，後來更是演變成三重反詐。一九四四年六月，盟軍登陸諾曼地後數日，一艘廢棄的盟軍登陸艇遭沖刷上岸，上面載有盟軍在該區域真實的機密作戰計劃，但希特勒認為這是盟軍故技重施，又是另一場「肉餡」式的行動，於是便忽視這些計畫。

虛構身份——庫爾勒・潘迪特

西元一九四八年

第二次世界大戰期間及戰後，美國年輕黑人音樂家的生活並不容易。畢竟在當時，小山米・戴維斯(Sammy Davis Jr.)可以在拉斯維加斯的邊境賭場（Frontier Casino）擔任主唱，但被禁止入住拉斯維加斯大道上的豪華酒店，只能下榻郊區的破爛寄宿住房。如果不是Rat Pack樂團的成員，面臨的挑戰必定更為嚴峻。

庫爾勒・潘迪特捏造自己的身份，所以算是一名騙子，但他從來就不是要從聽眾身上詐取任何東西。反之，他為聽眾帶來音樂，也就是「愛的普世語言」。

約翰・羅蘭・雷德（John Roland Redd）便面臨這樣的窘境。他於一九二一年出生密蘇里州聖路易市（St. Louis, Missouri，德雷德・史考特訴訟案的發生地，最終導致一八五七年最高法院判決非裔人士無論是自由人還是奴隸皆不能擁有美國公民權），父母是奴隸的後代。一歲時，隨家人搬至密蘇里州漢尼拔市（Hannibal），後又遷至密蘇里州哥倫比亞市。約翰・雷德天賦異稟，擅長彈奏鍵盤樂器，但年輕時就顯然感覺到自己的音樂生涯受到膚色（詳見第四十一章〈人種差異〉）的限制；一九三九年搬至洛杉磯後不久，他便將藝名改成胡安・羅蘭多（Juan Rolando），假冒為墨西哥裔音樂家，並因此獲得資格加入只接受白人的音樂家聯盟（Musician's Union）。

奇怪的是，與此同時，新出道的胡安竟然開始穿戴頭巾，且外型和一九三九年全黑人演出電影《午夜陰影》（Midnight Shadow）中主角所穿的類似，其妹法蘭西斯（Frances）曾參與這部電影的演出。這套頭巾變成為他終其一生的商標。一九四三年洛杉磯發生「阻特裝暴動」（Zoot Suit riots），等待前往太平洋戰場的白人軍人在街上隨即攻擊他們認為不愛國的拉丁裔人士，其中有些拉丁人喜歡穿著寬鬆的「阻特裝」。在這場暴動中，假冒墨西哥裔的雷德或許因為穿頭巾而倖免。

當時，胡安擔任加州貝克斯菲爾德（Bakersfield）廣播電台KPMC的風琴手，同時在好萊塢的全國廣播公司（NBC）兼職，並於一九四二年以獨立音樂家的身份發表首張蟲膠唱片錄音，題名為《Right as the Rain》。一九四四年，他娶妹妹以前的室友為妻，妻子是歐裔美國人，名叫貝爾・德比森（Beryl DeBeeson），在華特・迪士尼工作室擔任動畫師。由於當時的加州禁止跨種族婚姻，婚禮在墨西哥提華納市（Tijuana）舉辦。

似乎是出於妻子的建議，約翰／胡安再次改變身分，但這次他遠遠不單是取個西班牙裔的名字，而是編造完全不同的族裔身份。就這樣，庫爾勒・潘迪特（Korla Pandit）誕生

WHO'S WHO In TV . . . . . by Ed. Sotto
HE SPENT HIS EARLY LIFE IN NEW DELHI, INDIA. HIS MOTHER WAS A SINGER WHICH ACCOUNTED FOR HIS SHOWING MUSICAL TALENT AT A VERY EARLY AGE; HIS FATHER, A MEMBER OF ONE OF INDIA'S FIRST FAMILIES, REALIZED HIS NATURAL ABILITY AND THAT LATER ON HE WOULD SEND HIS BOY TO ENGLAND FOR FORMAL TUTORING.
KORLA PANDIT
KTTV CHANNEL 11
YOUNG PANDIT STUDIED IN ENGLAND BEFORE COMING TO AMERICA WHERE HE CONTINUED HIS EDUCATION AT THE UNIV. OF CHICAGO; FROM THE TIME HE BEGAN STUDYING MUSIC HE HAS APPEARED IN CONCERTS THROUGHOUT THE BRITISH ISLES, EUROPE AND THE U.S. AT ONE TIME HE HAD INTENDED JOINING THE GOV'T. SERVICE IN INDIA, BUT HIS MUSICAL ABILITIES, HOWEVER, OUTGAINED HIS POLITICAL INTERESTS . .
AGE: KORLA MAINTAINS THAT AGE IS DETERMINED BY ONE'S MENTAL OUTLOOK; PROFESSES HIS TO BE THAT OF A YOUNG MAN OF 22.
WHILE ATTENDING COLLEGE, HE MASTERED THE ORGAN IN AN EXCEPTIONALLY SHORT TIME; LATER CAME TO HOLLYWOOD WHERE HE ESTABLISHED HIMSELF IN RADIO AND TV. AS STAFF ORGANIST WITH NBC, LED TO HIS OWN PROGRAM. IN 1948 CONTRACTED FOR BACKGROUND MUSIC FOR "CHANDU, THE MAGICIAN; CO-STARRED WITH LINA ROMAY; FOR 2½ YRS MUSICAL DIRECTOR FOR "TIME FOR BEANY"; ON JULY 6, 1952, JOINED STAFF OF KTTV. LOVES TO WRITE MUSIC, IS AN AMATEUR PHOTOGRAPHER; MARRIED, HAS A SON, SHARI, AGE 4.

埃爾米爾・德・霍里曾說，自己的假畫在博物館裡掛久了就會變成真畫。潘迪特的聽眾真的以為他是來自印度新德里的音樂神童。約翰・雷德假冒他人那麼多年，是否曾一度也忘了自己是密蘇里人約翰・雷德呢？

了，此名有可能取自著名印度政治家維賈雅・拉克希米・潘迪特（Vijaya Lakshmi Pandit），她是印度首任首相之妹，近期才剛造訪美國進行巡迴演講，媒體曝光率頗高。庫爾勒・潘迪特的生平漸漸成形：他是一名出生於印度新德里的鋼琴神童，母親是法國歌劇演唱家，父親是婆羅門階級的貴族，小時候就被送至英格蘭受教育，然後橫跨大西洋就讀芝加哥大學，接受古典音樂訓練，並熟稔管風琴。

重塑身份竟然效果良好。一九四八至一九四九年間，庫爾勒為偵探冒險廣播秀《魔術師蟬都》（Chandu the Magician）演奏具有東方風格的風琴樂曲，又於同年接獲KTLA電視台每日十五分鐘的個人電視秀。他在個人秀上完全不說話，只顧彈著奏哈蒙德風琴和平台鋼琴——經常兩者同時彈奏——同時深情地凝視鏡頭。

庫爾勒不說話有可能是因為印度口音太難裝，但無論如何，這套演出方法非常成功。據說，一週五天，頭巾神童用他深情的凝視及精湛的琴藝讓以比白人為主的家庭主婦聽眾為之著迷。該節目總共播送了九百多集，創下後世難以打破的紀錄。很可惜，這些現場演出只有少量有留下錄音及錄影。

一九五〇年代初，庫爾勒偶爾參與羅伊・羅傑斯（Roy Rogers）的原始樂團「先驅之子」（Sons of the Pioneers）的錄製，並且開始與Vita Records合作發表專輯。

這家唱片公司專門出黑人音樂家的作品，但庫爾勒維持他的印度裔身份，並且後來創辦自己的唱片公司，取名為「印度唱片」India Records，後來改名為「奇幻唱片」Fantasy Records。

時至一九五一年，庫爾勒已開始和創業家路易斯・史奈德（Louis B. Snader）合作。史奈德是「遠距影片」（telescriptions）的先驅，將錄製的影片租賃給全國的電視台作為填充節目，讓製作影片的藝術家大幅提升曝光度。一九五四年，史奈德邀請庫爾勒製作五十二集的半小時電視節目系列，但合約指定的

庫爾勒・潘迪特與妻子貝爾及二子夏利（Shari）和克里斯・柯蘭（Khris Koram）。

工作量太重，於是庫爾勒達到最低演出場次後便退出，取而代之的是一位身份不明的鋼琴師，他接手庫爾勒的舞台、鋼琴及佈置。這位新鋼琴師只有單名：李伯拉斯（Liberace）。而且，李伯拉斯的形象至少有一部分已由庫爾勒表演。

隨著時間過去，庫爾勒的音樂風格退流行，但他在一九九〇年代曾隨異國主題酒吧（Tiki bar）重新流行而經歷短暫復興。庫爾勒於一九九七年在洛杉磯的 LunaPark club 進行最後一場演出，當時，他的健康狀況已經逐漸衰退。

約翰・羅蘭・雷德終其一生都在表演，但他最厲害的演出卻是在幕後：無論是自稱胡安・羅蘭多還是後來改稱庫爾勒・潘迪特，他都和家人保持緊密關係。這非常難得，因為一九五〇年代淺膚色的黑人演出者，多數都必須與家人斷絕關係，並脫離原生背景，才得以「獲得認可」。

庫爾勒從來沒有拋下家人。《舊金山紀事報》（San Francisco Chronicle）記者潔西卡・札克（Jessica Zack）曾言：「日日活在謊言中，必定充滿困難。庫爾勒不只是在臺上演出一兩個小時，他是一週七天、一天二十四小時，終其一生都在表演。他一直在扮演另一個人，且無法回歸自我。」長期下來，其實許多圈內人都知道庫爾勒背後的真相，但庫爾勒太優秀了，出於對庫爾勒的尊敬，沒有人爆料。

當然，異國身份只是故事的一小部分。沈默不語、充滿催眠氣息，且完全是虛構的庫爾勒・潘迪特之所能成為史上最成功的廣播音樂明星，背後的原因其實很簡單。如同撒瑪納札（詳見第十一章〈族裔身分的騙局〉），庫爾勒能把自己的專長發揮到淋漓盡致。

受誤導的考古——冬季之獅

西元一九六四年

他是全世界最著名的古人類學家，飽經風霜的化石獵人，曾在自己的家鄉非洲發現全世界最古老的文物及人類化石。她比他小十五歲，是一名活潑又有抱負的考古學家，來自北美洲西部。目前，幾乎所有權威機構都認同，北美洲直到三萬年前都不曾有人類居住。

露絲・德艾特・「迪」・辛普森（Ruth DeEtte "Dee" Simpson）在

路易斯・李奇與露絲・德艾特・辛普森，攝於卡利哥山區遺址。辛普森回憶道，李奇首次探勘遺址時，兩人爬上山丘，李奇突然停下來，並告訴她：「你就在這裡開挖」。

加州莫哈韋沙漠（Mojave Desert）的卡利哥山區（Calico Mountains）發現文物後備感激動，並於一九五九年前往英格蘭與倫敦自然歷史博物館的訪問學者路易斯・李奇（Louis Leaky）會面。她手裡拿著幾片碎石，並認為這些碎石是早期美洲人類所製作，而且年代有十萬年之久。這些碎石看起來並不起眼，但若真要以此評論，當初李奇在坦干伊加（Tanganyika，今坦尚尼亞）的奧杜韋峽谷（Olduvai Gorge）中所發現的文物看起來也不怎麼樣。

路易斯・李奇生於肯亞，父母是傳教士。在科學界中，他向來獨樹一幟，就讀劍橋大學主修人類學後不久，便開始在家鄉東非找尋古人類的化石，因為他認為人類起源於東非。此論點違反當時的科學界共識，因為當時主流學界認為歐亞大陸才是人科動物的家鄉。李奇畢業時，移民至南非的解剖學家雷蒙・達特（Raymond Dart）因為宣稱在南非找到最早的「猿人」化石而受到主流學界強烈反對。

後來，李奇經歷了一場鬧得很難看的離婚，也因此葬送了自己在劍橋大學的前程，於是前往肯亞獨自進行研究。在肯亞西部尋找古猿人化石後，李奇與新任妻子瑪麗（Mary）便開始在奧杜韋峽谷認真進行工作。他們在那裡發現大量早期石器，包括淚珠狀的「手斧」，其形狀和早就在歐洲出土的手斧相似。在更早期的沈積層中，他

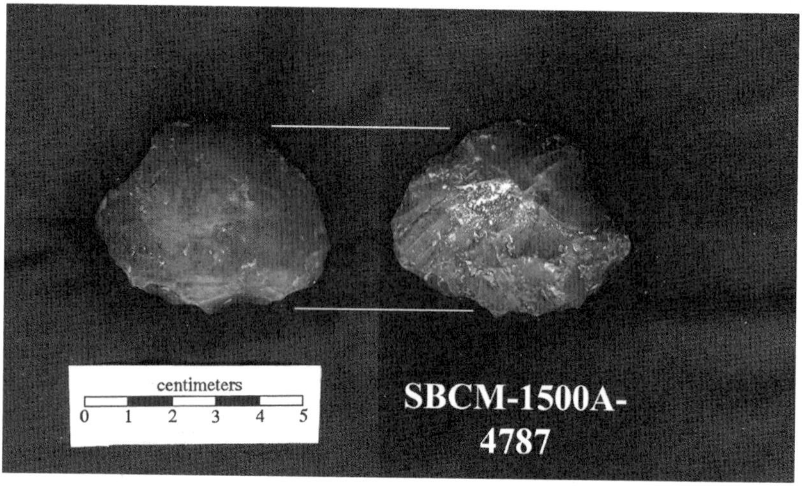

卡利哥山區出土之石片最主要的爭議就是，這些石片究竟是人造物品（人類製造），還是地造物品（自然產生）。現今，美國考古學界幾乎全都認為是後者。

們發現簡易的石片以及拳頭大小的鵝卵石，顯示古人利用石斧從鵝卵石敲出石片。

瑪麗的作業細膩入微，使考古學家相信這些不起眼的鵝卵石片真的是最古老的人造石器。既然有器具，就代表有製作器具的人，因此他們也開始尋找製造這些器具的遠古人科動物。數年過去了，都沒有斬獲，但在一九五九年，李奇夫婦的堅持不懈終於有了成果，他在奧杜韋發現著名的「胡桃鉗人」（Nutcracker Man）頭骨。不久後，路易斯更是宣布自己的團隊發現另外一種更輕巧的人科動物化石，並得意地命名為「巧人」（Homo habilis）：我們人屬動物最早期的物種，距今約一百八十萬年。

這些發現使李奇夫婦在科學界一夕成名，並證實路易斯長久以來的理論：非洲是人類物種的發源地。取得這些發現後，路易斯顯然更加重視找到任何東西的「最早」版本。然而，他新獲得的名氣也讓他能推廣自己長久以來的興趣：研究現存的靈長類動物。路易斯認為，研究現存的靈長類動物是了解早期人類行為的關鍵。他曾協助珍・古德、戴安・弗西（Dian Fossey）及畢魯特・蓋狄卡斯（Birute Galdikas）三位年輕女性各自開始研究黑猩猩、大猩猩，及紅毛猩猩，並因此受到鋪天蓋地的報導。

李奇對年輕貌美的女性毫無抵抗力，這點眾所週知。迪・辛普森於一九五九年出現時，兩人便由於卡利哥的石頭而產生感情。此外，早在一九二九年，李奇就曾在劍橋大學的課堂上宣稱，新世界最晚在一萬五千年前就有人類居住。這遠比當時主流學界所認定的早，所以當時沒有人重視他的理論。然而，三十年後的現在，李奇發現大好機會能證明自己的理論正確。

此時，瑪麗已成為原始石器的著名權威學者，並對卡利哥遺址的地質抱持強烈懷疑，但李奇仍然募集資金在卡利哥山區進行考古探勘。國家地理學會不顧自家傑出考古顧問凡斯・海恩斯（Vance Haynes）的反對，參與了這項計畫。

挖掘作業在一九六四年開始，但可想而知懷疑的聲音重重。儘管如此，李奇和辛普森於一九六八年在頂尖期刊《科學》發表論文，宣稱在卡利哥山區遺址發現大量人造石片，且距今至少有五萬年之久（李奇私底下的猜測更久遠）。

當時，幾乎沒有人相信他們；現在，也幾乎沒有人相信他們。凡斯・海恩斯於一九七三年發表的研究，是對卡利哥山區「文物」最具權威的分析。研究判斷，這些所謂的石器，其實是河床上的普通石頭受撞擊而碎成。因此，無論沈積年代為何，都與美洲的人類蹤跡無關。至今，這些石片的沈積年代仍尚未有定論。

卡利哥考古以失敗收場，又老又病的李奇因為長期參與此計畫而專業名譽掃地，並且和妻子決裂。其實，瑪麗在這之前早已和他漸行漸遠，她曾不客氣地說道：卡利哥是路易斯的職業生涯「災難」，更是「造成我們分道揚鑣的主因」。另一方面，迪・辛普森利用卡利哥的挖掘成為聖博納帝諾縣博物館（San Bernardino County Museum）的策展人，並擔任職務直到一九八二年退休。她退休時，路易斯已逝世十年，享年六十九歲。

路易斯・李奇喜歡憑直覺辦事，但他的直覺最終導致他身敗名裂，如同他一生在熱帶田野險惡的環境下工作，使身體健康每下愈況。瑪麗在自己的回憶錄中強烈暗示，路易斯自一九六六年始便長期忍受身體疼痛，所以判斷能力受到影響。因此，這想起來更令人遺憾，如果路易斯堅持自己原本的直覺，今日可能就會被譽為厲害的先知。以前，學界的主流共識是美洲一直到約兩千年前才有人類定居，但現在學界認定美洲最早、散佈範圍廣泛、且紀錄完整的人類文化是克洛維斯文化，距今約一萬三千年，和路易斯一萬五千年的估計相去不遠。現在甚至還有人提出更早的發現……

一九七二年，卡利哥山區遺址收錄「國家史蹟名錄」（National Register of Historic Places），並對外開放，還設有遊客中心、禮品店，及導覽服務。

環球航行——唐納・克羅赫斯的悲慘故事

西元一九六八年

誰不曾夢想過要孤帆獨航環繞地球，並創下速度最快的紀錄呢？其實我們不太會；但在一八九五年至一八九八年間，約書亞・史洛坎（Joshua Slocum）駕駛單桅縱帆船「浪花號」（Spray），從波士頓港出發環繞全球（中途停靠許多地方），此後數年，無數人也渴望能完成這項愈來愈難的壯舉。自一九八九年起，正式的單人環球航行大賽便每四年舉辦一次。這場比賽名叫旺迪單人不靠岸航海賽（Vendée Globe），是一場宏偉壯麗的冒險，每次舉辦都會吸引至多二十幾名冒險犯難的勇士，競逐以最快的速度完成不靠岸環球航行。

今日，旺迪單人不靠岸航海賽的參賽者駕駛的帆船，配有雷達、詢答機、地理定位系統（GPS）設備，以及各式各樣的現代航海儀器。帆船的航行路線每一哩都可以追蹤，且參賽者也能精確掌握自己的位置。然而，約五十年前《星期日泰晤士報》

(Sunday Times) 贊助史上首次單人環球航行，那時一切都比較原始，大海是寂寞的異境，且要與岸上聯絡，主要得靠噼啪作響的短波無線電。

但就算危險重重（或許也因為危險重重），極限帆船航行在一九六八年達到高峰，尤其是在英格蘭。不久前航海家法蘭西斯・奇卓斯特（Francis Chichester）由《星期日泰晤士報》贊助，完成史上首次單人單次靠岸環球航行，並回到普利茅斯

唐納・克羅赫斯站在「廷茅斯電子號」上，拍攝於啟程前不久。他參與單人帆船環球航行競賽，但卻以悲劇收場。以他在無線電回報中所透露的資訊，他將是以最快速度完成比賽的選手，但在終局階段，他便突然消失了，再也沒有人看到。

（Plymonth），下船便直接在碼頭上、勇敢的高低桅帆船「吉普賽飛蛾四號」（Gipsy Moth IV）邊受伊莉莎白女王冊封為爵士。不過，不靠岸的環球航行究竟可不可行，當時尚無人知。

可想而知，《泰晤士報》的金球盃帆船環球競速賽（Golden globe）吸引了各式各樣的參賽者，有經驗老道的海員，也有毫無航海經驗的名人。其中有一位延遲報名的參賽者，就和其他選手一樣特別，而且極限航海圈裡從來沒有人聽過他的名字：唐納・克羅赫斯（Donald Crowhurst）。更詭異的是，在比賽過程中，克羅赫斯曾一度領先群雄。一九六八年十二月，全世界的報紙根據稀疏的無線電位置回報，皆狂熱預測這位默默無名的水手將會是金球盃的冠軍。但接著悲劇就發生了。

唐納・克羅赫斯是一名電子工程師，自營一間小型航海儀器製造商，航海完全只是興趣消遣。後來事業衰退，他便開始著眼金球盃的五千英鎊最快速環球航行獎金。他認為參與這場比賽可以名利雙收，而且認為速度快但未經實戰考驗的三體帆船（trimaran）很有潛力，因此把這場比賽視為翻身的好機會。

但他身無分文，必須向投資人尋求贊助。投資人開出嚴苛的條件，於是克羅赫斯抵押自己的事業以及自己的房屋，換取貸款參加比賽。競賽的最後出發期限是一九六八年十月三十一日，他倉促建造一艘長四十呎三體帆船，並命名為「廷茅斯電子號」(Teignmouth Electron)。

整個過程從剛開始就出現很多問題，預示著接下來的慘劇。船隻完工後，克羅赫斯必須將船隻從造船廠運至比賽的出發點德文郡（Devon），原本預期三天就可以到，但旅程卻花了整整兩週，因此根本沒什麼時間進行補給及最後修繕。就這樣，克羅赫斯在準備不足的情況下，於最後出發期限展開這趟悲劇之旅。競賽的最早出發日期六月一日以降，已有八位選手陸續啟航，但時至克羅赫斯啟航之前，已有三位退出比賽，後續會有更多人退出。

時至十二月初，比賽只剩下四位選手，其中一位原本很有機會獲勝，但後來卻基於哲學理由而放棄比賽。於是，就剩下克羅赫斯以及兩名退役海軍軍官，一位是駕駛傳統雙桅小帆船的羅賓・諾克斯—約翰斯頓（Robin Knox-Johnston），另一位是同樣駕駛三體帆船的奈吉爾・泰特利（Nigel Tetley）。諾克斯—約翰斯頓及泰特利兩人皆已繞過好望角（Cape of Good Hope），並向東航行，而克羅赫斯還遠遠落後在北大西洋。隨著船隻狀況愈來愈糟，他開始明白這艘船不可能挺得過南冰洋惡劣的海象。

與此同時，克羅赫斯回報的航行速度莫名其妙地加快。聖誕節時，他透過無線電向妻子回報，說自己「已駛離開普敦」。其實，他當時位在巴西南部外海，且顯然已心知肚明自己不可能獲勝了。之後，他便把無線電通訊次數降到最低，只在必要時向新聞報紙回報，但同時也開始假造航海日誌，記下不實航程。三月，他偷偷在巴西上岸補給，接著在大西洋到處磨蹭，同時以無線電回報自己正從西邊逼近合恩角（Cape Horn）。

顯然，克羅赫斯計畫在大西洋徘徊，等到合理時機重新加入比賽，並擊敗領先選手取得獎金——一九八〇年波士頓馬拉松比賽中，選手羅西・路易茲（Rosie Ruiz）便靠此招奪冠。當時的領先者是泰特利，他以為克羅赫斯緊追在後，於是便加速航行，結果把自己脆弱的三體帆船操壞，最後以沉船收場，距離終點只有二〇九二公里。

泰特利後來獲救，而諾克斯—約翰斯頓則名副其實於一九六九年四月二十二日成為首位完成單人不靠岸環球航行的人。由於克羅赫斯出發較諾克斯—約翰斯頓晚，因此他仍有資格角逐最快速的環球航行獎金，但他顯然發現，就算真的贏得獎金，他的航海日誌和其他紀錄必定會收到仔細檢驗，必定過不了關。再加上媒體鋪天蓋地關注，而且上岸時必定會受到凱旋式的迎接，因此克羅赫斯備感壓力及罪惡，最後，他受不了。

克羅赫斯的日記愈來愈雜亂無章，最後一篇寫於一九六九年七月一日，內容寫道：「一切終了……我將退出比賽。」僅僅九日後，「皮卡爾迪號」（Picardy）郵政船在大西洋中部發現「廷茅斯電子號」，船上空無一人。英國民眾得知消息後，無不為之哀悼，將克羅赫斯譽為民族英雄，而諾克斯—約翰斯頓甚至還將部分獎金捐給克羅赫斯的家人。然而，短暫的吹捧一下就過去，如同克羅赫斯心知肚明，他的假航海日誌不久後便公諸於世，讓真相曝光。

廷茅斯電子號遭到棄船，並漂流大海，於一九六九年七月十日被一艘行經的貨輪尋獲。被轉賣多次後，終遭棄置開曼布拉克（Cayman Brac）的海灘上，任其腐朽崩解。

克羅赫斯的死因估計是溺斃。他雖然不是楷模人物，但死後卻成為一種反主流文化的象徵。他疑點重重的大西洋之旅啟發了書籍、電影、紀錄片、短片、歌曲、舞台劇、詩作。克羅赫斯的故事集傲慢、謊言、悲劇於一身，恰巧投合人性中一份深層的執著。我們只能說，這是一份對「混沌」的執著，無論是道德上的混沌，抑或是其他層面的混沌。感同身受一下，此人陷入絕境，孤身一人在汪洋大海中航行，在自我抱負及良心之間掙扎，同時還要面對上岸後身敗名裂的命運。

然而，這些似乎也不足以解釋為何克羅赫斯死後竟然啟發了一整個世代的想像。究竟這位帶有瑕疵的英雄，哪裡吸引著我們？

唐納・克羅赫斯的遺孀克萊爾（Clare）居住在德文郡西頓鎮。她回憶道：「我每天一定會想到唐納……我真的覺得也就這樣了——除此之外沒有剩下什麼了。」

登月瘋——陰謀論

西元一九六九年

一九六九年人類首次登陸月球後，陰謀論者馬上群體出籠：登月是美國政府在好萊塢片場裡假造的，目的是在太空競賽中擊敗俄羅斯。陰謀論者提出大量他們自認為合理的「證據」以證明政府造假：在美國國家航空暨太空總署（NASA）的照片中，尼爾・阿姆斯

美國於一九六九年至一九七二年間執行六次人類登月任務，但有人在美國國家航空暨太空總署釋出的照片、傳輸及資料中發現異常現象，再加上有機械上與環境上的矛盾，因此有人宣稱這些登月任務全是騙局，就如此圖所示。

壯（Neil Armstrong）及伯茲・艾德林（Buzz Aldrin）月球上所擺放的國旗怎麼會在沒有風的月球上飄揚？登陸艇著陸處怎麼沒有留下衝擊坑？照片中的場景怎麼看起來有多個光源？在其中一張照片裡，怎麼有個像是舞台燈的神秘物體？簡直沒完沒了。這些疑點全都馬上被美國國家航空暨太空總署的科學家駁斥，並證明為無稽之談。

不久後，一則完全相反的故事出現了：阿姆斯壯和艾德林的確曾登陸月球——且在月球上發現一具人類骨骸，身旁有一件細格毛料襯衫與一件藍色牛仔褲，附近還有赤腳腳印。太空人拍照紀錄這些詭異物品，但照片

根據中國天文物理學家康姆龐的說法，阿波羅十一號於一九六九年登陸月球時，曾在月球表面上發現一具人類骸骨。康姆龐宣稱，他從「美國一個無可懷疑的來源」取得人類骸骨的照片，而這些照片是最高機密，就連太空人都不知道其存在。

遭美國國家航空暨太空總署藏匿，直到其中一張落入中國天文物理學家康姆龐（Kang Mao-Pang）手裡才曝光。康姆龐宣稱美國國家航空暨太空總署企圖掩蓋事實，因為「美國顯然覺得全世界其他國家沒有資格共享此資訊」。

這則傳聞似乎原自一份名叫《世界新聞週報》（Weekly World News）的超市小報。這種報紙肯定不是可靠消息來源，但此傳聞卻在網路上爆紅，受網友瘋狂轉傳，事件過後多年依然不止。這種傳聞竟然會有人轉載，確實難以置信——不過只要熟悉人性，就當然不會感到意外——但這場詭異事件中最神奇的是，社會學家發現，相信一則故事（太空人不曾登月）的人，有高機率相信另一則故事（太空人在月球發現人類骨骸）。這是認知失調——同時接受兩則相互矛盾的想法——的極致表現。這到底是怎麼回事？

現代世界有個迷思：演化是一種微調過程，生物藉由演化來優化自身以適應環境。但其實，隨著演化論的演化，我們現在發現演化改變乃是受到各種因素的誘發，有些因素和適應完全沒有關聯。因此，人類並沒有被大自然改良成能夠適應特定環境，而人類的大腦就是很好的案例。

人類與其他動物有巨大差異，乃是因為人類能將感官輸入簡化成心理符號，並理解或表達其複雜的關連。理解與表達關連是人類引以為傲的推理能力之基礎，但這項能力乃是近期才發展出來，嫁接到人類古老的大腦之上。相較之下，人類的大腦非常古老，是數億年脊椎動物演化漸漸增生的產物，其運作方式比較憑借直覺，比較感情用事。

幸虧在理性的外衣下仍存在著一顆古老的大腦，我們不會變成像《星艦迷航記》(Star Trek)中的史巴克一樣——冷酷無情的計算機。請感謝神。然而，古老的直覺機制和新興的理性機制結合，代表我們的大腦有時候會以非理性的方式來表達自己，回到預設值，在沒有陰謀的情況下相信陰謀論。近期，人類這項缺陷最惡劣的表現或許是康乃狄克州紐敦鎮（Newton, Connecticut）桑迪・胡克小學（Sandy hook Elementary School）槍擊案之後所發生的事情：受害者父母哀慟的同時，竟然收到許多匿名狂熱份子的威脅，其中有些人顯然認為槍擊案從未發生，只不過是限槍人士的政治把戲。

即便是最理智的人，也會發生這種情形：不久前有調查發現，美國登記選民中有六十三%現在正相信至少一則政治陰謀理論。此現象並非固定不變，而是很容易受外在情況影響。情勢好的時候，人會比較自滿自得，但人如果陷入困境，覺得無力，就

會更容易輕信陰謀論。（詳見第二章〈末世論〉）

若探究其因，最有可能是因為人如果知道某些重要事件背後的解釋（而且也覺得其他人不知道），就會得到一種自主感與控制感。害怕失去控制，或許就是「逆火效應」（backfire effect）的原因。依布蘭登・尼亨（Brendan Nyhan）與傑森・萊佛勒（Jason Reifler）兩位政治科學家的定義，逆火效應：「**駁斥不實政治消息有可能反而會造成人們更相信假消息是真的**」（強調為本書作者所加）。

這背後的控制感純粹是人類主觀的產物。但無論好壞，我們既活在現實世界，也活在腦中所建構的事件。

人種差異——種族的謬誤

西元一九七二年

英語詞彙裡最能引起爭議、最受誤解的字，莫過於「race」（種族）。這個字也最能使人聯想起美國歷史中的黑暗篇章。雖然今日許多科學家主張「種族並不存在」，但這個棘手且無益的概念，仍然時刻受到立意良善的政府所強化，因為政府會要求人民在表單上面勾選自己的族裔。

當然，「種族並不存在」的主張乍看之下違反直覺。只要走在美國大城市的街上，就會馬上發現人類非常多元。而且人類的多元性似乎能以地理界線進行大略區分：要猜出一個人的部分祖先來自非洲、歐洲或東亞其實並非難事。這是因為如果猜測愈準確——準確度變化相當

北美、歐洲、澳洲大都會區街頭常見的景象。

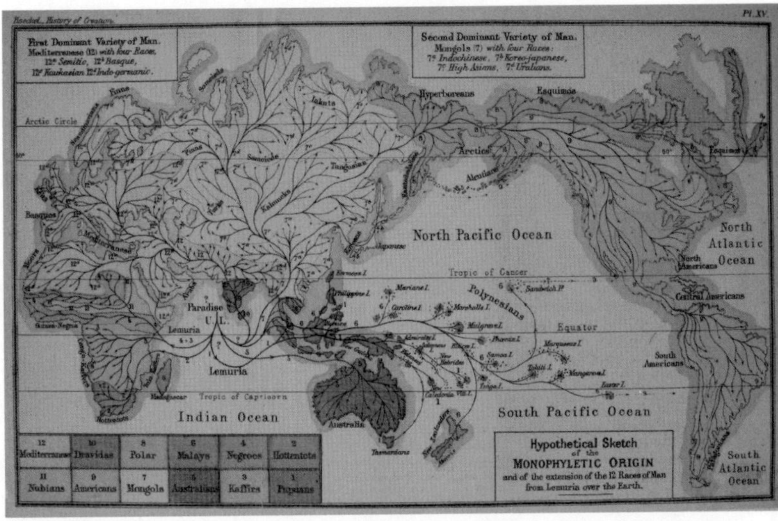

恩斯特・海克爾（Ernst Haackel）在德國推廣。查爾斯達爾文的學說。他曾提出「雷姆利亞大陸」（Lemuria）假說，認為人類曾經透過一塊失落的大陸遷徙各地。

大——「種族」的概念確實就愈帶有歷史印記。

智人於二十萬年前誕生，物種歷史不長。不到十萬年前，智人才初次離開家鄉非洲大陸，並在短時間內佔領世界各地，取代尼安德塔人等原居人類物種。智人如此晚期才出現，離開非洲家園，意味著我們今日看到的人類基因差異，其實非常近代，非常表面。新興的基因體學也非常清楚地證明這點。曾有實驗發現，光是中非三個黑猩猩族群的基因多樣性，就比全世界人類來得高。

新誕生的智人遷徙至世界各

地，並從事狩獵採集，以四處為家，並分成各個小型族群遷徙至遠方各地。無論物種，在這樣的情況下下，各族群有高機率衍生微小的基因多樣性。在這人類歷史的初期，世界各地的人類發展出微小的身體特徵，使我們今日能猜測每個人的原生地。

有些特徵差異影響頗大：例如，為了靠攝取乳製品生存，牧牛族群便發展出成年也能耐受乳糖的能力。其他特徵——可能是大多數的特徵——純粹是隨機變化，並沒有什麼功能上的差異，因為演化其實和許多人觀念中的不太一樣。演化並不是單一的適應及優化，機率其實也大大造就了今日的人類。

人類遷徙至世界各個宜居地區後，人口數量持續成長。約十萬年前，人類開始定居且農業開始出現（獨立起源於世界若干地區）以後，成長更是加速。

狩獵採集族群的人口密度並不高，但農民需要勞動力來耕田，且定居族群裡的母親可以一次扶養更多名子女。定居的新生活型態徹底改變了人類的族群型態，引發人口爆炸性成長。在增長的過程中，人類不再只是遺傳當地族群的特徵，而是隨著當地族群不斷擴大，並與鄰近族群通婚，而與鄰近族群融合，使基因差異與身體差異逐漸模糊。

現代世界中，個人乃至族群皆能遷徙四方，移動能力前所未有。今日我們所見的人類，是長久以來族群融合的結果，因此完全無法以任何固定的界線進行區分。因此，科學家才主張種族並不存在，因為沒有任何清楚界線的群體，是無法定義的。

一九七二年，哈佛基因學家理查・路溫頓（Richard Lewontin）研究全世界各人類族群的基因差異，發現八十五％的差異皆是各族群內的差異，只有十五％是族群間的差異。換言之，當地族群——甚至是同一種族——之內的差異，遠比族群之間的差異來得大。隨著世界各地大量基因資訊湧現，路溫頓所觀察到的差異模式也經得起考驗。這些資訊更是證明區分「種族」沒有用——甚至不可能。

人類的基因體很奇妙也很複雜，含有三十億不同位元的資訊。這些資料包含大量的個人歷史資訊以及人類族群在全球遷徙的歷史資訊，而正是這些遷徙造就了今日的我們。科學家分析各國人民的基因體後，發現出乎意料的結果。例如，原本以為冰島人的基因多樣性低，但研究結果發現冰島人竟然有不少蘇格蘭血統；將自己去氧核醣核酸樣本提交給基因地理計畫（Genographic Project）或 23andMe 基因檢測公司的人，得到檢測報告後，鮮少沒有不感到訝異的人。

因此，我們的基因組成和家族傳承故事之間經常出現差異。這或許其實沒什麼好意外的，畢竟基因能以生物科技客觀測量，但身分認同取決於人類的價值觀。這層現實就是「種族」這概念最重要的基礎：（如果種族的概念有任何用處）種族絕對不能和文化認同混為一談。因為人無論來自任何背景，皆能夠習得人類所發展出的任何語言，或吸收人類所發展出的任何價值觀。

另一方面，人在六歲前——甚至更早——就已經吸收了身處文化的觀念價值觀，因此或許可以說，在不同地方成長的人類，生活在不同的感知世界中。在全球化快速的世界裡，這當然是潛在的衝突來源，而實際上也造成了衝突。無論我們源自何方，決定我們自身認同的最基本因素，是文化。今日，人的本質首先取決於自己的身分認同。

長生不死——冷凍自己

西元一九七六年

紐約市的美國自然歷史博物館地下室有一間一塵不染的房間，裡面擺著許多巨型不鏽鋼櫃。把櫃子打開，就會冒出冰冷的液體氮煙霧，櫃中藏有各類動物的組織樣本，每個都小心包裝，詳細標示。更重要的是，這些櫃子藏有各物種的去氧核醣核酸。去氧核醣核酸分子雖長，但現今定序的成本已經很低，而且定序速度已經很快，因此去氧核醣核酸已成為科學家的重要工具，用以進行生物分類，在巨大的生命演化樹中找到每個物種的位置，包括人類。

安布羅斯・莫內爾生物樣本集（Ambrose Monnell Collection）是低溫生物學（biological cryogenics）一項創新計畫。低溫生物學專門以極低溫保存活組織，或是進行冷凍精子，冷凍卵子，冷凍胚胎，以及各類移植手術及急診醫學上的應用。

一九八六年，鹽湖城發生一件意外，剛好促成一項低溫生物學自然實驗。有位名叫米歐爾・方克（Michelle Funk）的女孩意外墜入冰冷的山間小溪，並沉沒在溪水中超過一小時。被人發現送醫時，已無心跳呼吸，但醫生利用心肺體外循環機提升他的體溫，體溫達到攝氏25度時，她便自主出現心跳，並開始呼吸。

幾年後，米歐爾就變回正常發展的小孩。醫師猜測，她的大腦受急速冷凍，因此立即免除對氧的需求，且沉沒在冰冷的溪

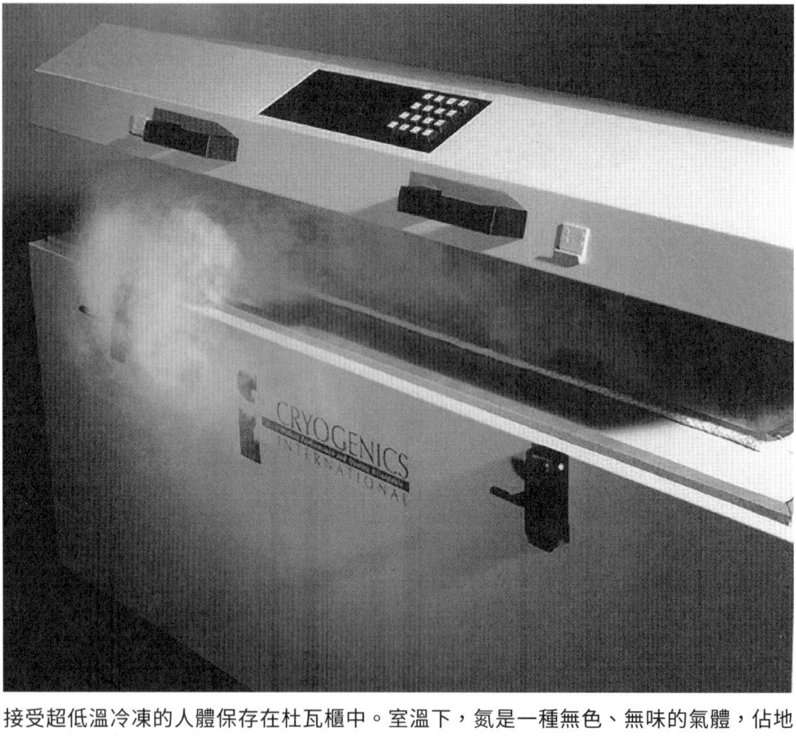

接受超低溫冷凍的人體保存在杜瓦櫃中。室溫下，氮是一種無色、無味的氣體，佔地球大氣的七十八%。在攝氏負一百九十五・八度，氮會凝結成無色的液體，稱液態氮。生物學家利用液態氮來保存血液、生殖細胞（精與卵）、組織，而人體冷凍公司則用液態氮來保存臨床死亡的人體，直到未來有機會復活。

水六十六分鐘期間，他的身體機能完全停止，因此沒有產生大腦或組織損害。

本事件發生時，某些學術圈早已普遍接受冷凍可以保存人體。物理學家羅伯特・艾丁格（Robert Ettinger）於一九六二年所出版的著作《永生的期盼》（The Prospect of Immortality）便是低溫學的鼻祖。

艾丁格對於醫療技術的發展感到佩服，但卻擔心未來死亡時科學尚未進步到能治好致死的疾病，因此他構想死後遺體被深度冰凍保存，直到有一天科學界能找到方法治癒疾患（以及冰凍狀態）。

他的想法有明顯謬誤：冷凍身體組織（和冷藏不同）會造成不可逆的變化，且要如何使處於冷凍狀態的人體——尤其是死的人體——恢復正常機能？至今科學界仍完全沒有任何辦法。但這些都不重要。艾丁格仍然創辦一間公司來推廣自己的願景。有些人對科技進展非常有信心，一九六七年艾丁格便為第一位客戶——加州大學心理學家詹姆士・貝德福（James Bedford）進行冷凍，將他的遺體保存在液態氮櫃中（一九九一年，貝德福的遺體受轉移至更先進的保存裝置中）。

其中一個問題就是，人必須經法律認定死亡才能進行冷凍，但死亡就是終點。然而，低溫學專家缺避開這點，並將死亡定義為一種過程，而非一個事件：死亡這個過程要到大腦中所有資訊都消失，才算完成。

如果進一步思考，其實人格以及有關的一切都是人類大腦的產物，因此要賦予人永生，只要保存大腦就行了。大腦就在頭顱裡，而頭顱所佔空間遠小於保存全身的「杜瓦」櫃。

至於科技本身，普通冷凍過程會讓因為細胞裡的水分結凍產生冰晶，因而傷害人體組織。低溫技師曾偵測到頭部冷凍時會發出聲音，並認為這些聲音是組織微撕裂所發出的。調查人員判斷，冷凍人體的理想溫度在攝氏負一百四十度，在這樣的溫度下微撕裂並不會發生，但攝氏負一百四十度原高於液態氮的溫度，而液態氮正是成本最低廉的極端冷卻劑。因此，冷凍人體所需的設備——及程序——就變得很複雜，而且成本很高。

然而，「超低溫保存」（cryopreservation）技術的應用不僅於此。「冷凍保護劑」（Cryoprotectant）可以用來保護細胞免於機械性傷害，雖然說組織經過這種程序安定後，要如何使其恢復正常機能，就又是另一則故事了。現在，最新的一項技術是「玻璃化」（vitrification）．．將特殊冷凍保護劑（也就是抗冷凍劑）注入組織，並進行緩慢冷卻，藉此讓器官或人體進入一種穩定的「類玻璃狀態」。近期有科學家用這種方

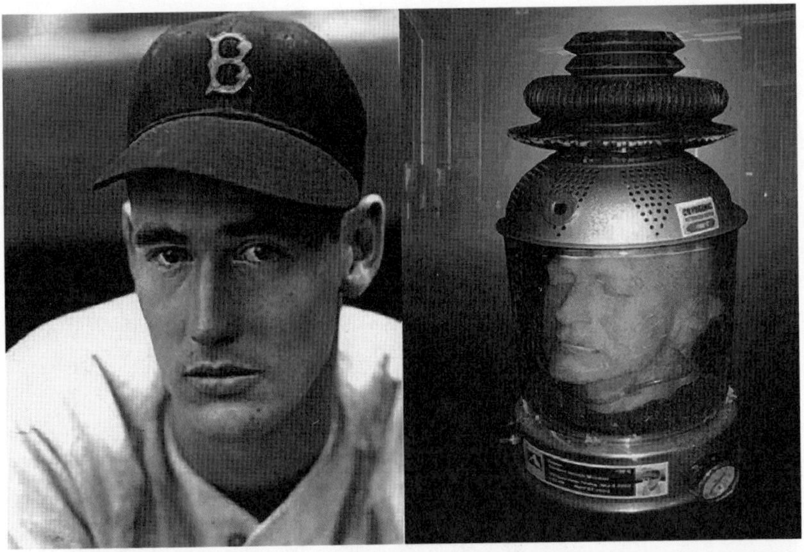

棒球選手泰德・威廉斯於二〇〇二年逝世，生前曾獲選入棒球名人堂。死後，他的頭顱接受超低溫保存。接下來的數年，其子約翰・亨利（John Henry）與其他親屬之間，因為威廉斯的頭顱而發生嚴重的法律糾紛，其中還有人主張他的頭顱受到保存公司不當處理。

法將兔子大腦玻璃化，且據稱解凍後，其組織在顯微鏡下看起來完全正常。當然，大腦裝回身體上後運作情形如何，這又完全是另一回事了。

如果要進行這些程序，請準備好大筆鈔票。美國有三間公司提供這類服務，俄羅斯有一間，費用各有不同。全包式的奢華套裝組合要價二十萬美元，外加每年維護費用。有些客戶選擇透過人壽保險支付冷凍費用（受益人當然是低溫冷凍公司）。最陽春的程序要價三萬五千美元，外加昂貴的運輸費用，這樣才能把你載到保存地點。如果只要保存頭顱，一間龍頭機構的報價是八萬美元。

至今，美國約有三百人已進行超低溫保存，其中最有名的是棒球選手泰德・威廉斯（Ted Williams）。雖有傳聞，但華特・迪士尼並沒有接受冷凍。蒂莫西・利里（Timothy Leary）差點就簽約，但後來打消念頭，說低溫冷凍公司的人「缺乏幽默感」。儘管如此，現在似乎約有一千五百個人已掏錢購買服務，並等待接受冷凍。

至於冷凍人體要如何進行解凍，在何時進行解凍，目前只在猜測階段。冷凍人體在未來成功解凍的機率，目前看來微乎其微。況且，冷凍的人或其鬼魂甦醒後，能否適應當下的世界，也是一大問題，必定會比電影《傻瓜大鬧科學城》（Sleeper）中伍迪・艾倫（Woody Allen）所經歷的還要艱難。

美國低溫工程學會（Cryogenic Society of America）是一間主流專業組織，他們顯然覺得自己的名稱和人體冷凍技術相同是一件很丟臉的事。這間學會認為人體冷凍技術是江湖騙術，為此還在網站上聲明：「我們不支持這種想法，並認為這種想法無憑無據。」如果要花錢，不如花在確定能為你帶來快樂，而且確定能享受到的事物上吧。

順勢療法——水的記憶

西元一九八八年

順勢療法（Homeopathy）的譜系源遠流長。有人認為其始祖是西元前五世紀的醫生希波克拉底斯（Hippocrates），據說他曾給病患服用小劑量的毒茄蔘（mandrake）根，以治療思覺失調症，因為服用大劑量的毒茄蔘根也會產生類似思覺失調的症狀。有些人則認為順勢療法的起源是十六世紀醫生兼煉金術士帕拉塞爾蘇斯（Paracelsus），他認為「能致病者，亦能治病」。然而，現代順勢療法其實源自十八世紀末集十九世紀初，德國醫生薩穆埃爾・哈內曼（Samuel Hahnemann）提倡替代療法，以取代

帕拉塞爾蘇斯是文藝復興哲學家、醫生、植物學家、占星術士，及神秘學家。雖然他大部分的血手都被現代科學給推翻，但他的見解卻使醫學更為靈活。

當時的主流醫療行為（必須承認到，當時的主流醫療行為有些野蠻）。現在，順勢療法已成為產值數十億美元的產業。

帕拉塞爾蘇斯提出「相似者能治癒」（like cures like）的理念（例如：以洋蔥治療感冒流鼻水），他的追隨者不久後便發現，他們開給病患治病的許多動物、植物和礦物物質，如果劑量大便會使人中毒。因此，後來他們都將這些物質加水稀釋。

哈內曼的貢獻就是把稀釋的過程系統化，並用稀釋的物質治療各類疾患，以測試其功效——測試結果至今仍飽受爭議。稀釋時，通常會將溶液大力搖晃，並以容器擊打堅硬表面——此動作後來變成特別重要的環節。

今日的順勢療法承襲哈內曼，普遍以「C」做為稀釋單位（百分之一），且通常會進行重複稀釋。一滴溶質用九

薩穆埃爾·哈內曼是順勢療法的創始人。順勢療法英文稱「Homeopathy」，以「相似」與「痛苦」的希臘字根組合而成。

十九滴溶劑稀釋，重複六次，其濃度就等於數個奧運標準游泳池中加入一滴溶質；重複十二次，就等於整個大西洋中放入一滴溶質。如果高於12C，對溶液取任何大小的樣本，內含單一治療溶質分子的機率微乎其微，可以忽略。然而，現代順勢療法中，30C的稀釋——濃度遠小於在地球所有海洋中加入一滴溶質——時有所聞。

可想而知，現代科學家對順勢療法抱持懷疑態度。如果順勢製劑中很有可能連一顆治療溶質的分子都沒有，這種療法怎麼會有用？

有可能是安慰劑效應（placebo effect），病患心裡相信自己接受有效治療，結果這樣的心理還真的改善病情。曾有臨床試驗將安慰劑與看起來相同的善意醫療進行比較，結果發現安慰劑——最常見的是糖丸——有某種程度的效果。

更甚者，信念愈強，效果愈強——所以大型的有色藥丸比小型的白色藥丸來得有效。安慰劑效應的原理，目前學界尚未完全理解，但其中一則合理的推

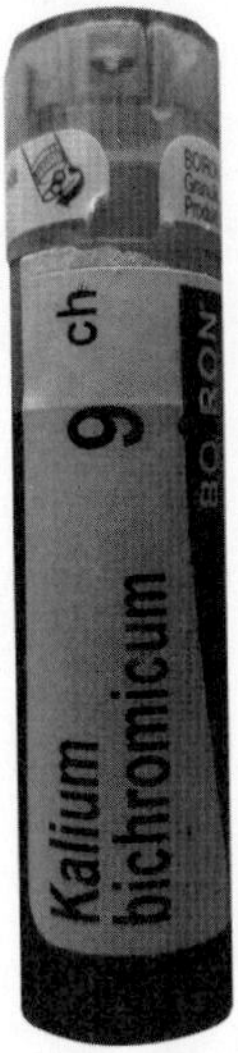

重鉻酸鉀（kalium bichromicum）是一種順勢製劑，用以治療黏膜疾病，通常以30C的濃度服用。換言之，本製劑已稀釋到濃度相當於地球大海中的一顆分子。美國聯邦貿易委員會（FTC）近期已要求所有順勢療法成藥的營銷聲明必須和其他藥物一致，適用同一套規定。

測是：心理因素導致壓力激素下降，進而改善病患整體健康。

但順勢製劑中不含任何藥劑，本身不可能有任何效果，唯一的效果就是來自病患對其療效的信念。然而，一九八八年，賈科斯・賓文尼斯特（Jacques Benveniste）所領導的團隊在知名期刊《自然》上發表論文宣稱自己已證實一項順勢製劑的療效。可想而知，科學家皆為此震驚。

論文中，賓文尼斯特與同事宣稱，人體血液中的嗜鹼性白血球（basophils）接觸經過大力搖晃的抗敵稀釋溶液後，其屬性竟然發生改變。根據他們的計算，稀釋溶液中有可能完全不含原本的溶質分子，但就算溶質已不存在，溶液本身卻顯然已保存對溶質的「記憶」。

由於實驗結果爭議性大，《自然》期刊派遣團隊前往賓文尼斯特的實驗室進行調查，其中一位調查專員是魔術師兼專業科學懷疑論者詹姆士・藍迪（James Randi）。調查團隊對於實驗室的樣本控制很不以為然，認為賓文尼斯特團隊的發現受到「無意偏誤」（unintentional bias）所影響，並斷定其發現為「錯覺」（delusion）。

但賓文尼斯特不以為意。一九九七年，他再次震驚生物學界，宣稱水的記憶效果——來自液體中的「電磁震盪印記」——可以透過電話線傳播（後來還加上網路）。

許多物理學家對此嗤之以鼻（但有名激進的諾貝爾獎得主支持他），其他實驗室的生物學家也無法複製其實驗結果。

一九九九年，藥理學家麥德林・恩尼斯（Madeleine Ennis）與一些同事發表論文宣稱，超稀釋的組織胺（Histamine）能抑制嗜鹼性白血球的活動，引發新一波的爭論。藍迪立即宣布，如果有人能複製恩妮斯的實驗結果，就能獲頒一百萬美元的獎金。於是，英國國家廣播公司（BBC）的紀錄片節目《地平線》（Horizon）便組織明星科學團隊，並在權威的英國皇家學會支援下，嘗試複製恩尼斯的實驗結果。

在藍迪的監督下，兩個獨立的實驗室進行嚴格的雙盲實驗程序，將極度稀釋組織胺對嗜鹼性白血球的效果與純水做比較。試驗結束前，參與者不會知道哪些樣本是稀釋溶液，哪些樣本是控制組。長話短說，藍迪的百萬美元獎金並沒有發出去。實驗並無發現任何可複製的效果，不同樣本對於嗜鹼性白血球的效果差異，不過是純粹偶然，即便如此，有些人仍然不死心，認為水記憶的真偽尚未有定論。二〇一〇年，恩尼斯在一本順勢療法期刊中寫道，小規模實驗（必定）會有微小差異，若要釐清這些差異，就必須進行昂貴且嚴格的「多中心試驗」。水記憶沒有物理學根據，但顯然有些人就是想要相信。人類的信仰機制極其複雜，因此恩尼斯自己也說，這件事將「沒完沒了」。

但或許應該要下定論。二〇一五年，澳大利亞國家健康暨醫藥研究委員會（National Health and Medical Research Council）發表詳細報告，調查一千八百項對順勢療法的研究，其中只有二百二十五項研究的嚴謹程度達到標準，值得詳細檢驗。仔細檢驗這些研究後，委員會發現「沒有優質證據證明順勢療法能有效治療疾患」。報告的撰寫人更是直截了當地寫道：「**順勢療法不應用來治療任何慢性、嚴重，或有可能惡化的疾患**」（強調為本書作者所加）。顯然，水是健忘的。

偽古生物學——「遼寧古盜鳥」

西元一九九七年

雖然現在學界透過分析現存動物的多樣性，就可以超越合理懷疑，斷定地球上所有生物有一個共同起源，但如果要研究生物演化的細節，就只能透過化石。人類屬於脊椎動物，而多數脊椎動物化石都是古代動物死後，留下的礦化骨骼與牙齒，先是保存在沉積岩中，後來則因侵蝕而暴露。

由於化石形成的過程變幻莫測，古生物學家在古代岩層中找到的化石多數是零星的脫落牙齒，或是帶有牙齒的下巴碎片，或是身體骨骼的碎塊。要找到完整的顱骨就已經夠難了，要找到半完整的骨骼系統更是難如登天。至於完整的骨骼系統，簡直是鳳毛麟角，但因為帶有超大量資訊，能讓我們深入了解絕種的動物，所以向來是古脊椎動物學家的聖杯。

過去數十年，中國已成為脊椎動物化石的重要出土地，尤其是保存在細粒沉積

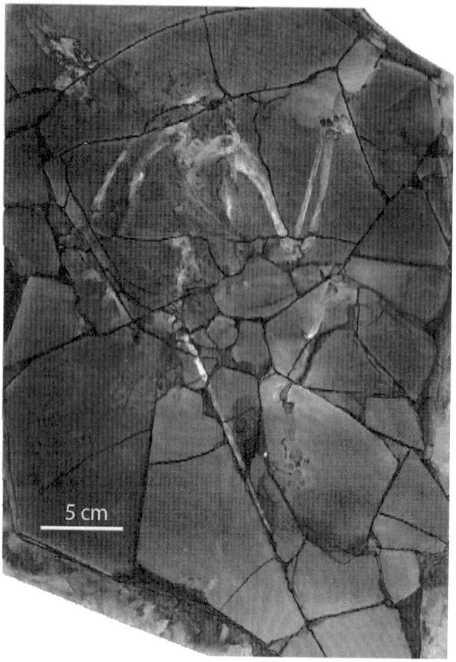

故事的細節不清楚，但據說有名中國東北遼寧省的農民發現了稀有的齒鳥化石。化石被走私出中國，賣給一間私人恐龍博物館，並登上《國家地理雜誌》，受到大篇幅報導。然而，化石樣本後來被發現是組合而成。

岩中的完整壓平骨骼化石。這些化石填補知識缺口，使學界終能了解許多動物的演化過程。中國政府很重視這些化石的科學價值，因此很早以前就認定化石為國家資源，禁止出口國外。

然而，中國境內含有化石的裸露岩層，多數是貧農的耕種地。這些貧農發現在黑市裡販賣化石，賺的錢比耕種還來得多。（說來遺憾，黑市規模頗大）在許多地區，走私與私自販售化石已成為小型產業，但這些行為使科學界錯失研究這些化石的機會，而且挖掘手法粗糙，造成樣本損毀，使得來源資料不齊。

一九九七年夏，有位中國東北遼寧省的農民在一處頁岩採石場，劈採白堊紀（約一億兩千萬年前）早期的岩層，並意外將若干片含有化石的石板擊碎。該農民將碎片帶回家，後來將許多碎片黏起來，拼成賣相較好的半完整骨骼化石。當地一名涉入程度不明的化石商人取得假許可後，便將黏合化石樣本出口至美國，並在一場寶石與礦物展示會上以八萬美元賣出。

買家史蒂芬・澤卡斯（Stephen Czerkas）是猶他州一間小型恐龍博物

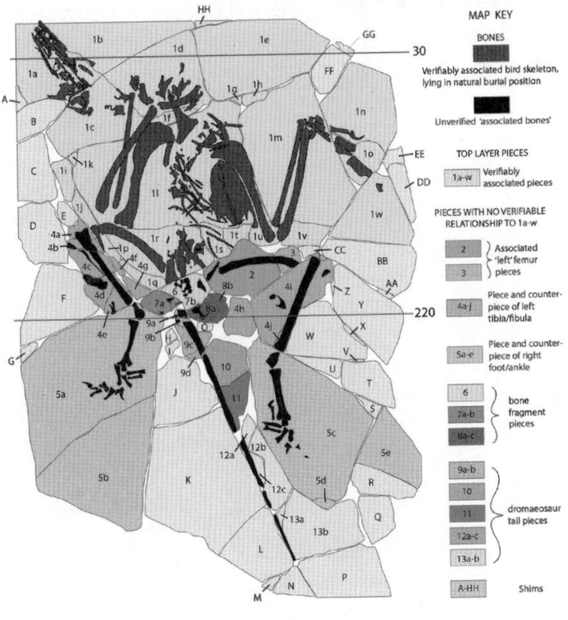

科學家利用高解析X光電腦斷層掃描，對被稱為遼寧古盜鳥的化石進行分析，發現化石樣本乃是由八十八塊碎片黏合而成，這些碎片分辨來自至少兩隻生物，甚至有可能高達五隻。

館的館長。購入化石後，他馬上就發現石板中的生物和當時已知物種有所不同。其身體上半部與胸部長滿翼羽，形狀類似一種著名的原始齒鳥，其肩膀結構則類似始祖鳥（Archaeopteryx），而其尾巴修長堅硬，類似一種叫做馳龍（dromaeosaurs）的掠食恐龍。

澤卡斯立即聯絡加拿大恐龍專家菲力・柯爾（Phil Currie），緊接著通知《國家地理雜誌》。一九九九年十一月，《國家地理雜誌》發表旗下記者克里斯多夫．史隆（Christopher Sloan）所撰寫的文章，將該樣本取名為「遼寧古盜鳥」（Archaeoraptor liaoningensis），並稱它「確確實實填補了」恐龍與鳥類之間的「鴻溝」。然而，《國家地理雜誌》發表這篇文章比較像是旗鼓宣揚新發現，並未進行仔細查驗。

但此時，化石樣本已送往德州大學（University of Texas），由提姆・羅爾（Tim Rowe）進行高解析電腦斷層掃描。不久，羅爾便發石板頂部帶有化石處其實乃是由許多碎塊組成，有些碎塊來自不同的石板，而所有碎塊都黏補在下面的頁岩，讓它看起來像單一骨骼。更甚者，生物的尾巴與腹部不搭配，而且兩腿其實是單腿的正面與負面（此類壓型化石有上印痕與下印痕）。

進行掃描時，柯爾與澤卡斯兩人皆在場，但不知為何，《國家地理雜誌》並不知悉羅爾的結論（有名標本製作人員獨立檢驗過化石後，也得出和羅爾類似的結論），直接就將聳動的文章發表出去。文章中所稱的發現，馬上就引起國家媒體的注意，引發軒然大波。

文章馬上就受到史密森尼學會的史托斯・歐爾森（Storrs Olson）的批評，但這不是最嚴重的一擊。二〇〇〇年三月，《國家地理雜誌》低調發表一封受邀至美國研究新樣本的中國專家徐星所寫的短信（當時，樣本已決定送回中國，現今也存依然放在中國）。

還在中國時，徐星就看過「遼寧古盜鳥」尾巴的負面（這次是接在馳龍的身體上），並立刻就發現「遼寧古盜鳥

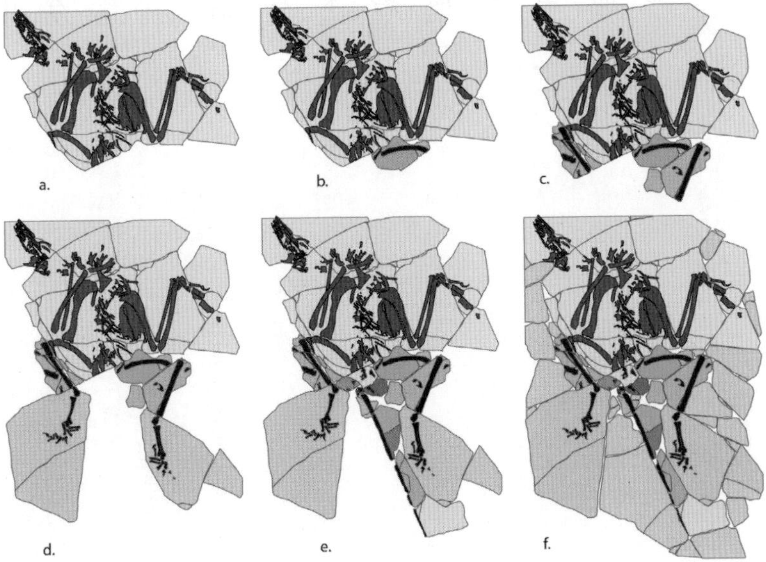

遼寧古盜鳥的假造過程。

是組合而成……馳龍尾巴配上鳥類軀體」。徐星原本在信裡是寫「假造」而非「組合而成」，但後來他選擇輕描淡寫。澤卡斯原本也想透過科學期刊《自然》發表這個填補鴻溝的「環節」，但就在同月，《自然》發表文章講述這場騙局，文章作者包含羅爾、徐星及柯爾。

最終，《國家地理雜誌》已顏面盡失，並於二〇〇〇年十月發表一篇外部獨立調查員對此事的調查報告。這份報告講述著一則由各方關係人的疏忽、否認、相互指責交織而成的悲慘故事——但最初的發現者／假造者仍保持匿名，參與人數未知。報告為「遼寧古盜鳥」的故事劃下句點——但並沒有否認化石樣本本身，因為後來發現這些化石樣本其實分別代表兩個新物種：一隻是早期鳥類，一隻是馳龍。

這場科學騙局，幾乎各方都有過失。然而，涉入者雖然的確有不良動機，但並沒有像皮爾當人騙局的主使者那樣滿懷惡意（詳見〈第二十八章〈偽古人類學〉〉。發現化石的是一名貧窮的農民，他大概只是想要盡可能提高將非法化石的市值；走私化石的商人必定也是如此。參與鑑定的科學家多數只是疏忽大意而非惡意欺騙，而《國家地理雜誌》雖然一開始疏於查證就急著發表驚人發現，但得知事有蹊蹺後便立即採取補救措施。

當然，這件事凸顯中國的地方貪腐猖獗，且不只是會山寨LV包及勞力士錶。在美國，必定會有人利用此故事來推展自己的理念：理查・尼克森（Richard Nixon）水門事件的共謀者查爾斯・科爾森（Charles Colson）就曾在廣播評論中表示，這是一場「精心且刻意的騙局」，目的是要隱藏化石紀錄缺乏「過度型態」的事實。

但諷刺的是，這件事正好凸顯科學的價值：科學雖然一開始出錯，但馬上就自我修正──一方面，新科技使科學家能及時發現錯誤；另一方面，徐星的介入顯示，「思考」雖然不是什麼新科技，但仍然非常有價值。當初，皮爾當人騙局經歷五十年才被拆穿，而「遼寧古盜鳥」的騙局則能及時懸崖勒馬，實在是太好了。

記憶誤差——假回憶錄

西元一九九七年

虛構作品與非虛構作品的分界到底在哪裡？這是一個難以回答的大哉問，但許多人認為虛構作品與非虛構作品之間，其實並不存在真實的分界。畢竟我們都知道，人類的記憶非常不可靠。目擊證詞以前是美國各地法院所採信的堅強證據，但現在發現目擊證詞其實非常容易發生前後不一的情形。人每次從大腦的記憶庫提取塵封的回憶，

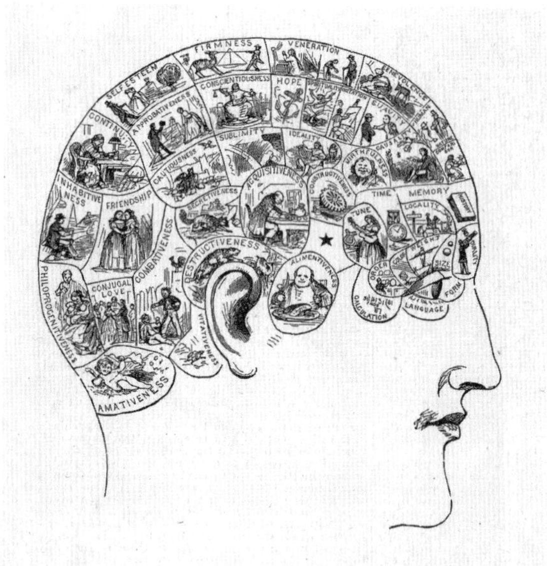

記憶並非像檔案櫃中的資料夾一樣永久儲存在人類大腦中。研究發現，記憶是可替代的。記憶每次受到提取，都會有所改變。有時候改變非常細微，幾乎不會有所察覺；但有時候改變的幅度卻非常大。

就有可能稍微改變記憶的內容，並將改變後的記憶儲存回去。此外，文學界還有一種文類，叫做「非虛構寫作」（fictionalized nonfiction，又稱「報導文學」、「紀實小說」），其中最知名的作品就是楚門・卡波提（Truman Capote）的《冷血》（In Cold Blood）。

若論個人回憶錄，要求準確度似乎是合理的，頂多因為記憶模糊的關係有些許增減。雖然有時真相比虛構故事還要不可思議，但有些撰寫回憶錄的人卻刻意加油添

瑪格麗特·B·瓊斯穿著黑色連帽衫，展示「血幫」（The Bloods）份子穿戴的頭巾，講述自己背上的大型哭泣比特犬刺青。她說這塊刺青乃是為了紀念自己被處以死刑的朋友，是「身體上最低端的部位」。她的回憶錄《愛及其後果：希望與倖存的回憶錄》刻畫細膩，發自肺腑，描述自己身為白人及印地安混血兒，在洛杉磯南區毒品氾濫的環境中成長的過程。這本回憶錄完完全全是杜撰的。

醋，以真相點綴虛構故事，以虛構故事潤飾真相，甚至還有整本回憶錄都是捏造的。

近期的案例中，最極端的莫屬「瑪格麗特・B・瓊斯」（Margaret B. Jones，真名為瑪格麗特・塞爾澤 Margaret Seltzer）。她撰寫的《愛及其後果：希望與倖存的回憶錄》（Love and Consequences: A Memoir of Hope and Survival）回憶自己作為一名混血寄養孩童，在洛杉磯南區幫派肆虐的殘酷大街上成長的故事。但其實她是白人，父母是生活寬裕的中產階級，而且在富庶的雪曼奧克斯區（Sherman Oaks）長大。這本杜撰的回憶錄於二〇〇〇年出版，但真相曝光後，出版社立即將其下架。這場騙局與米夏・德芳塞卡（Misha Defonseca）一九九七年的「自傳」《與狼共舞》（Misha: A Mémoire of the Holocaust Years）齊名。《與狼共舞》是一部編織的自傳，講述一名六歲女孩因父母遭驅逐出境而孤身一人在德軍佔領的歐洲尋找父母，且一度受到狼群的保護，甚至還曾殺死一名威脅她的德軍士兵。

納粹大屠殺回憶錄文類的捏造情事特別多，但通常是參雜在真實的個人經歷之中。赫爾曼・羅森布拉特（Herman Rosenblat）二〇〇三年的自傳《鐵絲網上的天使：倖存的真實愛情故事》（Angel at the Fence: The True Story of a Love That Survived）即屬此類。羅森布拉特真的是布亨瓦德集中營的倖存者，但這本自傳的核心故事是他被關在集中營時，有名農村姑娘曾丟蘋果給他吃。戰後，兩人在康尼島（Coney Island）偶然相遇，後來結婚。這則故事顯然是捏造的，因為根據集中營的結構佈局，這是不可能發生的。有人提出質疑後，回憶錄遭取消出版，羅森布拉特也在電視節目《歐普拉．溫芙蕾秀》（The Oprah Winfrey Show）上承認做假，但仍堅持他心中仍保留著蘋果故事的「夢幻」場景。

近期最著名、最大膽的自傳騙局是詹姆士．弗雷（James Frey）二〇〇三年的回憶錄《百萬碎片》（A Million Little Pieces）。這本回憶錄曾讓歐普拉淚灑現場，也因為此事聲名大噪，熱賣超過三百萬本。回憶錄中，作者講述自己肝腸寸斷的悲慘故事：吸毒，酗酒，犯罪，以及各種恐怖個人經歷。書中充滿了各類暴力事件，但 Smoking Gun 網站判斷這些事件經過各式各樣相當程度的加油添醋。最後，出版社在往後

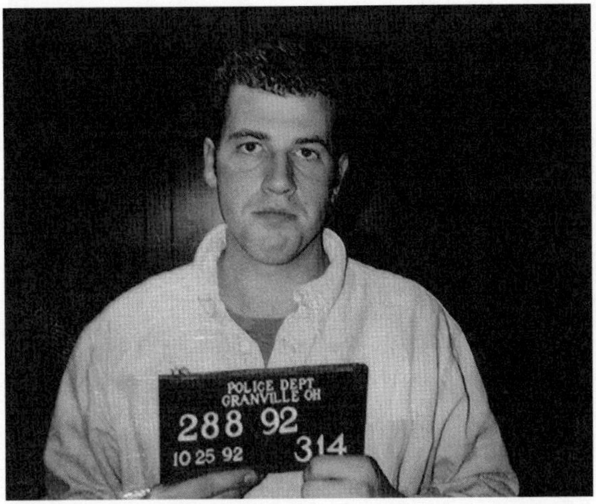

詹姆士．弗蘭的悲慘回憶錄《百萬碎片》講述自己酗酒，吸毒，犯罪的歲月，宣稱自己曾多次遭到警方逮捕並監禁數月。但其實，弗蘭最接近坐牢的經驗是曾在俄亥俄州一間小型警察總部待上數小時，等待好友拿七百三十三美元將他保釋（來源：The Smoking Gun）。

的版本中加入免責聲明，並開放退費，讀者如果覺得自己受騙，便能拿回買書的錢。但令人訝異的是，申請退款的讀者竟然少之又少，而弗雷則繼續從事媒、體製作，並經營有成。

有時候，甚至連作者本身都是虛構的。在封閉的阿爾巴尼亞首都地拉那（Tirana），阿爾巴尼亞劇作家吉里・卡亞尼（Jiri Kajane）冒著生命危險在獨裁者恩維爾・霍查（Enver Hoxha）的暴政統治下努力創作舞台劇。他的劇作《每天都是明天》（Neser Perdite）演出一次後就被文化部禁演。後來，他寫了一系列短篇故事，但即使一九八五年霍查逝世後，他仍然覺得在母國阿爾巴尼亞出版這些故事太過危險，因為許多故事中都有一個叫做「口號部副部長」的角色，明顯是在諷刺阿爾巴尼亞政權。

然而，卡亞尼的作品卻很受西方國家編輯的歡迎，並在西方國家出版，其中一篇故事甚至還入選美國一本聲望頗高的文學選集，與伊恩・麥克伊旺（Ian McEwan）、喬伊斯・卡洛・奧茲（Joyce Carol Oates）、派翠西亞・海史密斯（Patricia Highsmith）、格雷安・葛林及厄尼斯特・海明威（Ernest Hemingway）等文學巨擘齊名。有份雜誌表彰他為「阿爾巴尼亞第二偉大的在世作家」，成就高於他的唯有伊斯梅爾・卡達萊（Ismail Kadare）。

但其實，卡亞尼這個人並不存在，他是聯邦調查局（FBI）幹員凱文・費蘭（Kevin Phelan，他假冒為卡亞尼作品的譯者）與前美國職棒大聯盟聖地牙哥教士隊（San Diego Padres）教練比爾・烏仁（Bill U'Ren）虛構出來的人物。兩人在加州大學（UCLA）的創意寫作課上認識，並發現自己寫的故事如果設定在阿爾巴尼亞，並以卡亞尼的名義提交，會比設定在美國，並以自己的名義提交來得好賣。今日，讀者可以在市面上找到娛樂書《地拉那冬日》（Winter in Tirane），這本書乃是以真實作者名義出版，並以「卡亞尼」為敘事者。

大家可能以為這個事件以及許多其他的詐騙事件會收到作家界的抨擊，畢竟這會影響到他們的職業聲譽。然而，除了離奇訴訟以外，作家界這幾年對於文學騙局的曝光都是輕鬆看待。這是一項複雜的議題：作品被揭露是騙局，是否會貶低作品本身的文學價值（如果是真實作品，其應有的價值）？虛構故事與非虛構故事中（有時）無可避免的虛構成份之間，是否真的存在一條明顯界限？

費蘭公開問了一個很好的問題：讀者以為這些故事的作者是阿爾巴尼亞人的時候，他們很喜歡這些故事，但為何發現作者的真實身分後，卻不那麼喜歡了（詳見第三十四章〈假畫〉）？雪菲爾大學（University of Sheffield）教授蘇・文斯（Su Vice）

等學者就希望大家在譴責之前先想一想：「如果回憶錄內涵一丁點虛構或重建的成份，整本作品就會被唾棄，但其實這些作品的文學或心理學價值有可能超越其真實價值。」

無理的恐懼——疫苗與自閉症

西元一九九八年

一九七一年，美國首次推動三合一的麻疹腮腺炎德國麻疹混合疫苗（MMR vaccine）。這些疾病在數十年前讓本書兩位作者非常不開心，也使我們的父母非常憂心。新型混合疫苗在幼兒年齡十二個月至十五個月時施打，是嬰幼兒疾病管制的重大進步。一九八八年，在美國成功推行十幾年後，疫苗引進英國。由於嬰幼兒的自體免疫系統尚未發展成熟，所以嬰幼兒疾病特別需要透過疫苗

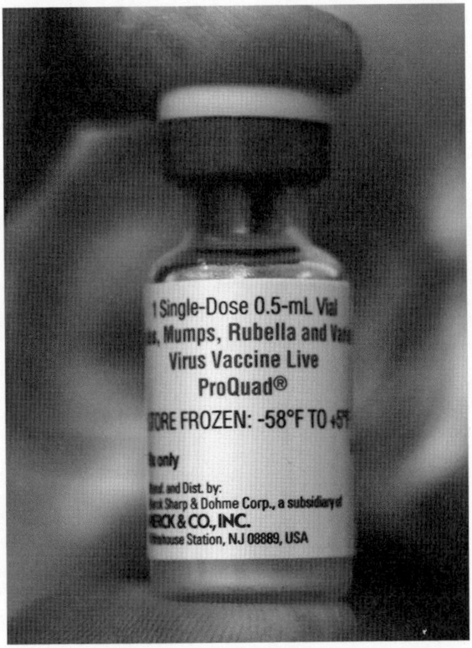

麻疹腮腺炎德國麻疹混合疫苗能預防麻疹、腮腺炎、德國麻疹（又稱風疹）。麻疹疫苗普及之前，麻疹發病率非常高，以至從前認為「和死亡及納稅一樣必無法避免」。後青春期男性如果感染腮腺炎，有可能會導致不孕，而如孕婦果感染風疹，可能會導致胎兒先天性畸形。麻疹腮腺炎德國麻疹混合疫苗只須接種一劑就能能引發對三種疾病的免疫，無須分別接種三劑。

來預防。麻疹腮腺炎德國麻疹混合疫苗的效力非常好，因此時至一九九〇年代初期，痲疹與德國麻疹在美國及多數西歐國家已經幾乎絕跡。

然而，一九九二年初，英格蘭北部有個名叫JABS（Justice, Awareness, and Basic Support；正義、意識、基本支持）的反疫苗團體開始謠傳麻疹腮腺炎德國麻疹混合疫苗會導致接種幼兒大腦損害。不久，在倫敦皇家自由醫院（Royal Free Hospital）醫師安德魯・維克菲爾德（Andrew Wakefield）的秘密協助之下，該團體的律師搜集證據以對麻疹腮腺炎德國麻疹混合疫苗廠商提起訴訟。維克菲爾德的鐘點費高得離譜，他們想要證明疫苗可能會導致一種「新症狀」，並以此為基礎提起集體訴訟，為雙方賺取大把鈔票。維克菲爾德不久後便為一種「較為安全」的單一麻疹疫苗申請專利。這種疫苗在市場上就對不可能成功，除非麻疹腮腺炎德國麻疹混合疫苗退出市場。

一九九八年二月，知名英國醫學期刊《柳葉刀》（The Lancet）刊登一篇經過同儕評閱的文章，由維克菲爾德與十幾名學者共同撰寫。文章宣稱麻疹腮腺炎德國麻疹混合疫苗不只導致發炎性腸道疾病，更會造成可怕的「退化性自閉症」，使孩童產生自殘行為，以及語言障礙等缺陷。作者表示，「腸道與行為的病理同時發生，這有可能是偶然」，但接著又主張並非偶然。

論文雖然充滿艱澀難懂的專業術語，但整篇文章讀起來卻像是奇聞記事，且研究的樣本不過是十幾名孩童——後來更是發現其中五名孩童在接種麻疹腮腺炎德國麻疹混合疫苗前，早就診斷有發展遲緩。

單憑其薄弱的論述依據，這篇論文大概不會有人重視，但卻有人大張旗鼓將論文中的發現宣告給新聞媒體，使英國小報見獵心喜，同時維克菲爾德向記者編織故事，宣稱疫苗的三重效應會改變幼兒的免疫系統，使麻疹病毒穿破腸道，釋放會影響大腦的蛋白質。這完完全全是胡說八道，但媒體就是特別喜歡精彩的故事，讀者似乎也是。

就連英國首相也捲入這起事件，因為據稱他自己的兒子並沒有接種疫苗。奇怪的是，首相過了很久才否認此傳聞。在小報大肆宣傳下，麻疹腮腺炎德國麻疹混合疫苗的接種率急劇下降。時至二〇〇三年，英格蘭孩童疫苗接種率遠低於九十二%，也就是「群體免疫」所需的最低門檻。麻疹也因此開始爆發。

早在一九九九年十二月，維克菲爾德就在皇家自由醫院碰上麻煩。院方要求他複製研究結果，但他卻複製失敗，因此院方在二〇〇一年將他解僱。兩年後，另外一批研究團隊發表一項詳盡的研究，表示無法佐證維克菲爾德的研究結果。二〇〇三年，由於缺乏證據，訴訟融資已遭撤回。不久後有人揭露，許多維克菲爾德的自閉症患者實驗對象竟然是訴訟當事人。

二〇〇四年三月，《柳葉刀》期刊上的那篇論文已遭到大部分作者切割。後來，《星期日泰晤士報》的調查完全揭露整起騙局。二〇一〇年五月，維克菲爾德遭撤銷醫師執照。

但此時的他已成為新聞媒體明星。二〇〇一年，他現身美國哥倫比亞廣播公司（CBS）的《六十分鐘》（60 Minutes）節目痛斥麻疹腮腺炎德國麻疹混合疫苗造成「自閉症流行」。維克菲爾德的支持者包含女演員暨前《花花公子》（Playboy）模特兒珍妮・麥卡錫（Jenny McCarthy），他們卻不甘於單針對麻疹腮腺炎德國麻疹混合疫苗，而是將矛頭指向所有的疫苗。

二〇一一年一月，維克菲爾德早已失去科學界與醫學界的信任，但仍在德州湯博爾市（Tomball, Texas，他移居至此）一間教堂裡發表演說，現場坐滿聽眾。

根據《紐約時報》的報導，那場演講中，維克菲爾德的聽眾（多數是自閉兒父母）聽到「起立鼓掌，掌聲響遍全場」。主辦人還嚴厲告誡《泰晤士報》（Times）的記者：「對他好一點，不然我們要你好看。」《紐約時報》還寫道，有名反疫苗團體領導人說維克菲爾德是「尼爾森・曼德拉及耶穌基督的合體」。

一九九〇年代晚期，倫敦《星期日泰晤士報》及《英國醫學期刊》(British Medical Journal) 刊登記者布萊恩・迪爾 (Brian Deer) 的調查，講理的人讀了就會知道麻疹腮腺炎德國麻疹混合疫苗導致自閉症的理論根本站不住腳。二〇一二年，有份後設研究對十幾份共涉及一千四百七十萬名孩童的科學研究進行分析，發現沒有可信證據顯示麻疹腮腺炎德國麻疹混合疫苗會導致自閉症。

但為何仍有如此多人深信不疑？

EARLY REPORT

Early report

Ileal-lymphoid-nodular hyperplasia, non-specific colitis, and pervasive developmental disorder in children

A J Wakefield, S H Murch, A Anthony, J Linnell, D M Casson, M Malik, M Berelowitz, A P Dhillon, M A Thomson, P Harvey, A Valentine, S E Davies, J A Walker-Smith

Summary

Background We investigated a consecutive series of children with chronic enterocolitis and regressive developmental disorder.

Methods 12 children (mean age 6 years [range 3–10], 11 boys) were referred to a paediatric gastroenterology unit with a history of normal development followed by loss of acquired skills, including language, together with diarrhoea and abdominal pain. Children underwent gastroenterological, neurological, and developmental assessment and review of developmental records. Ileocolonoscopy and biopsy sampling, magnetic-resonance imaging (MRI), electroencephalography (EEG), and lumbar puncture were done under sedation. Barium follow-through radiography was done where possible. Biochemical, haematological, and immunological profiles were examined.

Findings Onset of behavioural symptoms was associ[illegible] by the parents, with measles, mumps, and rub[illegible] vaccination in eight of the 12 children, with meas[illegible] infection in one child, and otitis media in [illegible] All 1[illegible] children had intestinal abnormalities, [illegible] from lymphoid nodular hyperplasia to [illegible] ulceration. Histology showed patchy chronic inflam[illegible] in 11 children and reactive ile[illegible] hyperplasia in seven, but no granulomas. Be[illegible] disorders included autism (nine), disintegrativ[illegible] (one), an[illegible] possible postviral or vaccinal encephalitis [illegible]). There were no focal neurological [illegible] and [illegible] and EEG tests were normal. Abno[illegible] laboratory results [illegible] significantly raised urinary [illegible] acid compared with age-matched contro[illegible] low haemoglobin in four children, [illegible] low [illegible] IgA in [illegible] children.

Inter[illegible] [illegible] associated gastrointestinal di[illegible] and [illegible] regression in a group of prev[illegible], which was generally associated in time [illegible] possible environmental triggers.

Lancet 199[illegible] 351: 637–41

See Commentary page

Inflammatory Bowel Disease Study Group, University Departments of Medicine and Histopathology (A J Wakefield FRCS, A Anthony MB, J Linnell PhD, A P Dhillon MRCPath, S E Davies MRCPath) **and the University Departments of Paediatric Gastroenterology** (S H Murch MB, D M Casson MRCP, M Malik MRCP, M A Thomson FRCP, J A Walker-Smith FRCP), **Child and Adolescent Psychiatry** (M Berelowitz FRCPsych), **Neurology** (P Harvey FRCP), **and Radiology** (A Valentine FRCR), **Royal Free Hospital and School of Medicine, London NW3 2QG, UK**

Correspondence to: Dr A J Wakefield

Introduction

We saw several children who, after a [illegible] of apparent normality, lost acquired skills, includ[illegible] com[illegible]ication. They all had gastrointestinal [illegible]ptoms, [illegible]luding abdominal pain, diarrhoea, and [illegible]ting and, [illegible] some cases, food intolerance. We [illegible]cribe [illegible] clinical f[illegible]ings, and gastrointestinal featu[illegible] of these c[illegible]en.

Patients and met[illegible]

12 children, co[illegible] to [illegible] department of paediatric ga[illegible]erology [illegible] a h[illegible] of a pervasive developmenta[illegible] with loss [illegible] skills and intestinal symptoms [illegible] abdomin[illegible]n, bloating and food intolerance), were inv[illegible]ated. All children were admitted to the ward f[illegible], accomp[illegible] by their parents.

[illegible]ical investigations

[illegible] took histor[illegible] including details of immunisations and [illegible] to infec[illegible] diseases, and assessed the children. In 11 ca[illegible] the histor[illegible] obtained by the senior clinician (JW-S). Neur[illegible] psychiatric assessments were done by [illegible] (PH, MB) with HMS-4 criteria.[1] Developmental [illegible] included a review of prospective developmental records from [illegible], health visitors, and general practitioners. Four children did not undergo psychiatric assessment in hospital; all had been assessed professionally elsewhere, so these assessments were used as the basis for their behavioural diagnosis.

After bowel preparation, ileocolonoscopy was performed by SHM or MAT under sedation with midazolam and pethidine. Paired frozen and formalin-fixed mucosal biopsy samples were taken from the terminal ileum; ascending, transverse, descending, and sigmoid colons, and from the rectum. The procedure was recorded by video or still images, and were compared with images of the previous seven consecutive paediatric colonoscopies (four normal colonoscopies and three on children with ulcerative colitis), in which the physician reported normal appearances in the terminal ileum. Barium follow-through radiography was possible in some cases.

Also under sedation, cerebral magnetic-resonance imaging (MRI), electroencephalography (EEG) including visual, brain stem auditory, and sensory evoked potentials (where compliance made these possible), and lumbar puncture were done.

Laboratory investigations

Thyroid function, serum long-chain fatty acids, and cerebrospinal-fluid lactate were measured to exclude known causes of childhood neurodegenerative disease. Urinary methylmalonic acid was measured in random urine samples from eight of the 12 children and 14 age-matched and sex-matched normal controls, by a modification of a technique described previously.[2] Chromatograms were scanned digitally on computer, to analyse the methylmalonic-acid zones from cases and controls. Urinary methylmalonic-acid concentrations in patients and controls were compared by a two-sample *t* test. Urinary creatinine was estimated by routine spectrophotometric assay.

Children were screened for antiendomyseal antibodies and boys were screened for fragile-X if this had not been done

THE LANCET • Vol 351 • February 28, 1998 637

一九九八年，世界歷史最悠久、聲望最高的醫學期刊之一《柳葉刀》刊登一篇安德魯・維克菲爾德與十二名學者的共同研究論文。論文宣稱麻疹腮腺炎德國麻疹混合疫苗會導致與自閉症有關的腸道症狀。多方調查發現該研究背後有利益衝突及醫療疏失，《柳葉刀》終於在十二年後撤銷該篇論文。

人類對高科技抱持懷疑態度固然是原因，畢竟科技發展的速度很多人跟不上。然而，原因不僅如此。承受壓力的人，例如自閉兒的家長，經常會想要找尋代罪羔羊；而且發生不幸事件時，人類的天性就是想找尋肇因，任何原因都可以接受（詳見第四十章〈登月瘋〉）。似乎，面對逆境時，如果自認為了解情況，就會比較好過。在動不動就打官司的社會中尤其如此，因為或許能以選中的肇因為依據，藉此提起訴訟並爭取賠償。

但此效應不僅止於個人層級。二〇一四年加州迪士尼樂園爆發嚴重麻疹疫情，終於促使議員提出法案，終止免除接種條款，要求所有就讀小學及托兒所的孩童接種疫苗（有些地區，高達二十%的家長基於個人或宗教原因，選擇不讓兒女接種疫苗）。然而，有群規模雖小但講話很大聲的人卻利用社群媒體的力量反對通過法案——評論家瑞內．迪雷斯塔（Renée DiResta）曾說，推特上大多數反疫苗推文皆源自十幾個帳號，但這些推文卻經過精心設計，以散布至整個推特。

法案通過後這些推文的轉變同樣揭露人性：推文原本主張麻疹腮腺炎德國麻疹混合疫苗會導致自閉症，但法案通過後，他們卻改變策略，主張人民應該有自由選擇是否接種疫苗。似曾相識吧？顯然，自認為正確就好，不需要原則。

同儕評閱——揚・漢德利克・舍恩

西元二〇〇〇年

科學家的職涯中，最不爽的就是提交一篇很厲害的論文給著名期刊，結果被無知又無禮的評審打槍。除了評審的無情評論以外，還會接到期刊編輯的來信，好一點的要求大幅改寫，壞一點的直接拒絕接受。

運氣好的話，會受到上天眷顧，編輯會來信說評審很喜歡你的論文，自己也決定直接接受你提交的稿件。這種情況很少見。這兩種極端之間是論文審查制度最理想的結果：學者會評閱論文，揪出錯誤之處，提出具體改善建議，甚至有可能指出論文作者自己也沒想到的研究意涵。

這就是同儕評閱（peer review）。論文發表紀錄是科學家職涯成功與否的關鍵，各領域的學者無不爭取頂尖期刊刊登自己的論文。熱門的期刊必定接獲大量投稿，因此必須挑選論文進行刊登，而挑選的標準取決於其他科學家的評閱——也就是提交人的同儕。

同儕評閱是科學論文的品質控制機制，也是唯一的機制，但卻有很多缺陷。例如，編輯如果不想要發表本篇論文，就可以選擇把論文稿件交給作者在學術上的對手審查，藉此預定論文的命運。即便沒有如此，評審有時也難以保持客觀。偶爾，論文的內容太過專業，根本找不到合適的同儕進行評閱——有一次，路易斯・李奇（詳見第三十八章〈受誤導的考古〉）甚至被要求自己評閱自己的論文！

更甚者，評閱論文勞心費神，但卻沒有酬勞。科學家提交論文給其他人評閱時，自己也有可能在評閱其他同儕的論文，認真盡責的評閱工作耗日費時。如果實驗室業務繁忙，科學家有可能會草率評閱論文，以節省數小時、甚

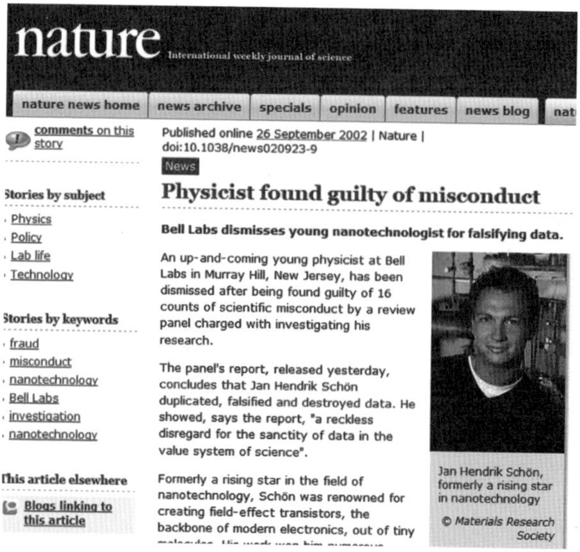
nature International weekly journal of science

nature news home | news archive | specials | opinion | features | news blog | nat

comments on this story

Published online 26 September 2002 | Nature | doi:10.1038/news020923-9

News

Physicist found guilty of misconduct

Bell Labs dismisses young nanotechnologist for falsifying data.

An up-and-coming young physicist at Bell Labs in Murray Hill, New Jersey, has been dismissed after being found guilty of 16 counts of scientific misconduct by a review panel charged with investigating his research.

The panel's report, released yesterday, concludes that Jan Hendrik Schön duplicated, falsified and destroyed data. He showed, says the report, "a reckless disregard for the sanctity of data in the value system of science".

Formerly a rising star in the field of nanotechnology, Schön was renowned for creating field-effect transistors, the backbone of modern electronics, out of tiny

Jan Hendrik Schön, formerly a rising star in nanotechnology

© Materials Research Society

Stories by subject
- Physics
- Policy
- Lab life
- Technology

Stories by keywords
- fraud
- misconduct
- nanotechnology
- Bell Labs
- investigation
- nanotechnology

This article elsewhere
- Blogs linking to this article

根據《美國國家科學院院刊》（Proceedings of the National Academy of Sciences）上一份目前最完整的分析報告，自一九九七年以來，科學研究遭到撤回的比率已增加十倍之多。

至數日的寶貴時間。

因此，有些次等論文獲得同儕評閱放水通過，而有些優質但非傳統的研究卻無從發表（儘管這種情況愈來愈少，因為現在的期刊愈來愈多，其中有些是詐欺性質的期刊，利用網路公開取用模式的新興「作者付費」制度賺取利潤）。

另一方面，科學界中徹底造假相對少見，但近年來也曾發生重大造假事件：日本麻醉學家藤井善隆（他承認約有一百八十三篇科學論文造假）及南韓幹細胞學家黃禹錫（因挪用款項與違反生命倫理遭判處二年有期徒刑，後來更是承認造假）兩人的造假事件受到媒體大幅報導。

然而，若論徹底學術造假，最厲害也最可惡的學者就屬揚・漢德利克・舍恩（Jan Hendrik Schön），他濫用同儕評審制度的功力無人能及。舍恩是一名有為的德國物理學家，於一九九七年末進入紐澤西著名的貝爾實驗室（Bell Laboratories）進行研究。當時，貝爾實驗室正進行先進的半導體研究，以追求更小的電腦電路。不久，舍恩便成為一種小型創新產業，幾乎是把傳統電子奈米教科書統統改寫。他發現，一般情況下絕緣的有機材料可以轉變成超導體，並做為雷射或甚至是單分子電晶體。這是一項重大突破，使人類有機會脫離矽基電子科技，改採用有機系統，讓電路縮得更小。

二〇〇〇年至二〇〇二年，舍恩與合作夥伴論文一篇一篇發，甚至刊登在兩份全世界流傳最廣、聲望最高的科學期刊上：美國的《科學》期刊與英國的《自然》期刊。通常，一般科學家如果終其一生能有六篇論文受到這些期刊刊登，就屬三生有幸了，但在這兩年間，舍恩與夥伴總計刊登了十三篇。當時，兩間期刊都想要轉型，從原本專門刊登生物學論文，轉型成全方位的科學期刊，此計畫可能也讓舍恩有機可乘，但舍恩論文獲刊登的頻率仍是前所未有。他做研究、寫論文的速度簡直不可思議，光是在二〇〇一年十一月，竟然就生產整整七篇科學論文。

論文生產速度如此快，加上舍恩的論點非常具有突破性，必然引發懷疑。在貝爾實驗室，就有同事問他研究數據的來源，他回答說研究的測量與觀察皆是使用博士母校康斯坦茨大學（Universität Konstanz）的儀器測得。

但還是有人對其研究抱持懷疑態度。同事將自己的疑慮傳達給普林斯頓物理學教授莉迪亞・索恩（Lydia Sohn），索恩便與康乃爾大學物理學教授保羅・邁克約恩（Paul McEuen）合作，詳細檢驗舍恩的論文。兩人在論文中找到諸多疑點，尤其發現舍恩在許多不同主題的論文中都使用同樣的圖表。於是，他們將發現知會貝爾實驗室和《自然》及《科學》期刊的編輯。

貝爾實驗室接獲通知後，在二〇〇二年正式展開調查。舍恩拒絕交出原始研究數據，聲稱由於電腦儲存空間不夠，已將數據刪除。同年九月，調查委員會已發表報告，毫不留情揭露舍恩的騙局，說舍恩將數據掉包，甚至用標準公式憑空捏造數據，藉此產生「違反已知物理」的實驗結果。於是，舍恩的論文遭到撤銷，年輕有為的天才科學家就此身敗名裂。

諷刺的是，同儕評閱制度反而幫助舍恩寫出看起來更合理的論文，因為評審曾為舍恩提供指點，教他如何把不尋常的研究發現寫得有說服力，讓評審信服。舍恩何樂而不為？經過修改後，論文便順利刊登。

舍恩的圖表之所以會被抓包造假，其中一項原因就是圖表太完美了，整齊到難以相信。任何科學家都知道，測量結果不可能與理論的預測完全吻合，但舍恩的圖表中，研究數據與曲線呈現完美吻合，因此必定是先畫出曲線，然後再依照曲線篡改數據以達成吻合。世界是不完美的，在不完美的世界中，完美不只是君子的敵人，有時更是小人的敵人。

無效安檢——假炸彈探測器

西元二〇〇一年

二〇一六年七月二日，伊拉克巴格達發生卡車炸彈攻擊，造成二百九十二人喪生，二百多人受傷。此前六個月間，伊拉克各地共發生七起炸彈攻擊事件，總計奪走三百七十四條人命。在伊拉克，炸彈攻擊長久以來一直是很嚴重、很悲慘的問題。

七月二日攻擊發生後，伊拉克政府便宣布舉國哀悼三日，但對這起殘暴的惡行，政府採取的第一項實際措施，是時任總理海德爾・阿巴迪（Haider al-Abadi）宣布他終於要禁止入城通道檢查哨使用毫無用處的 ADE 651 炸彈探測器。伊拉克的入城通道檢查哨已經採用 ADE 651 炸彈探測器數年了，但恐怖的是，幾乎早在採用之初，探測器完全沒有效果的真相早已眾所週知。

巴格達炸彈攻擊發生之時，當初向伊拉克政府販賣假炸彈探測器的人詹姆士・麥寇米克（James McCormick）早已因三起「冷酷無情的詐欺」事件遭判處十年有期徒刑，並在英國監獄服刑第三年了。二〇一三年五月二日，法官宣布判決結果時告訴麥寇米克：「你靠完全無效的裝置牟取暴利，應背負最高罪責」。更甚者，麥寇米克所販賣的假炸彈探測器「很有可能已實質導致無辜人民傷亡」。

ADE 651是一台奇怪的炸彈探測器，被證明無效後，竟然沒有立刻停用，實在令人匪夷所思，而這型探測器的歷史也幾乎同樣奇怪。伊拉克當局所購入的版本，源自韋德・夸特鮑姆（Wade Quattlebaum）所發明的「夸卓追蹤器」。起初，夸特鮑姆聲稱這種追蹤器能夠協助搜尋失蹤的高爾夫球，後來更是宣稱能偵測違禁藥物等等物品。

左圖：ADE 651 據稱能偵測各類爆裂物，其單價最高曾賣到四萬美元。右圖：假炸彈偵測器的原型——夸卓高爾夫球追蹤器。

「夸卓追蹤器」的想法非常炫：手持裝載搖擺天線的小巧儀器，連接至據稱能偵測特定「分子頻率」的腰掛卡盒。儀器偵測的頻率可以調整，只要換插不同的卡，就能調整偵測目標。

這台奇特但無效的儀器於一九九六年捲入訴訟後，在美國遭到禁賣，但其中一位推廣人士卻棄保潛逃至英格蘭。曾任警察的麥寇米克當時是銷售員，並經營「先進戰術安全與通訊公司」（Advanced Tactical Security & Communications），他後來便開始販賣改稱為「莫爾程式控制探測器」（Mole Programmable Substance Detector）的「夸卓追蹤器」，但該產品於二〇〇一年由桑迪亞國家實驗室（Sandia National Laboratories）證明無效後遭到下架。

然而，麥寇米克變本加厲，複製原本的「夸卓追蹤器」，並將其定位為炸彈探測器。經過若干調整後，「夸卓追蹤器」搖身一變成為「ADE 651」。二〇〇一年九月十一日發生恐怖攻擊後，世界各國人心惶惶，助長了ADE 651的銷量。主要買家是伊拉克陸軍及伊拉克警察部門。裝置的單位製造成本據說是二百二十五美元，但麥寇米克於二〇〇八年以總價三千萬美元販賣八百台裝置給伊拉克當局，二〇〇九年更是以總價四千六百萬美元加賣七百台給伊拉克當局。單位售價約在七千五百美元上下，而其餘的金額則是「教育訓練」費用，訓練使用人員拖著腳走路，據說能產生靜電供儀器使用。

ADE 651的訂單遠遠不只來自伊拉克。根據英國國家廣播公司的報導，喬治亞、羅馬尼亞、尼日、泰國、沙烏地阿拉伯皆曾購入ADE 651，而且還有許多其他國家也謠傳曾經採購。但伊拉克是最主要的買家，他們持續使用該裝置，甚至還加購，即便以色列早在二〇〇八年就特別針對ADE 651進行測試，並發現沒有效用。

當時，不只一位以色列爆裂物專家向德國《明鏡》周刊（Der Spiegel）透露：「這東西和探測爆裂物完全沒有關係」。接著，紐約時報於二〇〇九年十一月在曝光報導中引用一名發言人的話，表示美國陸軍「對這些東西的作用沒有信心」，而另一位前國安顧問曾說這些儀器「可笑至極，但實在笑不出來，因為竟然有人使用它們探測炸彈，以維護街坊安全」。

二〇一〇年一月，一般大眾也知曉麥寇米克及其惡劣裝置，英國國家廣播公司的《新聞之夜》（Newsnight）電視節目將裝置使用的拆卸式卡片送往劍橋大學進行檢驗，並證明卡片裡面不過是一般的超市防竊盜標籤，完全無偵測作用。

與此同時，駐伊英軍與美軍人員向英國警方通報，於是英國政府禁止出口ADE 651到伊拉克及阿富汗，而麥寇米克則在英格蘭因詐欺罪嫌遭到逮捕，並於二〇一三年遭判有罪。當局也追查麥寇米克的不法所得，其中包含一艘豪華遊艇、索美塞特郡（Somerset）農莊，及尼可拉斯・凱吉（Nicolas Cage）以前在優美渡假勝地巴斯（Bath）的排屋。

英國國家廣播公司爆料後，伊拉克群情激憤，詐騙份子也在英國遭到逮捕，但伊拉克當局卻不願採取行動。一名內政部發言人還認為其中有陰謀，告訴《中東時報》（Asharq Al-Awsat）：「那間公司的負責人遭到逮捕，不是因為裝置沒有用，而是因為

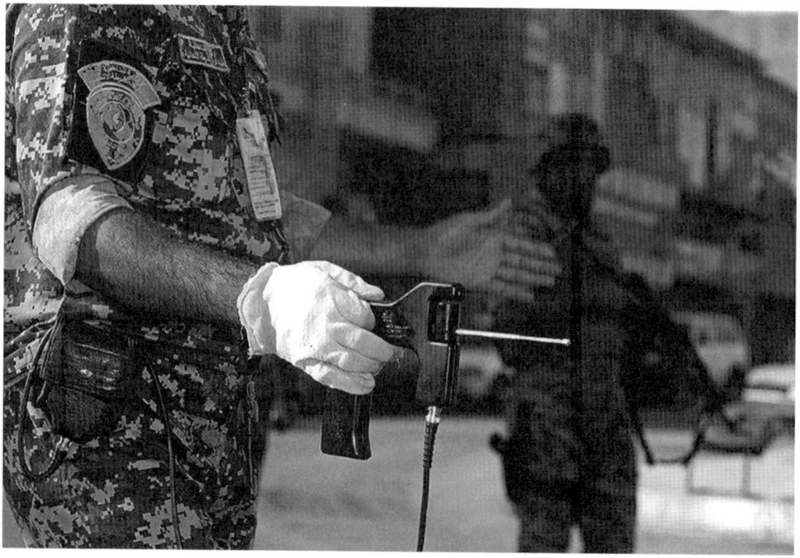

伊拉克警官使用 ADE 651，二〇一〇年攝於巴格達市區檢查哨。

他拒絕向英國政府透露裝置的運作原理的秘密。」一直到二〇一一年初，內政部的反爆裂物處長蔡遭到逮捕判刑，罪名是收受麥寇米克數百萬美元的賄款。

事至如此，伊拉克當局依然繼續使用ADE651，並經常以此替代效果遠遠更佳的實體檢查，直到二〇一六年七月炸彈攻擊爆發。這場慘劇乃是拖延造成的，而拖延的原因究竟為何？是官僚慣性？還是涉入的官員害怕自己遭殃？抑或是政府官員純粹不願意承認難以下嚥的真相？至今仍無定論。

然而，ADE651雖然無法偵測爆裂物，但在一個方面卻成功至極。一名生意夥伴曾向《新聞之夜》透露，他曾問麥寇米克關於儀器效用的問題，麥寇米克回答：「儀器能做到設計的初衷：賺錢」。

假死——詐死

西元二〇〇二年

人難免一死，但有些人認為這還不夠令人操心，硬是要加上另一種死亡：自願死亡。此類事件層出不窮，甚至還獲得專有名稱：詐死（pseudocide）。

詐死有多普遍？這當然沒有人確切知道，因為成功的詐死自然無法列入統計，但根據有一項可信度存疑的估計，舊金山金門大橋（Golden Gate Bridge）上跳橋自殺

提摩太・德克斯特是名新英格蘭商人，他個性古怪，但具有理智的商業頭腦。他將暖床爐（新英格蘭冬天寒冷，當地人用以暖床）出口至西印度群島，賣給當地的糖蜜產業作為勺子用，並藉此賺取利潤。他舉行家庭葬禮以觀察妻子與朋友的反應。

二〇〇九年一月十一日，馬克斯・施倫克（Marcus Schrenker）由於自己印第安納州投資公司的騙局快要曝光，而以墜機詐死。調查人員在飛機內找不到遺體，也找不到血跡。兩日後，他在佛羅里達州一個軍幕帳篷內遭到逮捕，逮捕前曾經割腕自殺未遂。

且遺體未尋獲的事件中，有高達四分之一是詐死。大家對詐死的興趣高到至少有一家出版商出書討論這個議題：《如何人間蒸發並永遠不被人找到》（How to Disappear Completely and Never Be Found）。CNBC還拍攝《貪婪美國：逃亡》（American Greed: The Fugitives）節目探討詐死，並為想詐死的人提出優質建言：不要用不同性別的遺體，也不要在自己的死亡證明書上留下自己的指紋。

其實不難想像為何會有人想讓過去的紀錄一筆勾銷，使人生重新來過。人有各式各樣的方法可以搞砸自己的人生。況且，就算外人看來生活美滿的人，還是有可能不滿於現狀，想要追求更好的生活。顯然，這種存在式的不滿深根蒂固於人性。會有這種不滿，似乎是因為無論處境多好，人仍會不斷仰望更好的情境——即便不知道該如何達成。這種組合很危險。

難以解釋的是，為何會有人想要藉由詐死來逃離過去？畢竟，厭倦人生的人有很多方法可以遷徙並使用新身份過活，沒有必要那麼麻煩，假裝過去的自己死亡。走進書店，架上滿滿的勵志書籍都在教你如何達成此目標，而文學小說中也不乏充滿創意的點子。

然而，詐死仍是展開新生活的熱門途徑。其中，溺斃是許多人選擇的方法，這也許並不意外。有一個很著名的詐死案例集溺斃與小說於一身。英國國會議員約翰・史頓豪斯（John Stonehouse）由於經商失利，在閱讀弗列德里克・福賽斯（Fredrick Forsyth）的小說《豺狼末日》（The Day of the Jackal）後得到啟發，決定假裝自己溺斃，以和情婦逃亡澳洲展開新生活。

溺斃之所以成為熱門選項，是因為不一定需要遺體，畢竟遺體的偽造難度最高（詳見第三十六章〈假屍體〉）。要假裝溺斃，只要想辦法讓驗屍官判定溺斃就行了；駕駛帆船發生意外，或是從橋上跳下急流，都很適合當作死因。再者，雖然多數溺斃屍體最終都會沖洗上岸，而你的屍體如果沒有沖洗上岸，便會有人起疑竇，但是「水」本身似乎擁有一層特別的意義：有人認為，「水」有一種「洗禮效果」，象徵心理上與心靈上的洗淨，為展開新人生做準備。

有些人詐死的動機，屬於人性中比較隱晦的層面。例如，十八世紀末期的麻薩諸塞州紐伯里波特市，有位個性刁鑽、性情古怪的商人，名叫提摩太·德克斯特「動爵」（"Lord" Timothy Dexter），覺得周遭人的對他不夠奉承，於是決定詐死，以觀察自己親朋好友會多麼悲痛。眼見自己妻子在守靈時哭得不夠慘，他直接從棺材中跳出來毆打妻子，然後和

DAILY Mirror

FREE TODAY

Why I'll dump Simon Cowell

WORLD EXCLUSIVE

CANOE'S THIS IN PANAMA?

'Dead' Darwin with his wife.. in July 2006

二〇〇二年三月，約翰·達爾文人間消失，其獨木舟在他位於英格蘭杜倫郡（Durham, England）海邊的住家附近被人尋獲，獲宣告死亡後，其妻獲得一筆六十八萬英鎊的保險理賠。五年後，有人在臉書頁面上找到他的照片，發現他竟然還活著。

數分鐘前還在哀悼他的朋友一同飲酒作樂。德克斯特的案例或許很極端，但其實不少人詐死就是為了測試親朋好友對自己的愛。

更直接也更普遍的詐死，就是保險詐騙：為自己投保大量壽險，假裝死亡，然後和受益人一起消失不見。二〇〇二年，英格蘭北部的外海發現一艘空無一人的獨木舟，所有者為三十一歲的約翰・達爾文（John Darwin）。不久，達爾文假裝成老人，住在妻子安（Anne）家旁邊，在共同牆壁上挖洞，並用櫥櫃蓋住，這樣就可以偷偷進入妻子家。這場詭計曝光後，媒體為此下了一則永垂不朽的標題：「謊言、開關、魔衣櫥」（THE LIE, THE SWITCH, AND THE WARDROBE）。

達爾文依法宣告死亡，妻子安獲得鉅額保險賠償。隔年，「隔壁的老先生」搬進安家同居。他取得假護照，兩人周遊四海，然後於二〇〇六年在巴拿馬置產。二〇〇七年，由於簽證法案修法有可能使假護照曝光，達爾文決定返回英格蘭，並假裝自己患有失憶症。

回國後，他表示自己對於過去五年所發生的事情完全沒有記憶，但警方卻不太相信他的說辭，部分原因是警方知道他的妻子安正在將資產變現並計劃移居海外。接著，《每日鏡報》（Daily Mirror）在網路上發現一名房地產經紀人公關照，竟是兩人於二〇〇六年攝於巴拿馬的照片，於是據此發布報導公開爆料此事件，騙局就這麼曝光了。二〇〇八年，夫妻兩人皆遭到判刑，並於二〇一一年出獄。

金融騙子也會詐死。二〇〇八年，塞繆爾・以色列三世（Samuel Israel III）因透過破產的的拜優避險基金（Bayou Hedge Funds）詐欺投資人，遭判處二十年有期徒刑，但他卻沒有報到入監。二〇〇八年九月，有人在紐約市北部的熊山橋（Bear Mountain Bridge）上發現他的座車，汽車引擎蓋上的灰塵中寫著電視劇《外科醫生》（M*A*S*H）主題曲標題：「自殺不會痛」（「Suicide is painless」）。當局不太相信以色列跳橋自殺。他和女友還登上《美國頭號通緝犯》（America's Most Wanted）電視節目。不久，以色列與女友向當局自首，此前一個多月他們藏居在一處拖車停車場。

很可惜，科技進步使詐死的難度愈來愈高。保險公司愈來愈聰明，加上無所不在的監視器、生物識別技術、去氧核醣核酸技術與數位資料庫，使脫離原有身份的難度愈來愈高，獲利愈來愈低。當年使達爾文夫婦獲罪的那張照片，是有人直接在 Google 上搜尋「約翰、安、巴拿馬」就輕易找到的。

假新聞——史蒂芬·葛拉斯與傑森·布萊爾事件的影響

西元二〇〇三年

傑森·布萊爾（Jayson Blair）是典型的美國成功故事，學生時期曾任馬里蘭大學（University of Maryland）著名學生報紙《菱背》（Diamondback）史上第二名非裔編輯，年僅二十四歲就當上《紐約時報》國內新聞部的記者，新聞報導產量驚人，在《紐約時報》任職近四年間共撰寫數百篇文章，且報導內容多元廣泛，從受傷退伍軍人的困境，到華盛頓狙擊謀殺案，到炭疽病恐慌等議題，都是他的報導範圍。抱負遠大且講起話來喋喋不休的布萊爾，雖然不是所有同事都喜歡，甚至有些同事不信任他，但看似準備好要在美國的新聞媒體龍頭中節節高升，展開飛黃騰達的職涯。

結果醜聞爆發了。二〇〇三年四月，《聖安東尼奧新聞快訊》（San Antonio Express-News）通知《紐約時報》，說布萊爾宣稱從德州洛斯弗雷斯諾（Los Fresnos, Texas）發布的新聞，其實大部分抄襲自《聖安東尼奧新聞快訊》的網頁。後續調查

U.S. | A NATION AT WAR: MILITARY FAMILIES

A NATION AT WAR: MILITARY FAMILIES; Relatives of Missing Soldiers Dread Hearing Worse News

By JAYSON BLAIR MARCH 27, 2003

傑森・布萊爾擔任《紐約時報》記者期間杜撰的六篇報導之一。

發現，布萊爾在擔任《菱背》編輯時，就不斷出現反常的行為，並習慣性撰寫不實報導。學生時期報導大學美式足球隊時，布萊爾就曾為故事加油添醋，杜撰空穴來風的華麗引述。他總編輯的工作做得很糟糕，經常拖延出刊，並造成多名共同編輯離職，最後自己也提前卸任總編輯的職務。下一任總編輯還得刊登道歉啟事，為布萊爾擔任總編輯期間報紙所刊登的「臆測型」報導向讀者道歉。

有這麼多不良紀錄，布萊爾竟然還能在新聞業找到工作，甚至在美國新聞報社龍頭任職，實在不可思議。然而，他野心勃勃且產量驚人，因此被報社編輯看中。《紐約時報》承認，布萊爾的記者同事曾表達疑慮，但報社選擇忽略。然而，面對姊妹報直接提出指控，報社必須進行調查。指控提出後不到一個月，《紐約時報》便公開承認布萊爾經常「誤導讀者及報社同事，謊稱報導來自馬里蘭州與德州等州，但實際上人遠在紐約。他捏造評論，杜撰場景，抄襲其它報紙與媒體的報導，並挑選照片細節以謊稱自己曾造訪某處或曾會見某人。」布萊爾遭到開除，並銷聲匿跡一陣子。

《紐約時報》旗下有將近四百名記者，布萊爾不過是其中一位，他撰寫的報導主題多為人文關懷類，而非能影響公共輿論的重要事務。《紐約時報》高層發現問題後，便即時採取行動處理問題，但信任是新聞業的基石，這起事件嚴重損害《紐約時報》的公信力——同時也損害《紐約時報》對自己的信任。

當然，假新聞的歷史由來已久（詳見第十八章〈航空壯舉〉），但自一九九八年以來，媒體的公信力就特別岌岌可危。當年，頗具聲望的《新共和》（New Republic）雜誌，有位名叫史蒂芬・葛拉斯（Stephen Glass）的副主編遭人爆料，他為雜誌所撰寫的文章中，約有三分之二為杜撰。後來，媒體公信力再次受到重擊，就在布萊爾的醜聞爆發後不久，《今日美國》（USA Today）有群記者「發現有力證據」證明《今日美國》的明星記者、二〇〇二年普立茲獎決選入圍者傑克・凱利（Jack Kelley）「至少八篇重要新聞報導中，憑空捏造諸多部分，且從其它刊物抄襲近二十四則引述及各類材料，還在為報社的演講中說謊，並企圖誤導調查自己作品的人。」此事件帶來的影響非常大，因為凱利和布萊爾不同，凱利先前的職業生涯沒有任何此類跡象。他的名聲良好，因此能造假多年而不受懷疑，能報導自己不了解的地方，杜撰從來沒有進行過的訪談，抄襲其它人的報導，並捏造不存在的「線人」。

記者是社會自由與政治自由的重要守護者，但在二十世紀初，記者的公信力因為這些事件降至歷史新低。蓋洛普民調機構發現，二〇一五年的新聞媒體公信力為調查進行四十多年來屬一屬二低。

但與此同時，民眾似乎很喜歡看假新聞，而且甚至很願意相信假新聞（詳見第二十五章〈輕信的大眾〉）。

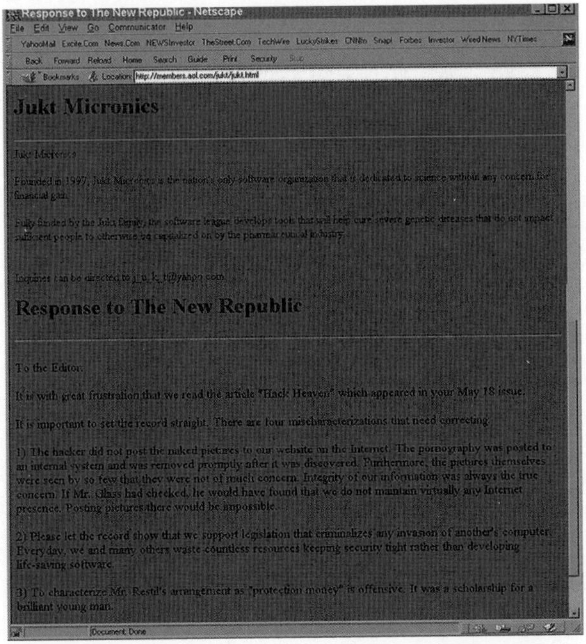

史蒂芬・葛拉斯架設的假公司網站，公司名為「「Jukt Micronics」。

《世界新聞周報》（Weekly World News）曾經風靡一時，而《國家詢問報》（National Enquirer）現在仍常見於超市結帳櫃檯，兩種刊物皆體現「資訊娛樂」（infotainment）有多吸引人。儘管如此，二〇一六年美國總統大選期間，完全虛構的假「新聞」嚴重泛濫，其散佈程度前所未見。這些假新聞起初源自可疑的網站，但其中許多最後流入主流的平面媒體。

馬其頓共和國一個偏鄉僻壤的貧窮小鎮，竟然發展出虛擬的假新聞製造業，當地青少年使用十幾個欺詐網站，製造內容聳動的假新聞，並使其在網路上廣為流傳。當地人的平均年薪為四八〇〇美元，但據稱有名青少年假新聞寫手卻在美國總統大選期間，透過這些網站以「每點擊一美分」的價碼賺進六萬美元。

由於網路假新聞的問題非常嚴重，臉書（假新聞散佈的主要平台）及Google在二〇一六年宣布採取措施打擊假新聞的來源網站。與此同時，印第安納大學的網絡科學研究院（Network Science Institute）更是宣布，假新聞追蹤網站「Hoaxy」的Beta版本上線，專門追蹤社群媒體上假新聞的散佈。

假新聞的散佈實在不可思議。例如，許多人似乎相信「披薩門」（Pizzagate）的消息，認為希拉蕊・克林頓（Hillary Clinton）與其競選委員會主席約翰・波德斯塔

（John Podesta）以華盛頓一間披薩專賣店為掩護，經營戀童集團。甚至有一名（真的）槍手前往那間披薩專賣店隨機掃射。雖然槍手後來向《紐約時報》承認「這件事的情報並非百分之百」，但如果上Hoaxy網站上搜尋「披薩門」，仍能找到另外二十則同主題的假報導！

　　但說到頭來，最嚴重的問題不在供給面，而在需求面。主流媒體經常受到鄙視，但其實主流媒體

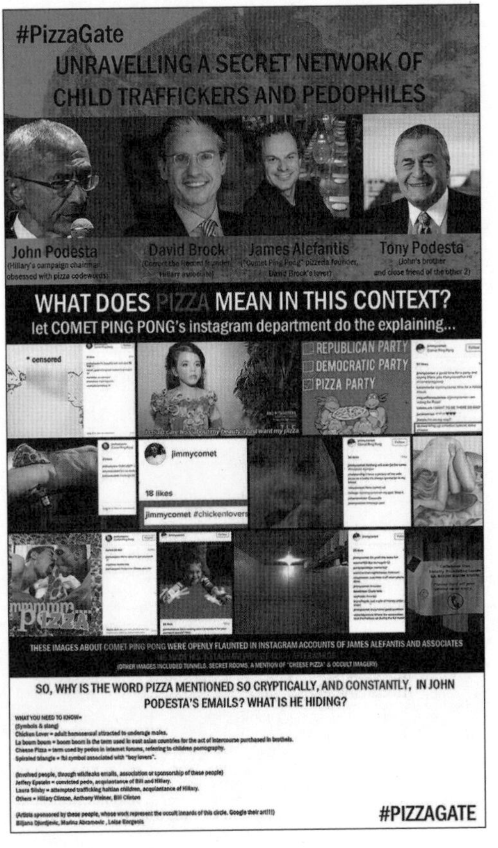

二〇一六年十月三十日，一則白人至上論的推特推文宣稱，有民主黨人士涉入國際戀童集團事業。這則小道消息在社群媒體、另類新聞網站與廣播談話節目上迅速傳開，並轉化為整套陰謀論，說成員間使用暗號訊息溝通，舉行撒旦儀式，並利用一間華府披薩專賣店窩藏兒童性奴隸。五週後，有名男子持槍朝披薩店連開三槍。

發布給民眾的資訊，都是經過內部嚴格審查的。每當有人拒絕相信主流媒體，反而相信社群媒體等來源上的假「新聞」或完全誤導的「新聞」，並散佈這些資訊，民眾對於現實的掌握就會一點一滴流失。

更恐怖的是，這樣的流失竟然源自美國國家領導人。這位「就職典禮人潮最多」的美國總統帶頭譴責主流媒體販賣假新聞，並無差別批評媒體是全民公敵。因此，似乎沒有人能掌握公共資訊的情勢。

跋

速覽欺騙、造假、謬論的悠久歷史後，我們有點訝異，也有點滿意，因為這段歷史並非全然都是無恥、欺詐、上當及自利。讀者可能也有同感。這層面的人類經驗其實與任何其他層面一樣多元、微妙、複雜，甚至時而滑稽。同理，人欺騙同胞的動機，及相信異事奇珍的動機，也和人類的複雜心理一樣多元。誰不覺得喬治．撒瑪納札的騙局無傷大雅、有趣又迷人呢？（詳見第十一章〈族裔身份的騙局〉）誰不認為佛里茲．克萊斯勒精湛的琴藝扣人心弦？（詳見第三十二章〈假音樂〉）

然而，歷史上的騙局不勝枚舉，我們必須承認，本書挑選騙局的標準相對主觀：有時是為了種類多元，有時是因為事件非常駭人，有時則是由於我們自己認為特別有趣。除了大家日常的善意撒謊以外，絕大多數的騙局確實皆有欺詐的動機，並凸顯人性黑暗且無情的一面。更甚者，我們多數人——潛在受騙者——多少都明白這件事，但為何歷史一再重演？為何我們一再上同樣的當？

這些問題有許多學術文獻在探討，多數來自商學院的行銷科系。許多學術研究皆強調，騙局通常瞄準人性與生俱來的弱點。行銷專家利用心理學理論及對人類行為的實證研究，制定最理想的策略以說服同胞購買特定產品。以某種層面而論，幾乎所有的人類互動皆涉及買

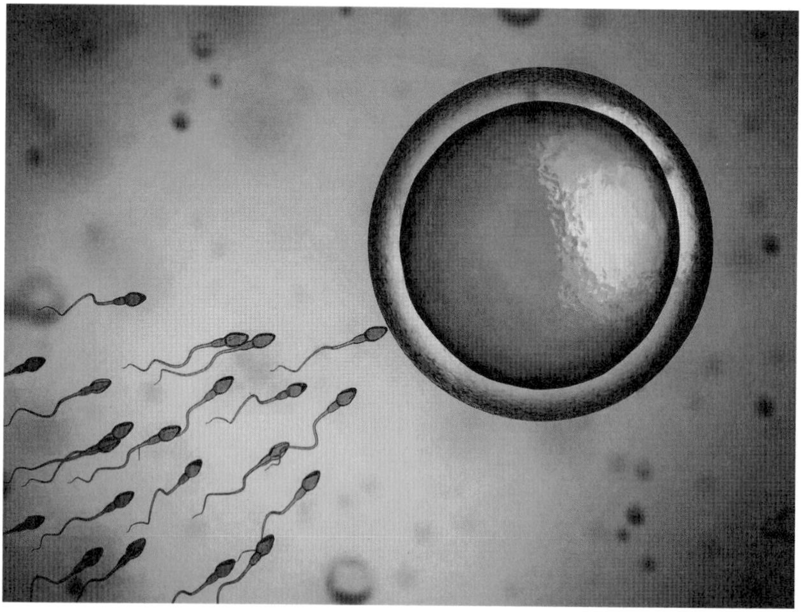

一九六四年，喬治華盛頓大學醫學院生殖與遺傳醫學部（Reproductive Genetics Unit, George Washington University Medical School）主任塞爾西・布萊恩・雅各布森（Cecil Byran Jacobson）宣稱自己將受精卵植入公狒狒腹腔，並使牠懷孕。這項成果從來沒有得到證實，因而使他聲名狼藉。一九七六年，不曾接受試管受精專業訓練的他，在維吉尼亞州維也納市（Vienna, Virginia）開設生育診所。後來有人猜測，他為女性病患注射荷爾蒙，使驗孕結果呈現假陽性。他在患者不知情，且沒有取得患者同意的情況下，使用自己的精子為至多七十五名女性患者受孕。一九九二年，他因此遭到判刑。

賣。人類是社交生物，而在任何社交環境中，人必須表現出某種形象，同時評估對方所展現出的形象。因此，學者透過研究人類行為制定行銷準則，而這些準則也同樣適用詐騙。

例如，阿肯色大學（University of Arkansas）的艾瑞克．諾爾斯（Eric R. Knowles）及威德恩大學（Widener University）的傑伊．琳恩（Jay A. Linn）就提出所謂的「趨避說服模型」（approach-avoidance model of persuasion）。他們認為，人對於行銷話術有一種本能、天生的抗拒（「避」），因此必須使用他們所提出的各項策略來克服。同時，行銷專家或騙子當然必須強調自己產品或提案本身的吸引人之處（「趨」）。諾爾斯及琳恩承認，任何的「說服」皆涉及「複雜的心理……動機多重且經常矛盾」。騙子如果能在強調賣點的同時，提及自己提案的可疑之處，便能使欺詐對象以為自己也是共謀，而不那麼在意交易的風險。

《騙局：為什麼聰明人容易上當？》（The Confidence Game: Why We Fall for It… Every Time）的作者瑪莉亞．柯妮可娃（Maria Konnikova）同意這點。她指出，殘酷無良的格雷格爾．麥格雷格爾（第十六章〈虛構的地區〉）很擅長使欺騙對象想要「趨近」他那虛構又難以置信的奶與蜜之地，同時安撫可能使對象「迴避」的恐懼情緒。透過趨避說服模型針對兩種心態下手，就能同時觸及廣大受眾。麥格雷格爾和全國性報紙媒體進行訪談時，就採取這樣的策略。

科學造假則是完全不同的事情。如同藝術騙局，科學騙局的成功關鍵不在於了解複雜的人類心理，而是在於掌握當下的主流假設。無論是捏造科學結論，或是創造以假亂真的藝術品，都必須掌握受眾的想聽到的事情，或想擁有的東西。

麻省理工學院物理學家兼科學史學家大衛．凱瑟（David Kaiser）曾言，貝爾實驗室物理學家揚．漢德利克．舍恩（詳見第四十七章〈同儕評閱〉）「了解真實或合理聲稱該有的模樣，並使自己的假結果融入其中，而非突出顯眼，將數據修改成符合主流預測的樣子。」然而，基於科學的本質（詳見第四十三章〈順勢療法〉、第四十四章〈偽古生物學〉、第四十六章〈無理的恐懼〉）以及同儕的不斷檢驗，舍恩不可能理性預期自己公布的發現能長期為學界所接受。很難想像，舍恩竟然以為自己能一騙再騙而永遠不被揭穿。他之所以會鋌而走險，唯一能解釋的原因可能就是他極度自我中心，且渴望一夕成名。

特羅菲姆．李森科（詳見第三十五章〈辯證生物學〉）則採取另一種策略。他利用自己的演講才華以及政治人脈，說服專制且兇殘的政權為自己的偽科學背書。然而，科學單靠政府強行規定是不可能成功的。李森科主義不可能屹立不搖，但耐人尋味的是，李森科晚年得以在家善終，而他傑出的對手尼古拉．瓦維洛夫則慘死獄中。

未來可能不會再出現另一個李森科，但很有可能再出現另一個揚．漢德利克．舍恩，畢竟有太多人願意不計一切代價獲取名望。

幸好，科學界中靠造假而獲得的名望多半稍縱即逝。反之，藝文界中如果要造假，就必須徹頭徹尾隱姓埋名——雖然有些正面的例外（詳見第十章〈文藝復興惡棍〉及第三十二章〈假音樂〉）。今日社會更需要擔憂的，是「假新聞」的傳播以及政治人物的公然撒謊。人民向來很容易受「戈培爾效應」（Big Lie）的影響，喜歡相信千奇百怪或不符合現實的事情，因而受政客蠱惑。但是在今日，人民所接收的資訊愈來愈多來自具有黨派立場的媒體。同時，還有人呼籲大家不要相信較為平衡的主流媒體（詳見第五十章〈假新聞〉）。因此，我們的社會經常出現政治歪曲，人民經常受到政治操弄。全體國民都是騙子的欺詐對象，所以我們必須格外警惕。

所以本書結論為何？自古以來，人性千姿百態，無奇不有，今日還是如此。雖然我們多數人不會行騙——可能因為自知無法長久掩人耳目——但總是有些人受本性驅使而為之，尤其是遇到機會在招手時。只要有市場，就會有供給，甚至會有人以詐騙的方式創造市場。幸好，大自然中，掠食者的數量總是遠遠低於獵物。同理，人類社會中會行卑鄙行騙之事的人，永遠是相對少數。

然而，如同欺騙、造假、謬論皆反映人類經驗中的二元對立——有些人是騙子，有些人是受騙者；有些人造假，有些人購買假貨；有些人疑心重，有些人則輕信他人——本書的主題也反映一種全體人類共有的人性。

據我們所知，人類是唯一能跳脫物質世界，並思考抽象事物的生物。我們能想像自己如蜘蛛人一般凌雲駕風，同時冒著生命危險穿上飛鼠滑翔裝。我們能想像自己平步青雲，同時被無情的上司壓著喘不過氣。我們能想像政治烏托邦，同時無助地看著世界走向混亂。我們能想像世界存在一個全能的造物主，同時面對災難卻無能為力。

人類的想像力豐富，但卻無法實現自己的想像，幾乎必然造成人類處在一種永遠欲求不滿的狀態。如果要心滿意足，就只有兩條路可以選：接受自己的限制，將無法企及的渴望藏匿起來（同時採取行動達成可以企及的渴望），或發揮自己的想像力，相信神奇療效，相信應許之地，追求短暫的名氣，依靠革命，相信陰謀論，相信滿口謊言的政治人物，藉此獲得暫時的安慰。騙子總是有隙可趁，但願這個縫隙永遠只是個縫隙。

最後，我們希望本書能有個精彩的收尾。再次強調，不是所有的騙局都對人生的品質有害。有些騙局甚至能提升人生的品質，或至少能博君一笑。因此，如同序言所稱，我們在本書內文中埋藏了一份自己的小小騙局，希望讀者已經發現了。如果沒發現的話，請翻到本書第七十頁。本頁引述皮普斯記載自己於一六六五年十二月六日的經歷，但我們小小加油添醋了一番。公爵並沒有向皮普斯展示米開朗基羅那舉世痛失的《邱比特像》。根據史實記載，《邱比特像》一直存放在懷特霍爾宮，並於一六九八年大火中不幸焚毀。

延伸閱讀

PREFACE

Bolt, Roelf, 2014. *The Encyclopaedia of Liars and Deceivers*. Translated by Andy Brown. London: Reaktion Books.

Gardner, Martin. 1957. *Fads and Fallacies in the Name of Science*. New York: Dover Publications.

MacDougall, Curtis D. 1958. *Hoaxes*. New York: Dover Publications.

MacKay, Charles. 1841. *Extraordinary Popular Delusions and the Madness of Crowds*. London: Richard Bentley.

騙局的演化

Byrne, Richard, and Andrew Whiten. 1992. “Cognitive Evolution in Primates: Evidence from Tactical Deception.” *Man* New Series 27 (3): 609–27.

Carlson, Albert, and Jonathan Copeland. 1978. “Behavioral Plasticity in the Flash Communication Systems of Firefl ies.” *American Scientist* 66: 320–46.

Coyne, Michael J., Barbara Reinap, Martin M. Lee, and Laurie E. Comstock. 2005. “Human Symbionts Use a Host-Like Pathway for Surface Fucosylation.” *Science* 307: 1778–81.

Hauber, Mark, and Rebecca Ilner. 2007. Coevolution, communication, and host chick mimicry in parasitic fi nches: Who mimics whom?. https://www.research gate.net/publication/225475541_Coevolution_ communication_and_host_chick_mimicry_in_ parasitic_fi nches_Who_mimics_whom.

Hoover, Jeffery P., and Scott. K. Robinson. 2007. “Retaliatory Mafi a Behavior by a Parasitic Cowbird Favors Host Acceptance of Parasitic Eggs.” *Proceedings of the National Academy of Sciences, USA* 104: 4478–83.

Knodler, Leigh A., Jean Celli, and B. Brett Finlay. 2001. “Pathogenic Trickery: Deception of Host Cell Processes.” *Nature Reviews Molecular Cell Biology* 2: 578–88.

Searcy, William A., and Stephen Nowicki. 2005. *The Evolution of Animal Communication: Reliability and Deception in Signaling Systems*. Princeton, NJ: Princeton University Press.

世界末日

Camping, Harold. 2005. *Time Has an End: A Biblical History of the World 11,013 BC–2011* AD. Great Barrington, VT: Vantage.
DiTommaso, Lorenzo. 2016. The Architecture of *Apocalypticism: From Antiquity to Armageddon. Vol 1*. New York: Oxford University Press.
Freeman, Charles. 2009. *A New History of Early Christianity.* New Haven, CT: Yale University Press.
Henry, Matthew, ed. 2014. *Book of Revelation.* Seattle, WA: CreateSpace Independent Publishing.
Iliffe, Rob, and Scott Mandelbrote. 2017. Catalogue of Newton's Alchemical Papers. The Newton Project. http://www.newtonproject.ox.ac.uk/texts/newtons-works/alchemical
Miller, Robert J., ed. 1994. *The Complete Gospels*. San Francisco: HarperSanFrancisco.
Nelson, Chris. 2011. A Brief History of the Apocalypse. www.abhota.info.
Pappas, Stephanie. May 10, 2011. "The Draw of Doomsday: Why People Look Forward to the End." *Live Science.* www.livescience.com/14179-dooms-daypsychology- 21-judgment-day-apocalypse.html.
Weber, Eugen. 1999. *Apocalypses: Prophecies, Cults, and Millennial Beliefs through the Ages.* Cambridge, MA: Harvard University Press.
White, Michael. 1999. *Isaac Newton: The Last Sorcerer.* Boston: Da Capo.

偽方舟考古

Alter, Robert, ed. 1997. *Genesis*: *Translation and Commentary*. New York: W. W. Norton.
Carroll, Robert Todd. 2003. "Noah's Ark." In *The Skeptic's Dictionary*. Hoboken, NJ: Wiley.
Feder, Kenneth. 1998. *Frauds, Myths and Mysteries*: *Science and Pseudoscience in Archaeology*. Mountain View, CA: Mayfi eld.
Frazier, Kenneth. 1994. "The Sorry Saga of CBS and Ark Pseudoscience: Network Drops Two Sun Programs, Keeps One." *Skeptical Inquirer* 18 (2): 117–18.
Lippard, Jim. 1993. "Sun Goes Down in Flames: The Jammal Ark Hoax." *Skeptic* 2 (3): 22–33.
Mitchell, Stephen, trans. 2006. *Gilgamesh*: *A New English Version*. New York: Atria Books.
Parkinson, William. 2004. "Questioning 'Flood Geology': Decisive New Evidence to End an Old Debate." *National Center for Science Education Reports*, 24 (1): 24–27.
Ryan, William, et al. 1997. "An Abrupt Drowning of the Black Sea Shelf." *Marine Geology* 138: 119–26.

內定勝負的決鬥

Christesen, Paul, and Donald Kyle. 2014. *A Companion to Sport and Spectacle in Greek and Roman Antiquity*. Hoboken, NJ: Wiley Blackwell.

Fagan, Garrett. 2011. *The Lure of the Arena: Social Psychology and the Crowd at the Roman Games*. Cambridge: Cambridge University Press.

Grabianowski, Ed. 2016. "How Pro Wrestling Works." *HowStuffWorks*. http://entertainment.howstuffworks.com/pro-wrestling.htm.

PWMania.com. February 24, 2016. "Roman Reigns Gets Blood Capsule Slipped to Him on WWE Raw." www.pwmania.com/roman-reigns-gets-bloodcapsule-slipped-to-him-on-wwe-raw-video.

Young, Emma. January 19, 2005. "Gladiators Fought for Thrills, Not Kills." *New Scientist*. www.newscientist.com/article/mg18524834-400-gladiators-fought-forthrills-not-kills.

出賣帝國

Bingham, Sandra J. 2013. *The Praetorian Guard: A History of Rome's Elite Special Forces*. Waco, TX: Baylor University Press.

Birley, Anthony R. 1999. *Septimius Severus: The African Emperor*. New York: Routledge.

Echols, Edward C., trans. 1961. *Herodian of Antioch's History of the Roman Empire from the Death of Marcus Aurelius to the Accession of Gordian III*. Berkeley: University of California Press.

Gibbon, Edward. 2001. *The History of the Decline and Fall of the Roman Empire. Vol. 1*. New York: Penguin Classics.

Kelly, Christopher. 2007. *The Roman Empire: A Very Short Introduction*. New York: Oxford University Press.

神秘動物學

Adomnan of Iona. 1995. *Life of St. Columba*. Translated by Richard Sharpe. New York: Penguin Classics.

Campbell, Steuart. 1997. *The Loch Ness Monster: The Evidence*. Amherst, NY: Prometheus Books.

Dinsdale, Tim. 1976. *Loch Ness Monster*. London: Routledge & Kegan Paul.

Hall, Jamie. 2005. "Lake Monsters." The Cryptid Zoo. www.newanimal.org/lake-monsters.htm.

Scott, Peter, and Robert Rines. 1975. "Naming the Loch Ness Monster." *Nature* 258: 466–68.

Victor, Daniel. April 13, 2016. "Loch Ness Monster Is Found! (Kind of. Not really.)" *New York Times*.

Wilder, Billy, dir. 1970. *The Private Life of Sherlock Holmes*. United Artists.

聖髑

de Voragine, Jacobus. 1993. *The Golden Legend: Readings on the Saints*. 2 vols. Translated by William Granger Ryan. Princeton, NJ: Princeton University Press.

Geary, Patrick J. 1991. *Furta Sacra: Thefts of Relics in the Central Middle Ages*. Princeton, NJ: Princeton University Press.

Holmes, William, ed. 1997. *The Lost Books of the Bible Being All the Gospels, Epistles, and Other Pieces Now Extant Attributed in the First Four Centu-*

ries to Jesus Christ, His Apostles and Their Companions. New York: Bell.

Jacobs, Andrew. 2012. *Christ Circumcised: A Study in Early Christian History and Difference.* Philadelphia: University of Pennsylvania Press.
Palazzo, Robert. 2005. "The Veneration of the Sacred Foreskin(s) of Baby Jesus—A Documented Analysis." In *Multicultural Europe and Cultural Exchange in the Middle Ages and Renaissance,* edited by J. P. Helfers, 155–76. Turnhout, Belgium: Brepols.

Shell, Marc. 1997. "The Holy Foreskin; or, Money, Relics, and Judeo-Christianity." In *Jews and Other Differences: The New Jewish Cultural Studies,* edited by Jonathan Boyarin and Daniel Boyarin, 345–59. Minneapolis: University of Minnesota Press.

Thiede, Carsten Peter, and Matthew d'Ancona. 2003. *The Quest for the True Cross.* New York: Palgrave Macmillan.

性別扭曲

Cooney, Kara. 2015. *The Woman Who Would Be King: Hatshepsut's Rise to Power in Ancient Egypt.* New York: Broadway Books.

Hildegard of Bingen. 2002. *Selected Writings.* Edited by Mark Atherton. New York: Penguin Classics.

New, Maria. 2011. "Ancient History of Congenital Adrenal Hyperplasia." In *Pediatric Adrenal Diseases, edited by Lucia Ghizzoni et al.,* 202–11. Basel: Karger.

New, Maria, and Elizabeth Kitzinger. 1993. "Pope Joan: A Recognizable Syndrome." *Journal of Clinical Endocrinology and Metabolism* 76: 3–13.

Royidis, Emmanuel. 2003. *Pope Joan.* Translated by Lawrence Durrell. London: Peter Owen.

Stanford, Peter. 1999. *The Legend of Pope Joan: In Search of the Truth.* New York: Henry Holt.

裹屍布學

Damon, Paul, et al. 1989. "Radiocarbon Dating of the Shroud of Turin." *Nature* 337: 611–15.

de Voragine, Jacobus. 1993. *The Golden Legend: Readings on the Saints.* 2 vols. Translated by William Granger Ryan. Princeton, NJ: Princeton University Press.

Haberman, Clyde. June 11, 1989. "Despite Tests, Turin Shroud Is Still Revered." *New York Times.*

Leclercq, Henri. 1907. "The Legend of Abgar." In *The Catholic Encyclopedia.* Vol. 1. New York: Robert Appleton Company.

Wilson, Ian. 1991. *Holy Faces, Secret Places.* Garden City, NY: Doubleday.

Wilson, Ian. 2011. *The Shroud: The 2000-Year-Old Mystery Solved.* New York: Bantam.

文藝復興惡棍

Conway, Roderick Morris. November 23, 2002. "A Gathering of Renaissance Masters." *New York Times.*

Norton, Paul F. 1957. "The Lost Sleeping Cupid of Michelangelo." *Art Bulletin* 39 (4): 251–57.

Pepys, Samuel. 1970–1983. *The Diary of Samuel Pepys: A New and Complete Transcription*. Vol. 6. Edited by Robert Latham and William Matthews. Berkeley: University of California Press.
Shattuck, Kathryn. April 18, 2005. "An Ancient Masterpiece or a Master's Forgery?" *New York Times*.
Vasari, Giorgio. 1988. *The Lives of the Artists*. Vol. 1. Translated by George Bull. London: Penguin Classics

族裔身分的騙局

Collins, Paul. 2001. *Banvard's Folly*. New York: Picador.
Keevak, Michael. 2004. *The Pretended Asian: George Psalmanazar's Eighteenth-Century Formosan Hoax*. Detroit: Wayne State University Press.
Lynch, Jack. 2005. "Forgery as Performance Art: The Strange·Case of George Psalmanazar, 1650–1850." In *Ideas, Aesthetics, and Inquiries in the Early Modern Era*, vol. 11, edited by Kevin L. Cope. New York: AMS Press.
Psalmanazar, George. 1704. *An Historical and Geographical Description of Formosa of himself from the refl ections of a Jesuit…Illustrated with several cuts*. 2010 Reprint. Farmington Hills, MI: Gale Ecco.

浪漫自殺

Ackroyd, Peter. 1996. *Chatterton*. New York: Grove Press.
Cook, Elizabeth, ed. *John Keats: The Major Works, Including Endymion, the Odes and Selected Letters*. New York: Oxford University Press.
Groom, Nick, ed. 1999. *Thomas Chatterton and Romantic Culture*. New York: Palgrave Macmillan.
Poetry Foundation. Accessed 2016. "*Thomas Chatterton*." www.poetryfoundation.org/poems-and-poets/poets/detail/thomas-chatterton.
Shelley, Percy Bysshe. 1887. *Adonais—An Elegy on the Death of John Keats*. www.poetryfoundation.org/ poems-and-poets/poems/detail/45112.
Timmons, J. W. 1999. *A "Fatal Remedy": Melancholy and Self-Murder in Eighteenth-Century England*.
Princeton, NJ: Princeton University Press.

假葡萄酒

Keefe, Patrick Radden. September 3, 2007. "The Jefferson Bottles." *New Yorker*, 1–10.
Robinson, Jancis, ed. 2006. *The Oxford Companion to Wine*. 3rd ed. New York: Oxford University Press, 4, 26–27.
Steinberger, M. June 2010. "What's in the Bottle?" *Slate*. www.slate.com/articles/life/drink/2010/06/ whats_in_the_bottle.html.

Tattersall, Ian, and Rob DeSalle. 2015. *A Natural History of Wine*. New Haven, CT: Yale University Press.
Wallace, Benjamin. 2008. *The Billionaire's Vinegar*. New York: Crown.

假莎士比亞

Ireland, William Henry. 1794. "*Vortigern, an Historical Play*." Reproduced by Vortigern Studies. Accessed 2017. www.vortigernstudies.org.uk/artlit/vortigern.htm.
Ireland, William Henry. 1796. *Miscellaneous Papers and Legal Instruments Under the Hand and Seal of William Shakespeare*. Beinecke Rare Book & Manuscript Library. Accessed 2017. http://brbl-dl.
library.yale.edu/vufi nd/Record/3582266.
———. 1874. *Confessions of William-Henry Ireland: Containing the Particulars of His Fabrication of the Shakespeare Manuscripts*. Reproduced by Archive.
org. Accessed 2017.
https://archive.org/details/confessionsofwil01irel.
Shea, Christopher. October 24, 2016. "New Oxford Shakespeare Edition Credits Christopher Marlowe as a Co-Author." *New York Times*.
Stewart, Doug. 2010. *The Boy Who Would Be Shakespeare: A Tale of Forgery and Folly*. Boston: Da Capo.

秘密人類學

Bigfoot Field Research Organization. 2017. "Geographic Database of Bigfoot / Sasquatch Sightings & Reports." www.bfro.net/gdb.
Gisondi, Joe. 2016. *Monster Trek: The Obsessive Search for Bigfoot*. Lincoln: University of Nebraska Press.
Krantz, Grover S. 1999. *Bigfoot Sasquatch: Evidence*.
Blaine, WA: Hancock House.
Redfern, Nick. 2015. *Bigfoot Book: The Encyclopedia of Sasquatch, Yeti and Cryptid Primates*. Detroit: Visible Ink.
Sykes, Bryan. 2016. *Bigfoot, Yeti, and the Last Neanderthal: A Geneticist's Search for Modern Apemen*. Newburyport, MA: Disinformation Books.
Than, Ker. August 20, 2008. "Bigfoot Hoax: 'Body' Is Rubber Suit." National Geographic News. http://news.nationalgeographic.com/news/2008/08/080820-bigfoot-body.html.

虛構的地區

Daily Grifter. 2010. "Gregor MacGregor: The Prince of Poyais." http://thedailygrifter.blogspot.com/2010/06/ gregor-macgregor-prince-of-poyais.html.
Economist. December 22, 2012. "The King of Con-Men."
Love, Dane. 2007. *The Man Who Sold Nelson's Column and Other Scottish Frauds and Hoaxes*. Edinburgh: Birlinn.
Moen, Jon. October 2001. "John Law and the Mississippi Bubble: 1718–1720." Mississippi History Now. www.mshistory.k12.ms.us/articles/70/john-lawand- the-mississippi-bubble-1718-1720.

Sinclair, David. 2004. *The Land That Never Was: Sir Gregor MacGregor and the Most Audacious Fraud in History.* Boston: Da Capo.

另類現實

Bronx Documentary Center. 2015. "Altered Images: 150 Years of Posed and Manipulated Documentary Photography." www.alteredimagesbdc.org.
Brugioni, Dino A. 1999. *Photo Fakery: The History and Techniques of Photographic Deception and Manipulation*. Dulles, VA: Brassey's.
Cooper, Joe. 1998. *The Case of the Cottingley Fairies*. Eureka, CA: New York: Pocket Books.
Doyle, Arthur Conan. 2006. *The Coming of the Fairies*. Lincoln: University of Nebraska Press.
Fourandsix Technologies. Accessed 2017. "Photo Tampering Throughout History." http://pth.izitru.com.
Gernsheim, Helmut, and Alison Gernsheim. 1956. *L.J.M. Daguerre (1787–1851), the World's First Photographer*. Wenatchee, WA: World Publishing.
Griffiths, Frances, and Christine Lynch. 2009. *Refl ections on the Cottingley Fairies: Frances Griffi ths—In Her Own Words*. Warsaw, ONT: JMJ Publications.
Kaplan, Louis. 2008. *The Strange Case of William Mumler, Spirit Photographer*. Minneapolis: University of Minnesota Press.
King, David. 1997. *The Commissar Vanishes: The Falsifi cation of Photographs and Art in Stalin's Russia*. New York: Metropolitan Books.
Lemagny, Jean-Claude, and Andre Rouille. 1987. *A History of Photography*. New York: Cambridge University Press.
Natale, Simone. 2016. *Supernatural Entertainments: Victorian Spiritualism and the Rise of Modern Media Culture*. University Park: Pennsylvania State University Press.

航空壯舉

Goodman, Matthew. 2008. *The Sun and the Moon: The Remarkable True Account of Hoaxers, Showmen, Dueling Journalists, and Lunar Man-Bats in Nineteenth-Century New York*. New York: Basic Books.
Poe, Edgar Allan. 1844. "The Balloon-Hoax." Reproduced by Poestories.com. Accessed 2017. http://poestories.com/read/balloonhoax.
———. 2012. *Complete Tales and Poems*. New York: Fall River Press.
———. 1850. "The Imp of the Perverse." Reproduced by Poestories.com. Accessed 2017. http://poestories.com/read/imp.
———. 1850. "The Unparalleled Adventure of One Hans Pfaall." Reproduced by The Edgar Allan Poe Society of Baltimore. Modifi ed January 12, 2016. http://www.eapoe.org/works/tales/unphlle.htm.
Sassaman, Richard. 1993. "The Tell-Tale Hoax." *Air & Space* 8 (3): 80–83.

與亡者溝通

Albanese, Catherine L. 2007. *A Republic of Mind and Spirit: A Cultural History of American Metaphysical Religion*. New Haven, CT: Yale University Press.

Bown, Nicola, Carolyn Burdett, and Pamela Thurschwell, eds. 2004. *The Victorian Supernatural*. Cambridge: Cambridge University Press.

Davenport, Reuben Briggs. 2014. *The Death-Blow to Spiritualism: Being the True Story of the Fox Sisters, as Revealed by Authority of Margaret Fox Kane and Catherine Fox Jencken*. Charleston, SC: Nabu Press.

Diniejko, Andrzej. 2013. "Sir Arthur Conan Doyle and Victorian Spiritualism." The Victorian Web. www. victorianweb.org/authors/doyle/spiritualism.html.

Doyle, Arthur Conan. 1926. *The History of Spiritualism*. 2 vols. New York: Doran.

Milner, Richard. October 1996. "Charles Darwin and Associates, Ghostbusters." *Scientifi c American*, 72–77.

———. 2015. "Wallace, Darwin, and the Spiritualism Scandal of 1876." *Skeptic* 20 (3): 29–35.

敲詐

American Social History Productions. 2017. "'Arrest of the Confi dence Man'—New York Herald, 1849." Reproduced by Lost Museum Archive. http://lostmuseum.cuny.edu/archive/arrest-of-theconfidence-man-newyork-herald.

Johnson, James F., and Floyd Miller. 1961. *The Man Who Sold the Eiffel Tower*. Garden City, NY: Doubleday.

Konnikova, Maria. 2016. *The Confi dence Game: Why We Fall for It…Every Time*. New York: Viking.

Melville, Herman. 1991. *The Confi dence-Man: His Masquerade*. New York: Penguin Classics.

Paulhus, Delroy L. 2014. "Toward a Taxonomy of Dark Personalities." *Current Directions in Psychological Science* 23 (6): 421–26.

Poe, Edgar Allan. 1843. "Raising the Wind; or, Diddling
Considered as One of the Exact Sciences." *Philadelphia Saturday Courier* XIII (655). Reproduced by The Edgar Allan Poe Society of Baltimore. Modifi ed August 17, 2015. www.eapoe.org/works/tales/diddlnga.htm.

Usher, Shaun. 2012. "10 Commandments for Con Men." Lists of Note. www.listsofnote.com/2012/02/10-commandments-for-con-men.html.

偽考古

Adovasio, J. M., and Jake Page. 2003. *The First Americans: In Pursuit of Archaeology's Greatest Mystery*. New York: Modern Library.

Dillehay, Thomas D. 2000. *The Settlement of the Americas: A New Prehistory*. New York: Basic Books.

Feder, Kenneth L. 2005. *Frauds, Myths, and Mysteries: Science and Pseudoscience in Archaeology*. New York: McGraw-Hill.

Fell, Barry. 1976. *America B.C.: Ancient Settlers in the New World*. New York: Quadrangle/New York Times Books.

McKusick, Marshall Bassford. 1991. *The Davenport Conspiracy Revisited*. Ames: Iowa State University Press.

Priest, Josiah. 2005. *American Antiquities and Discoveries in the West*. Colfax, WI: Hayriver Press.
Silverberg, Robert. 1968. *Mound Builders of Ancient America: The Archaeology of a Myth*. Greenwich, CT: New York Graphic Society.
Squier, Ephraim G., and Edwin H. Davis. 1998. *Ancient Monuments of the Mississippi Valley*. Washington, DC: Smithsonian Books.
Stanford, Dennis, and Brian Bradley. 2002. "The Solutrean Solution." *Scientifi c American Discovering Archaeology* 2: 54–55.
Williams, Stephen. 1991. *Fantastic Archaeology: The Wild Side of North American Prehistory*. Philadelphia: University of Pennsylvania Press.

終極飲食

BBC News. September 21, 1999. "Woman 'Starved Herself to Death.'" http://news.bbc.co.uk/2/hi/uk_news/scotland/453661.stm.
Brumberg, Joan Jacobs. 2000. *Fasting Girls: The History of Anorexia Nervosa*. New York: Vintage Books.
Inedia Musings. 2015. *Complete Science of Breatharianism*. Richmond/Surrey, UK: The Book Shed.
Jasmuheen. 2011. *Ambassadors of Light: Living on Light*. Buderim, AUS: Self Empowerment Academy.
Jauregui, Andres. February 28, 2014. "'Breatharian' Barbie Valeria Lukyanova Says She Wants to Live Off Light and Air Alone." *Huffi ngton Post*. www.huffi ngtonpost.com/2014/02/28/breatharian-barbievaleria-lukyanova_n_4873706.html.
Yahoo News. October 25, 1999. "Fresh-Air Dietician Fails TV Show's Challenge." www.caic.org.au/miscult/breatharians/Fresh-air%20dietician%20fails%20TV%20show%27s%20challenge.htm.

臨終歸主

Clark, Ronald W. 1985. *The Survival of Charles Darwin: A Biography of a Man and an Idea*. London: Weidenfeld and Nicolson.
Darwin, Charles. 1958. *The Autobiography of Charles Darwin 1809–1882*. London: Collins.
———. 2003. *The Origin of Species*. 150th anniv. ed. New York: Signet Classic.
Malec, Grzegorz. 2015. "Charles Darwin and Lady Hope—The Legend Still Alive." *Hybris* 29: 126–48.

偽造文件

Baigent, Michael, Richard Leigh, and Henry Lincoln. 1982. *The Holy Blood and the Holy Grail: The Secret History of Christ, The Shocking Legacy of the Grail*. London: Jonathan Cape.
Brown, Dan. 2003. *The Da Vinci Code*. New York: Doubleday.
Introvigne, Massimo. 2005. "Beyond *The Da Vinci Code*: History and Myth of the Priory of Sion." CESNUR International Conference. www.cesnur.org/2005/pa_introvigne.htm.
Polidoro, Massimo. 2004. "The Secrets of Rennes-le-Chateau." *Skeptical Inquirer* 28 (6). www.csicop.org/si/show/secrets_of_rennes-le-chacircteau.

Wilson, Ian. 1984. *Jesus: The Evidence*. New York: Harper and Row.
Wrixon, Fred B. 2005. *Codes, Ciphers, Secrets and Cryptic Communication*: *Making and Breaking Secret Messages from Hieroglyphs to the Internet*. New York: Black Dog & Leventhal.

輕信的大眾

Foner, Philip S. 1972. *The Spanish-Cuban-American War and the Birth of American Imperialism 1895–1902.* 2 vols. New York/London: Monthly Review Press.
Moise, Edwin E. 1996. *Tonkin Gulf and the Escalation of the Vietnam War.* Chapel Hill: University of North Carolina Press.
Nyhan, Brendan, and Jason Reifl er. 2010. "When Corrections Fail: The Persistence of Political Misperceptions." *Political Behavior* 32 (2): 303–30.
On the Media. 2016. "A Recent History of Political Lies." Podcast and transcript online at www.wnyc.org/story/on-the-media-2016-07-08.
Tattersall, Ian. 2012. *Masters of the Planet: The Search for Our Human Origins*. New York: Palgrave Macmillan.
Wilson, Joseph. 2004. *The Politics of Truth*. New York: Carroll & Graf.

政治迫害

Arendt, Hannah. 1951. *Antisemitism*: *Part One of the Origins of Totalitarianism*. New York: Harcourt Brace Jovanovich.
Begley, Louis. 2009. *Why the Dreyfus Affair Matters*. New Haven, CT: Yale University Press.
Burns, Michael. 1991. *Dreyfus: A Family Affair, 1789–1945*. New York: HarperCollins.
Whyte, George R. 2008. *The Dreyfus Affair: A hronological History.* New York: Palgrave Macmillan.

金融詐騙

Gribben, Mark. Accessed 2017. "The Franklin Syndicate." The Malefactor's Register. http://malefactorsregister.com/wp/the-franklin-syndicate.
Henriques, Diana B. 2012. *The Wizard of Lies*: *Bernie Madoff and the Death of Trust*. New York: St. Martin's Griffi n.
Markopolos, Harry, and Frank Casey. 2010. *No One Would Listen*: *A True Financial Thriller*. New York: John Wiley & Sons.
Soltes, Eugene. 2016. *Why They Do It*: *Inside the Mind of the White-Collar Criminal*. New York: PublicAffairs.
Zuckoff, Mitchell. 2005. *Ponzi's Scheme: The True Story of a Financial Legend*. New York: Random House.

偽古人類學

De Groote, Isabelle, et al. 2016. "New Genetic and Morphological Evidence Suggests a Single Hoaxer Created 'Piltdown Man.'" *Royal Society Open*

Science 3: 160328.
Spencer, Frank. 1990. *Piltdown: A Scientifi c Forgery*.Oxford: Oxford University Press.
Tattersall, Ian. 1995. *The Fossil Trail: How We Know What We Think We Know About Human Evolution*. New York: Oxford University Press.
Weiner, Joseph. S., and Chris B. Stringer. 2003. *The Piltdown Forgery*. 50th anniv. ed. Oxford: Oxford University Press.

北極探險

Amundsen, Roald. 1912. *The South Pole: An Account of the Norwegian Expedition in the 'Fram,' 1910–12*. 2 vols. London: John Murray.
Bartlett, Robert A. 2006. *The Log of Bob Bartlett: The True Story of Forty Years of Seafaring and Exploration*. Paradise, Newfoundland: Flanker Press.
Bruni, Frank. April 30, 2016. "The Many Faces of Dennis Hastert." *New York Times*.
Bryce, Robert. 1997. *Cook and Peary: The Polar Controversy Resolved*. Mechanicsburg, PA: Stackpole Books.
Davies, Thomas D. 1990. "New Evidence Places Peary at the Pole." *National Geographic* 177 (1): 46–60.
Henson, Matthew. July 17, 1910. "Matt Henson Tells the Real Story of Peary's Trip to the Pole." *Boston American*.
Herbert, Wally. 1988. "Did Peary Reach the Pole?" *National Geographic* 174 (3): 387–413.
Huntford, Roland. 2001. *Nansen*. London: Abacus.
———. 1980. *Scott & Amundsen: The Race to the South Pole*. New York: G. P. Putnam's Sons.
National Geographic. Peary Arctic Expedition. www.nationalgeographic.com/photography/photos/north-pole-expeditions/.
Peary, Robert. 1910. *North Pole: Its Discovery in 1909 Under the Auspices of the Peary Arctic Club*. New York: Frederick A. Stokes.
Rawlins, Dennis. 1973. *Peary at the North Pole: Fact or Fiction?* Fairfi eld, CT: R. B. Luce.
Rensberger, Boyce. November 2, 1988. "Explorer Bolsters Case Against Peary." *Washington Post*.
Roberts, David. 2001. *Great Exploration Hoaxes*. New York: Modern Library.
Uusma, Bea. 2014. *The Expedition: The Forgotten Story of a Polar Tragedy*. London: Head of Zeus.

江湖醫術

Abrams, Albert. 2010. *The Electronic Reactions of Abrams*. Whitefi sh, MT: Kessinger.
Hudgings, William. 1923. "Dr. Abrahms Electron Theory." Reproduced by Sympathetic Vibratory Physics. Accessed May 30, 2017. www.svpvril.com/Abrahm.html.
Lescarboura, Austin C. September 1924. "Our Abrams Verdict: The Electronic Reactions of Abrams and Electronic Medicine in General Found Utterly Worthless." *Scientifi c American*: 158–60.
Macklis, Roger M. 1993. "Magnetic Healing, Quackery, and the Debate About the Health Effects of Electromagnetic Fields." *Annals of Internal Medicine* 18: 376–83.

Sinclair, Upton. 2015. *The Book of Life*. www.gutenberg .org/ebooks/38117.

傳說起源

Decker, Karl. June 25, 1932. "Why and How the Mona Lisa Was Stolen." *Saturday Evening Post*.
Nilsson, Jeff. December 7, 2013. "100 Years Ago: The Mastermind Behind the Mona Lisa Heist." *Saturday Evening Post*.
Scotti, R. A. 2009. *Vanished Smile: The Mysterious Theft of Mona Lisa*. New York: Knopf.

真假音樂

Biancolli, Amy. 1998. *Fritz Kreisler: Love's Sorrow, Love's Joy.* Portland, OR: Amadeus.
Burwick, Frederick, and Paul Douglass, eds. 1988. *A Selection of Hebrew Melodies, Ancient and Modern, by Isaac Nathan and Lord Byron.* Tuscaloosa: University of Alabama Press.
Campbell, Margaret. 1981. *The Great Violinists.* New York: Doubleday.
Guardian Music. May 1, 2015. "Milli Vanilli Man Attempts Comeback—with the Man Who Actually Sang the Songs." *Guardian*. www.theguardian.com/music/2015/may/01/milli-vanilli-fab-morvan-comebackman-who-actually-sang.
Kreisler, Fritz. 1915. *Four Weeks in the Trenches: The War Story of a Violinist*. Boston and New York: Houghton Miffl in.
Riding, Alan. February 17, 2007. "A Pianist's Recordings Draw Praise, but Were They All Hers?" *New York Times*.
Schoenbaum, David. November 9, 2012. "Dietmar Machold, Dealer of Expensive Violins, Gets 6 Years in Prison in Austria." *Washington Post*.

偽行星科學

Adams, Frank Dawson. 1954. *The Birth and Development of the Geological Sciences*. New York: Dover Publications.
Burroughs, Edgar Rice. 2006. *At the Earth's Core*. West Valley City, UT: Waking Lion Press.
Gardner, Martin. 1957. *Fads and Fallacies in the Name of Science*. 2nd ed., rev. New York: Dover Publications.
Garwood, Christine. 2008. *Flat Earth: The History of an Infamous Idea*. New York: Thomas Dunne Books.
Griffi n, Duane. 2012. "What Curiosity in the Structure: The Hollow Earth in Science." In *Between Science and Fiction: The Hollow Earth as Concept and Conceit,* edited by Hanjo Berressem, Michael Bucher, and Uwe Schwagmeier, 3–34. Munster, Germany: Lit Verlag.
Halley, Edmond. 1692. "An Account of the Cause of the Change of the Variation of the Magnetick Needle, with an Hypothesis of the Structure of the Internal Parts of the Earth." *Philosophical Transactions of the Royal Society of London* 17 (195): 563–78.
Miller, Jay Earle. October 1931. "$5,000 for Proving the Earth a Globe." *Modern Mechanics and Inventions*: 70–74, 200–4.
Standish, David. 2006. *Hollow Earth: The Long and Curious History of Imagining Strange Lands, Fantastical Creatures, Advanced Civilizations, and Marvelous Machines Below the Earth's Surface*. Cambridge, MA: Da Capo.

Symmes, Americus. 1878. *The Symmes Theory of Concentric Spheres, Demonstrating that the Earth Is Hollow, Habitable Within, and Widely Open About the Poles*. 2nd ed. Louisville, KY: Bradley and Gilbert.

[Teed, Cyrus], and Ulysses Morrow. 1975. *The Cellular Cosmogony; or, The Earth a Concave Sphere*. Edited by Robert Fogarty. Philadelphia: Porcupine Press.

假畫

Ewell, Bernard. 2014. *Artful Dodgers: Fraud and Foolishness in the Art Market*. Bloomington, IA: Abbott Press.

Hamlin, Jesse. July 29, 1999. "Painting Forger Elmyr de Hory's Copies Are Like the Real Thing." *San Francisco Chronicle*.

Irving, Clifford. 1969. *Fake! The Story of Elmyr de Hory, the Greatest Art Forger of Our Time*. New York: McGraw-Hill.

Lopez, Jonathan. 2009. *The Man Who Made Vermeers: Unvarnishing the Legend of Master Forger Han van Meegeren*. New York: Mariner Books.

辯證生物學

Carey, Nessa. 2013. *The Epigenetics Revolution: How Modern Biology Is Rewriting Our Understanding of Genetics, Disease and Inheritance*. New York: Columbia University Press.

Ings, Simon, 2016. *Stalin and the Scientists: A History of Triumph and Tragedy*. New York: Atlantic Monthly Press.

Kammerer, Paul. 1923. "Experiments on Clona and Alytes." *Nature*, 2823 (112): 826–27.

Koestler, Arthur. 1973. *The Case of the Midwife Toad*. New York: Vintage.

Koltzoff, Nikolai K. 1934. "The Structure of the Chromosomes in the Salivary Glands of Drosophila." *Science* 80 (2075): 312–13.

Lamarck, Jean Baptiste. 2015. *Zoological Philosophy: An Exposition with Regard to the Natural History of Animals*. London: Forgotten Books.

Lysenko, Trofi m. 1948. *The Science of Biology Today*. New York: International Publishers.

Muller, Hermann J. 1948. "The Destruction of Science in the USSR." *Saturday Review of Literature* XXXI (49): 13–15, 63–65.

Noble, G. Kingsley. 1926. "Kammerer's Alytes." *Nature* 2962 (118): 209–11.

Soyfer, Valery N. 2001. "The Consequences of Political Dictatorship for Russian Science." *Nature Reviews Genetics* 2: 723–29.

Zirkle, Conway, ed. 1949. *Death of a Science in Russia: The Fate of Genetics as Described in* Pravda *and Elsewhere*. Philadelphia: University of Pennsylvania Press.

假屍體

Macintyre, Ben. 2011. *Operation Mincemeat: How a Dead Man and a Bizarre Plan Fooled the Nazis and Assured an Allied Victory*. New York: Harmony Books.

Montagu, Ewen. 1953. *The Man Who Never Was*. Philadelphia: J. B. Lippincott.

Smyth, Denis. 2010. *Deathly Deception: The Real Story of Operation Mincemeat*. New York: Oxford University Press.

虛構身份

de Clue, David. 2006. "Korla Pandit (aka John Roland Redd, aka Juan Rolando)." Offi cial Korla Pandit Website. www.korlapandit.com/historyparttwo.htm.

Smith, R. J. 2001. "The Many Faces of Korla Pandit." *Los Angeles* 46 (6): 72–77, 146–51.

Turner, John. May 31, 2016. "How a Black Man from Missouri Passed as an Indian Pop Star." *Atlas Obscura*. www.atlasobscura.com/articles/how-a-black-manfrom-missouri-passed-as-an-indian-pop-star.

Zack, Jessica. August 15, 2015. "Exotic Korla Pandit Hid Race Under Swami Persona." *San Francisco Chronicle*.

受誤導的考古

Adovasio, J. M., and David Pedler. 2016. *Strangers in a New Land: What Archaeology Reveals About the First Americans*. A Peter N. Nevraumont Book. Richmond Hills, ONT: Firefl y Books.

Haynes, Vance. 1973. "The Calico Site: Artifacts or Geofacts?" *Science* 181: 305–9.

Johanson, Donald, and Blake Edgar. *From Lucy to Language. Rev. ed.* A Peter N. Nevraumont Book. New York: Simon & Schuster.

Leakey, Louis S. B., Ruth DeEtte Simpson, and Thomas Clements. 1968. "Archaeological Excavations in the Calico Mountains, California: Preliminary Report." *Science* 160: 1022–23.

Leakey, Louis S. B., Ruth DeEtte Simpson, Thomas Clements, Rainer Berger, and John Witthoft. 1972. *Pleistocene Man at Calico*. San Bernardino, CA: San Bernardino County Museum Association.

Leakey, Mary. 1984. *Disclosing the Past*. London: Weidenfeld and Nicolson.

Morell, Virginia. 1996. *Ancestral Passions: The Leakey Family and the Quest for Humankind's Beginnings*. New York: Simon & Schuster.

Simpson, Ruth DeEtte. 1980. *The Personal History of the Early Years of the Calico Mountains Archaeological Site*. http://calicoarchaeology.com/pdf/deesimpson.pdf.

環球航行

Finkel, Donald. 1987. *The Wake of the Electron: A Narrative Poem*. New York: Atheneum.

Harris, John. 1981. *Without Trace: The Last Voyages of Eight Ships*. London: Methuen.

McCrum, Robert. April 4, 2009. "Deep Water." *Guardian*.

Nichols, Peter. 2001. *A Voyage for Madmen*. New York: HarperCollins.

Stone, Robert. 1998. *Outerbridge Reach*. Boston: Houghton Miffl in.

Tomalin, Nicholas, and Ron Hall. 1970. *The Strange Last Voyage of Donald Crowhurst*. London: Hodder and Stoughton.

登月瘋

Fox, Josh. December 28, 2012. "10 Reasons the Moon Landings Could Be a Hoax." ListVerse. http://listverse.com/2012/12/28/10-reasons-themoon-landings-could-be-a-hoax.

Interesting Things. 2013. "Skeleton on the Moon." http://interestingthings.info/mildly-interesting/skeleton-on-the-moon.html.

National Geographic Magazine. 2009. "Eight Moon-Landing Hoax Myths—Busted." http://news.nationalgeographic.com/news/2009/07/photogalleries/apollo-moon-landing-hoax-pictures/.

Nyhan, Brendan, and Jason Reifl er. 2010. "When Corrections Fail: The Persistence of Political Misperceptions." *Political Behavior* 32 (2): 303–30.

Shermer, Michael. December 1, 2014. "Why Do People Believe in Conspiracy Theories?" *Scientifi c American.* www.scientifi camerican.com/article/whydo-people-believe-in-conspiracy-theories/.

Uscinski, Joseph E., and Joseph M. Parent. 2014.*American Conspiracy Theories*. New York: Oxford University Press.

人種差異

Cavalli-Sforza, Luigi Luca, and Francesco Cavalli-Sforza. 1995. *The Great Human Diasporas*: *The History of Diversity and Evolution*. Reading, MA: Addison-Wesley.

Cavalli-Sforza, Luigi Luca, Paolo Menozzi, and Alberto Piazza. 1995. *The History and Geography of Human Genes*. Princeton, NJ: Princeton University Press.

Haeckel, Ernst. 1884. *The History of Creation; or, the Development of the Earth and Its Inhabitants by the Action of Natural Causes.* Vols. 1 and 2. New York: Amazon Digital Services.

Jablonski, Nina. 2006. *Skin: A Natural History*. Berkeley: University of California Press.

Lewontin, Richard. 1972. "The Apportionment of Human Diversity." *Evolutionary Biology*, 6: 381–98.

Prado-Martinez, Javier, et al. 2013. "Great Ape GeneticDiversity and Population History." *Nature* 499: 471–75.

Sussman, Richard W. 2014. *The Myth of Race*: *The Troubling Persistence of an Unscientifi c Idea*. Cambridge, MA: Harvard University Press.

Tattersall, Ian, and Rob DeSalle. 2011. *Race?: Debunking a Scientifi c Myth*. College Station: Texas A&M University Press.

長生不死

Altman, Lawrence K. July 26, 1988. "The Doctor's World; Ingenuity and a 'Miraculous' Revival." *New York Times*.

Cryogenic Society of America, Inc. 2017. www.cryogenicsociety.org.

Ettinger, Robert C. W. 1964. *The Prospect of Immortality*. New York: Doubleday.

Thomson, H. 2016. "The Big Freeze: Inside Timeship's Cryogenic Revolution." *New Scientist* 231 (3080): 26–31.

順勢療法

BBC Horizon. 2002. "Homeopathy: The Test— Transcript." www.bbc.co.uk/science/horizon/2002/homeopathytrans.shtml (archived).
Davenas, Eau, et al. 1988. "Human Basophil Degranulation Triggered by Very Dilute Antiserum Against IgE." *Nature* 333: 816–18.
Ennis, Madeleine. 2010. "Basophil Models of Homeopathy: A Sceptical View." *Homeopathy* 99 (1): 51–56.
Maddox, John, James Randi, and Walter W. Stewart. 1988. "'High-Dilution' Experiments a Delusion." *Nature* 334: 287–90.
National Health and Medical Research Council. 2015. *Evidence on the Effectiveness of Homeopathy for Treating Health Conditions.* Canberra, AUS: National Health and Medical Research Council NHMRC Publication.

偽古生物學

Dingus, Lowell, and Timothy Rowe. 1998. *The Mistaken Extinction: Dinosaur Evolution and the Origin of Birds*. New York: W. H. Freeman and Company.
Mayell, Hillary. November 20, 2002. "Dino Hoax Was Made of Ancient Bird, Study Shows." *National Geographic News*. http://news.nationalgeographic.com/news/2002/11/1120_021120_raptor.html.
Pickrell, John. November 15, 2014. "How Fake Fossils Pervert Paleontology." *Scientifi c American*. www.scientifi camerican.com/article/how-fake-fossilspervert-paleontology-excerpt/.
Rowe, Timothy, Richard A. Ketcham, Cambria Denison, Matthew Colbert, Xu Xing, and Philip J. Currie. 2001. "The *Archaeoraptor* Forgery." *Nature* 410: 539–40.
Simons, Lewis M. 2000. "*Archaeoraptor* Fossil Trail." *National Geographic* 197 (10): 128–32.
Sloan, Christopher P. 1999. "Feathers for *T. rex*? New Birdlike Fossils Are Missing Links in Dinosaur Evolution." *National Geographic* 196 (5): 98–107.

記憶誤差

Barthes, R. 1967. "The Death of the Author." *Aspen*. Reproduced by Literarism. December 30, 2011. http://literarism.blogspot.com/2011/12/rolandbarthes-death-of-author.html.
Capote, Truman. 1965. *In Cold Blood*. New York: Random House.
Defonseca, Misha. 1997. *Misha: A Mémoire of the Holocaust Years*. Gloucester, MA: Mount Ivy.
Frey, James. 2003. *A Million Little Pieces*. New York: Doubleday Books.
Jack, Ian. June 17, 2011. "Albania's 'Second Greatest Living Writer' Was a Hoax, but Does It Really Matter?" *Guardian*.
Johnston, Ian. August 23, 2014. "Fake Memoirs: Academic Says We Should Not Disregard Books Because They Unexpectedly Change Genre." *Independent*.
Jones, Margaret B. [Margaret Seltzer]. 2008. *Love and Consequences: A Memoir of Hope and Survival*. New York: Riverhead Books.

Rosenblat, Herman. 2008 [withdrawn prior to publication]. *Angel at the Fence: The True Story of a Love That Survived*. New York: Berkley Books.
The Smoking Gun. January 4, 2006. "A Million Little Lies: Exposing James Frey's Fiction Addiction." www.thesmokinggun.com/documents/celebrity/million-little-lies?page=0,0.

無理的恐懼

Deer, Brian. 2011. "How the Case Against the MMR Vaccine Was Fixed." *British Medical Journal* 342 (5347): 77–82. Online at www.bmj.com/bmj/sectionpdf/186183?path=/bmj/342/7788/Feature.full.pdf.
———. January 11, 2011. "Timeline." *British Medical Journal*. Reproduced by Campbell M. Gold.com. Accessed May 30, 3017. www.campbellmgold.com/archive_blowing_in_the_wind/mmr_timeline_jan_2011.pdf.
DiResta, Renee, and Gilad Lotan. 2015. "Anti-vaxxers Are Using Twitter to Manipulate a Vaccine Bill." *Wired*. www.wired.com/2015/06/antivaxxersinfluencing-legislation/.
Dominus, Susan. April 20, 2011. "The Crash and Burn of an Autism Guru." *New York Times Magazine*. www.nytimes.com/2011/04/24/magazine/mag-24Autism-t.html.
Godlee, Fiona, Jane Smith, and Harvey Marcovitch. 2011. "Wakefi eld's Article Linking MMR with Autism was Fraudulent." *British Medical Journal* 342: 64–66.
Sifferlin, Alexandra. March 17, 2014. "4 Diseases Making a Comeback Thanks to Anti-Vaxxers." *Time*. http://time.com/27308/4-diseases-making-acomeback-thanks-to-anti-vaxxers.
Wakefi eld, Andrew J., et al. 1998. "Ileal-Lymphoid Nodular Hyperplasia, Non-specifi c Colitis, and Pervasive Developmental Disorder in Children." *Lancet* 351: 637–41 [retracted].

同儕評閱

Beasley, Malcolm R., Supriyo Datta, Herwig Kogelnik, Herbert Kroemer, and Don Monroe. 2002. "Report of the Investigation Committee on the Possibility of Scientifi c Misconduct in the Work of Hendrik Schon and Coauthors." Bell Labs. http://w.astro.berkeley.edu/~kalas/ethics/documents/schoen.pdf.
Chang, Kenneth. May 23, 2002. "Similar Graphs Raised Suspicions on Bell Labs Research." *New York Times*.
Murray, Cherry A., and Saswato R. Das. 2003. "The Price of Scientifi c Freedom." *Nature Materials* 2 (4): 204.
Reich, Eugenie Samuel. 2009. *Plastic Fantastic: How the Biggest Fraud in Physics Shook the Scientifi c World*. New York: Palgrave Macmillan.
Schon, Jan Hendrik, Christian Kloc, and Bertram Batlogg. 2000. "Fractional Quantum Hall Effect in Organic Molecular Semiconductors." *Science* 288 (5475): 2338–40. [Retracted]
Wade, Nicholas, and Choe Sang-Hun. January 10, 2006. "Researcher Faked Evidence of Human Cloning, Koreans Report." *New York Times*. www.nytimes.com/2006/01/10/science/10clone.html.

無效安檢

al-Salhy, Suadad. January 24, 2010. "Iraq Offi cial Warned Against Anti-bomb Device Buy." uk.reuters.com/article/uk-iraq-britain-explosivesidUKTRE60N1MF20100124.

Higginbotham, Adam. July 11, 2013. "In Iraq, the Bomb-Detecting Device That Didn't Work, Except to Make Money." *BusinessWeek*.

Smith, Richard. March 21, 2013. "Jim McCormick: Con-Man Sold Golf Ball Finders as Bomb Detectors in 'Diabolical' 60m Scam Which Put Lives at Risk." *Daily Mirror*.

假死

Applebaum, Anne. December 10, 2007. "Getting Away from It All: Why Do So Many of Us Want to Disappear and Start Over?" *Slate*. www.slate.com/articles/news_and_politics/foreigners/2007/12/getting_away_from_it_all.html?y=1.

Askwith, Richard. October 10, 1999. "The Vanishing Season." *Independent on Sunday*.

Bhattarai, Abha, and Nelson D. Schwartz. July 3, 2008. "Fund Manager Who Faked His Suicide Surrenders." *New York Times*.

Forsyth, Frederick. 1972. *The Day of the Jackal*. New York: Viking Press.

Greenwood, Elizabeth. 2016. *Playing Dead: A Journey Through the World of Death Fraud*. New York: Simon & Schuster.

Knapp, Samuel L. 1858. *The Life of Lord Timothy Dexter, with Sketches of the Eccentric Characters That Composed the Associates, Including His Own Writings*. Boston: J. E. Tilton.

Pierce, Emmet. 2011. "Faking Death to Collect Life Insurance Money: A Life on the Run." Insure.com. www.insure.com/life-insurance/faking-death-for-lifeinsurance-money.html.

White, James. December 9, 2011. "'Faking your own death is easy…but coming back is hard!' Canoe Man John Darwin Boasts of How He Walked Around Home Town Disguised as an Old Man." *Daily Mail*. www.dailymail.co.uk/news/article-2072033/Canoeman-John-Darwin-describes-easy-fake-death-lifeinsurance-payout.html.

假新聞

Barry, Dan, David Barstow, Jonathan D. Glater, Adam Liptak, and Jacques Steinberg. May 11, 2003. "Correcting the Record; *Times* Reporter Who Resigned Leaves Long Trail of Deception." *New York Times*.

Blair, Jayson. 2004. *Burning Down My Masters' House: My Life at the* New York Times. London: New Millennium.

Connolly, Kate, et al. December 12, 2016. "Fake News: An Insidious Trend That's Fast Becoming a Global Problem." *Guardian*.

Fisher, Marc, John Woodrow Cox, and Peter Hermann. December 6, 2016. "Pizzagate: From Rumor, to Hashtag, to Gunfi re in D.C." *Washington Post*.

Glass, Stephen. 2003. *The Fabulist*. New York: Simon & Schuster.

Mnookin, Seth. 2004. *Hard News: The Scandals at* The New York Times *and Their Meaning for American Media*. New York: Random House.

Morrison, Blake. March 19, 2004. "Ex-USA TODAY Reporter Faked Major Stories." *USA Today*.

跋

Kaiser, David. 2009. "Physics and Pixie Dust." *American Scientist* November–December, 496–98.
Knowles, Eric S., and Jay A. Lin. 2004. "Approach- Avoidance Model of Persuasion: Alpha and Omega Strategies for Change." In *Resistance and Persuasion*, edited by Eric S. Knowles and Jay A. Linn. Mahwah, NJ: Lawrence Erlbaum Associates, pp. 117–48.
Konnikova, Maria. 2016. *The Confi dence Game: Why We Fall For It…Every Time*. New York: Viking.

圖片來源 PHOTO CREDITS

p. 12 Environmental Health Perspectives;
p. 13 Albert Carlson; p. 14 Justin Schuetz;
p. 17 National Library of Israel, Jerusalem;
p. 19 Og Rag; p. 8 Foundation for theAdvancement of Mesoamerican Studies;
p. 24 Evgery Govorov; p.27 Ark Encounter;
p. 29 World Wrestling Entertainment;
p. 36 Dreamstime; p. 42 Sarah Biggs, British Museum; p. 44 AF Archive/Alamy Stock Photo; p. 45 Kongsberg Marine; p. 83 Peiro Montesacro; p. 84 Wine Berserkers; p. 86 New York Public Library; p. 89. Alamy Stock Photo; p.98 Patterson-Gimlin; p. 99 Virtual Tourist; p. 101 Patterson-Gimlin; p. 116 Yevgeny Khaldei; p. 118 Library of Congress; p. 121 Library of Congress; p. 126 University of Sydney Nineteenth-Century Study Group;
129 University of Sydney Nineteenth-Century Study Group;
p. 133 United States Secret Service; p. 135 United
States Secret Service; p. 138 J. M Adovasio; p 143 Inedia Mujsings; p. 146 Mystics of the Church; p. 151 Down House; p. 163 Library of Congress; p. 164 United States Navy History and Heritage Command; p. 165 United States Government news release; p. 181 Richard Milner Archive; p. 182 Chris Stringer, Natural History Museum, London; p. 184 Chris Stringer, Natural History Museum, London
p. 187 Library of Congress; p. 189 United States
National Archives; p. 191 Library of Congress; p. 193 Library of Congress; p. 196 Dr. Abrams Inventions; p. 202 Alamy Stock Photo; p. 205 Saturday Evening Post; p. 207 Library of Congress; p. 208 Huffington Post; p. 214 Modern Mechanics and Inventions; p. 221 Melissa Merson Ellison; p. 220 Museum Boijmans Van Beuningen, Rotterdam; p. 223 Time; p. 226 Christine Fischer; p. 227 Nikolai Koltsov, Бюллетень Московского общества испытателей природы / Bulletin of Moscow Society of Naturalists; p. 229 Valery N. Soyfer; p. 233 United States National Archives; p. 235 United Kingdom National Archives; p. 236 United Kingdom National Archives; p. 239 John Turner; p. 241 John Turner; p. 243 John Turner; p. 246 Friends of Calico; p. 248 Friends of Calico; p. 251 Friends of Calico; p. 253 Alamy Stock Photo; p. 257 Eric Loss, Pangaea Exploration; 258 Guy Newman/Alamy Stock Photo; p. 259 Jeff Goertzen; p. 260 Weekly World News; p. 264 Scott Cresswell; p. 268 Luigi Luca Cavalli-Sforza, Paolo Menozzi, and Alberto Piazza, The History and Geography of Human Genes; p. 270 International CryoScience Foundation; p. 273 Celebrity Pix!; p. 277 Vitamart; p. 283 Tim Rowe, High-Resolution X-ray Computed Tomography Facility, University of Texas at Austin; p. 285 Tim Rowe, High-Resolution X-ray Computed Tomography Facility, University of Texas at Austin; p. 289 Abagond; p. 291 The Smoking Gun p. 295 Damian Dovarganes; p. 299 Lancet; p. 302 Nature; p. 307 James Mollison; p. 310 Karim Kadim; p. 313 Gary McCracker; p. 315 Daily Mirror; p. 321 Adam Pennenberg's website; p. 323 #pizzagate; p. 326 Siddha Medicine.

2APB13

騙你 5000 年：上古時代就有假新聞！

從宗教、政治、科學到金融，人類騙局的演進過程

Hoax : a history of deception: 5,000 years of fakes, forgeries, and fallacies

作者　伊恩·塔特索爾 & 彼得·紐瓦羅蒙特
翻譯　孔令新
責任編輯　何冠龍
封面設計　兒日
內頁編排　簡單瑛設
行銷企劃　辛政遠、楊惠潔
總編輯　姚蜀芸
副社長　黃錫鉉
總經理　吳濱伶
發行人　何飛鵬

出版　創意市集
發行　城邦文化事業股份有限公司
歡迎光臨城邦讀書花園網址
www.cite.com.tw

印刷　凱林彩印股份有限公司
初版一刷　2020 年（民 109）6 月
ISBN　9789579199964
定價　420 元

客戶服務中心
地址：10483 台北市中山區民生東路二段 141 號 B1
服務電話：（02）2500-7718、（02）2500-7719
服務時間：週一至週五 9：30 ～ 18：00
24 小時傳真專線：（02）2500-1990 ～ 3
E-mail：service@readingclub.com.tw

香港發行所／城邦（香港）出版集團有限公司
香港灣仔駱克道 193 號東超商業中心 1 樓
電話：(852) 25086231 傳真：(852) 25789337
E-mail：hkcite@biznetvigator.com

馬新發行所／城邦 (馬新) 出版集團
Cite (M) Sdn Bhd
41, Jalan Radin Anum, Bandar Baru Sri Petaling,
57000 Kuala Lumpur, Malaysia.
電話：(603) 90578822 傳真：(603) 90576622
E-mail：cite@cite.com.my

國家圖書館出版品預行編目 (CIP) 資料

騙你 5000 年：上古時代就有假新聞！從宗教、政治、科學到金融，人類騙局的演進過程 / 伊恩 . 塔特索爾 , 彼得 . 紐瓦羅蒙特作 . -- 初版 . -- 臺北市 : 創意市集出版 : 城邦文化發行 , 民 109.06
面； 公分
譯自 : Hoax : a history of deception: 5,000 years of fakes, forgeries, and fallacies
ISBN 978-957-9199-96-4(平裝)

1. 世界史　2. 欺騙　3. 軼事

711　109004448